Non-Governmental Organization
국제비정부기구 [國際非政府機構]

NGO 행정론

NGO 행정론

Non-Governmental Organization

국제비정부기구 [國際非政府機構]

한만봉 · 이필호 공저

NGO라고 하면

정치, 경제, 사회, 기업, 교육에서 비정부 기구로서 역할을 하는 조직과 단체를 말하다

이 책은 일반인, 학부모, 대학생 모두에게 알아야 할 NGO에 대해서 알기 쉽게 다루었다. NGO라고 하면 정치, 경제, 사회, 기업, 교육에서 비정부기구로서 역할을 하는 조직과 단체를 말한다. 즉 Non-Governmental Organization, 국제비정부기구(國際非政府機構)라는 것이다.

개인이나 민간단체가 연합하여 국제적 기관을 조직한 INGO(International Non-Governmental Organization: 비정부간국제기구)와 같은 뜻으로 사용되는 경우가 많다. 국제연합헌장에 따라 국제연합경제사회이사회의 자문기관으로 인정받고 있다. 국제연합은 두 가지 차원에서 운영된다. 하나는 정부 차원의 활동으로 각 나라가 국제연합에 가입하여 국제연합총회와 국제연합안전보장이사회, 국제연합경제사회이사회, 국제연합신탁통치이사회 등을 통해 세계 문제를 해결한다. 다른 하나는 민간단체 차원의 활동으로 세계 여러 종교단체를 비롯한 민간단체들이 결속한 비정부기구가 국제연합총회에서 결의된 사항들을 실천할 수 있도록 다양한 프로그램을 마련하여 UN을 보조한다. 1945년 국제연합이 창설된 당시부터 42개 비정부기구는 국제연합에 중요한 문제를 제기하고 참신한 기획과 실천적인 프로그램을 제공하였다. 해마다 국제연합총회에서 결의되는 내용을 의뢰받아 자문과 운영상의 문제점을 지적하고 프로그램을 제작한다. 또 UN 사무국장 주최로 UN 임원진과 정기적으로 만나 국제연합총회 안건과 비정부기구의 정책에 대해 논의하며, 건의사항을 제안한다.

　국제적으로 대중의 연대가 활발해짐에 따라 인권·환경·빈곤추방·부패방지 등의 문제에서 임무를 다하는 역할이 커지고 있다. 2001년 현재 세계 1600여 민간단체가 가입하였으며, 본부는 미국 뉴욕에 있다.[1] 이러한 NGO는 다양하게 활동하고 있다. 비정부조직의 장점을 활용하여, 봉사단체나, 사회환경단체, 행정단체, 국제구호단체, 제도개선단체 등의 활동을 하고 있으며, 이러한 활동을 통하여 시민들에게 보다 질 높은 삶을 영위하는 데 일익을 하고 있다. 제도권 안에서 해결하지 못하는 것을 비정부조직에서 이루어 주는 것이며, 국민이 원하는 다양한 욕구를 채워 주는 통로가 되고 있다. 일반적으로 행정 하면 구조적이고, 전통적이며, 법적인 측면의 일만을 하는 것으로 이해하는데 비정부조직에서 이루어지는 일들도 행정으로 분류할 수 있다. 사회가 발달하고 문명이 발달할수록 NGO의 역할은 커진다고 보아도 무방하다. 이 책에서는 이러한 비정부조직에 대해서 행정학적이며 다원적인 시각에서 보고, 현 조직과의 협력과 연합을 모색해 보도록 하겠다. 이 책을 출판함에 있어 도움을 주신

------

1) 두산백과사전 NGO 해설.

분들께 감사를 드린다. 출판관계에 자상하게 도움 주신 강태우 선생님, 출판사 사장님과 편집부 직원 모든 분들과, 정보와 자료를 제공해 주신 공주대학교 대학원생 조명연 선생님, 교정 및 오타 수정에 도움을 주신 미래에셋 컨설턴트 장석숙 선생님, 현장에 있는 이야기를 학문과 결합시켜 주신 홍성군 자원봉사센터 김영미 선생님, 그외 모든 분들께 감사를 드린다. 이 책을 처음부터 끝까지 초심을 잃지 않고 읽다 보면 진정한 학문하는 지식의 즐거움을 맛보게 될 것이다.

고려대학교 중앙도서관에서
한만봉, 이필호 씀
2008. 7

|목 차|

Ⅰ. NGO의 개념 및 의의 / 11

Ⅱ. 政策過程에서 NGO 役割 / 47

I.
NGO의 개념 및 의의

contents

1. NGO와 민주주의 개념

NGO와 민주주의와의 연관성을 찾는 것은 조직을 이해하는 데 중요한 주제라고 할 수 있다. NGO가 모두 민주적일 필요는 없지만, 그래도 민주적이고 평화적이며, 사랑을 실천하는 단체라면 그 조직체가 시민들과 국민들에게 큰 영향을 끼칠 것이다. 그렇지만 잘못된 사상과 가치관을 가진 조직이라면 사회를 좀먹는 단체가 될 것이다. 비정부조직이기에 때로는 과격한 급진세력의 조직이거나, 테러단체, 혁명단체, 사회전복세력으로도 활동하게 될 수도 있다. 그러므로 민주적인 비정부조직이 필요한 것이다. 제도권 속에서 정부가 할 수 없는 일들을 비정부기구를 통하여 실현하는 통로가 될 수 있기 때문인 것이다.

NGO는 현실적으로 기여하는 단체이어야 한다. 이름만 있는 비정부기구는 의미가 없다. 요즘은 대학마다 NGO 행정론, NGO 정책론을 개설하여 놓고, NGO에 대한 공부를 하고 있다. 그만큼 관심도가 높아졌다고 볼 수 있다. 국민의 관심이 높아졌을 때일수록 제대로 된 NGO 가치관이 필요한 것이다.

NGO는 비정부인 동시에 국민으로부터 신뢰를 얻어야 한다. 신뢰를 얻지 못하면 그 조직은 오래갈 수가 없기 때문인 것이다.

신의 성실한 단체가 되어야 하며, 사랑이 넘치는 단체가 되어야 한다. 그 사랑이 인간을 위한 사랑, 조직을 위한 사랑, 국가를 위한 사랑, 지구를 위한 사랑이어야 한다. 그럼으로써 NGO가 서로 도와주고, 함께하는 상생의 조직으로 성장하여야 한다.

본질을 외면한 비본질적인 가치에 중요도가 더해지면 안 된다는 것이다. 민주주의는 국민 다수의 의사가 정치를 결정하는 것을 이상으로 삼는 사상, 또는 그것을 보장하는 정치제도, 정치운영방식으로서 우리 문명의 발달과 함께 발전하고 변화해 왔다고 볼 수 있겠다. 민주주의는 혼자서 이루어지는 것이 아니다. 상호 관계성에 의해서 이루어진다. 민주주의는 그리스어의 demos(주민)과 kratia(권력)의 두 단어가 결합한 Democratia에서 유래한다. 즉 주민의 권력이라는 것이다. 그러면 현대의 민주주의는 과연 주민의 권력이 제대로 이루어지고 있는가 생각해 봐야 한다.

민주주의의 원형은 고대 그리스 도시국가의 정치에서 찾아볼 수도 있는데, 거기에서는 자유민에 의한 정치참가의 방식이 광범하게 인정되었다. 민주주의의 꽃이라고 할 수 있는 직접민주주의가 탄생한 것이다. 그러나 민주주의적 사상·제도가 정치세계에서 결정적으로 중요한 위치를 차지하게 된 것은 역시 시민계급이 전제적 절대군주 정치를 타도하고 근대국가를 형성한 17~18세기 시민혁명 이후의 일이라 하겠다. 이 시기에 국민주권주의, 기본적 인권존중, 법의 지배, 민주적 정치제도 확립 등 민주주의적 사상 및 제도의 원형이 형성되었고, 이러한 민주주의 사고방식을 체계화한 것이 T. 홉스·J. 로크·J. J. 루소 등이며 영국·미국·프랑스 등의 각종 헌법과 선언에 반영되었다. 전통성과 역사성을 가지고 있다는 말이다. 그러면 민주주의는 모든 역사적 상황에서 직접 민주주의를 택하여 왔을까? 이 물음을 짚고 넘어가야 할 것이다. 하지만 산업 발달 이후 민주주의는 간접민주주의를 고수해 왔다. 즉 국민의 대표자를 선출해서 자신들의 의견을 대변해 주는 대의민주주의를 채택한 것이다. 대의민주주의가 최선의 선택이었을지는 몰라도 최고의 방안을 될 수 없었다. 소수의 인원이 다수인 국민의 의견을 모두 대변할 수는 없었기 때문이다. 그러나 정보통신기술의 발달로 등장한 정보화 사회는 새로운 민주주의의 미래를 보여준다. 바로 NGO적인 민주주의인 것이다. 그러면 이러한 NGO의 역할에는 무엇이 있는지 알아보도록 하겠다.

첫째, 사회적 약자(미혼모·장애인·에이즈환자·여성·노인·청소년·어린이·알코올 중독자·재소자 등)의 권익이 정부정책에 반영되도록 역할을 한다.

둘째, 정부와 기업을 견제하고, 부정부패 감시, 인권보호, 권력 분립, 정치개혁 등으로 국가권력을 견제하는 역할을 한다.

셋째, 정부가 위임한 서비스 생산, 쓰레기 분리수거, 에너지 절약, 화장실문화 개선, 장묘문화 개선 캠페인, 환경단체, 그린피스 일 등을 한다.

넷째, 정부에서 실패한 사회적 갈등의 조정자 역할도 한다.

다섯째, 민주시민교육, 정부정책에 참여하고, 개인권리와 공동체 문제를 인식하며, 비판적인 시각을 키우게 한다.

여섯째, 국제적으로는 강대국에 맞서 인권을 수호하고, 전쟁을 방지하며, 평화를 옹호하며, 빈민국지원사업, 대북지원사업, 민생안정사업 등을 비정부기구로서 역할을 한다.

일곱째, 종교적인 갈등 해소, 양극화 해소를 위한 역할, 특정인들의 갈등 해결을 위한 역할, 평화를 위한 역할, 구호를 위한 역할, 봉사활동을 위한 역할 등을 한다.

　여덟째, 세계 평화를 위한 역할, 지구 살리기를 위한 역할, 범죄 없는 지구 만들기의 역할 등을 한다.

2. 우리나라 NGO의 실태

우리나라의 NGO활동은 2000년대 들어서부터 더욱 활발하게 활동하였다. 1990년대가 관심기라면 2000년대는 실현단계라고 할 수 있다. 시민운동이라는 이름으로 NGO가 활동하기 시작하였다. 이 시민운동은 개인으로서의 시민에 의해, 또는 조직으로서의 시민단체에 의해 이루어진다. 다시 말해 '한 사람'이라도 시민운동을 할 수 있지만, 여러 사람이 모여 단체를 만들고 이 단체를 통해 시민운동을 할 수 있고, 실제로는 그런 경우가 더 많다. 이처럼 시민운동을 하는 조직은, 시민단체, 시민사회단체, 민간단체, NGO(비정부기구), NPO(비영리기구), CSO(시민사회단체), 제3섹터, VO(자원활동조직) 등 다양한 이름으로 불리고 있다. 그리고 이 가운데 한국에서 가장 많이 사용되는 용어는 '시민단체'와 'NGO'라고 할 수 있다.

'NGO(Non-Governmental Organization)'라는 용어는 그대로 번역하자면 '비정부기구'이지만, 각국의 역사적·사회적 맥락에 따라 조금씩 다르게 이해되고 있다. 예를 들어, 한국에서 NGO라는 용어는 '시민단체'와 교환되는 수준의 개념으로, '시민의 자발적 참여와 단체의 자율성, 공익성의 추구'가 중요한 기준으로 이야기된다. 반면, 미국과 일본에서 NGO라는 용어는 '국제원조에 참여하는 결사체'를 말할 때 많이 사용되고, 오히려 NPO(Non-Profit Organization)라는 용어가 더 일반적으로 사용된다. 유럽의 경우는 한국보다 좀 더 광범위한 개념으로 NGO라는 용어가 사용되는데, 비영리법인, 대학, 복지관, 종교단체, 직능단체 등까지도 포괄하는 개념으로 받아들여진다.

이처럼 한국에서 '시민단체'나 'NGO'라는 용어가 다른 나라에 비해, '공익성'이라는 성격이 강조되는 이유는, '시민단체'나 'NGO'가 민주화 운동의 연장선상에서 등장하고 성장해 왔기 때문이다. 예를 들어, 현재 한국의 '비영리민간단체지원법'에 따르면 한국자유총연맹이나 바르게살기협의회, 새마을운동중앙협의회과 같은 관변단체들도 경실련이나 참여연대, 환경운동연합 등과 같은 '민간단체'로 분류된다. 그러나 이들 관변단체에 대해 우리가 시민단체라고 부르지는 않는다. 그 이유는 우리가 '시민단체'라고 말할 때 그것의 역사적 맥락을 전제하고 있기 때문이다. 실제로, 한국의 시민단체들 중에는, 구성원들 간의 친목이나 가치실현을 목적으로 하는 공동체형 운동보다는, '주창형·대변형(advocacy)' 운동의 특징을 갖는 단체들이 높은 비중을 차지하고 있다. 그리고 이런 특징은 비단 정치개혁이나 권력감시를 중심으로 하는 단체들에서뿐만 아니라, 환경이나 여성, 문화 등 부문운동들에서조차 비슷하게 나타나고 있는 것도 한국 시민단체 그리고 시민운동의 독특한 측면이라 말할 수 있을 것이다.

시민단체에는 어떤 사람들이 모여 있는가?

한국 시민단체들의 인적 구성은 대체로 '간사-자원활동가-회원'으로 이루어져 있다. 여기서 '간사'라고 하는 것은 시민단체에 상근하는 전업활동가를 의미한다. 이들은 자신들이 일하는 단체에서 급여를 받아 생활하고 있으며, 집회나 시위의 조직, 보도자료, 논평, 성명 등의 입장발표, 다른 단체와의 연대사업 조직, 자원활동가의 조직, 관리, 지원, 방송 및 신문 인터뷰와 기고, 각종 모니터링, 회원의 확대 및 관리, 각종 민원이나 제보, 전화 방문에 대한 상담활동 등 매우 다양한 활동을 벌이고 있다. 2) 한국의 시민단체들의 경우, 이들 상근활동가 중심의 활동구조를 갖춘 경우가 많고, 이들의 헌신과 열정 그리고 노력을 통해 많은 일들이 진행되고 있다. 이처럼 많은 일을 하고 있는 시민단체의 간사들은 자신들의 활동에 대해 비교적 만족하면서 '옳은 일, 좋은 일'을 하고 있다는 신념을 가지고 있는 것은 사실이다. 하지만 자기계발 및 재충전의 기회 부족, 너무 낮은 급여, 시민들의 무관심, 과도한 업무량, 불투명한 미래에 대한 불안 등의 이유로 힘들어하고 있다.

　시민단체에 간사라 불리는 상근활동가만이 있는 것은 아니다. 오히려 더 많은 숫자의 자원활동가와 회원들로 시민단체는 구성되어 있다. 자원활동가는 흔히 자원봉사자, 벌룬티어(volunteer)라 불리기도 하는데, 이들의 활동은 상근활동가들의 과도한 업무를 지원해 준다는 소극적 의미뿐만 아니라, 그들 스스로가 적극적으로 단체활동에 참여하여 새로운 삶의 가치를 만들어 나간다는 적극적 의미를 갖는다. 이들은 자신들이 가진 경험과 능력, 시간 자원 등의 적절한 배분을 통해 공익적인 사회활동에 참여하고 있는 것이다. 자원활동가들 가운데는 교수나 변호사, 회계사 등 각 분야의 전문지식을 갖춘 사람들도 있고, 이런 전문가들 이외에도 주부나 대학생, 퇴직자 등 다양한 사람들이 자신의 조건과 기호에 맞는 자원활동방식을 선택하여 시민단체활동에 참여하고 있다. 이러한 자원(봉사)활동은 시민사회의 성숙도를 반영해 주는 중요한 지표라고 할 수 있다. 자신의 개인적·사적 이익만 추구하기보다는, 자신과 더불어 살아가는 사람들과의 '공공의 이익'을 위한 작은 실천을 스스로 행하는 이들이 바로 자원활동가들이기 때문이다. 이제까지 한국에서 '자원봉사'라고 하면 사회복지시설이나 국가주요행사에 참가하는 것이 대부분이었지만, 최근에는 각종 시민단체들에 참여하는 자원활동가들의 숫자가 조금씩이나마 늘어나고 있는 추세이다.

자원활동가와 더불어 시민단체의 기반이 되는 이들이 바로 '회원'이다. 시민단체의 회원은 보통 한 달에 5천 원~1만 원 정도의 회비를 내고, 그 단체가 발행하는 소식지를 받아 보거나 이메일 뉴스레터를 받아 보면서 단체활동에 대한 정보를 공유하게 된다. 이들은 단지 회비만 내는 경우도 많지만, 자원활동의 형태로 단체활동에 직접 참여하기도 하고, 다양한 회원자치모임을 통해 단체와의 정체성 공유, 회원들 간의 친목 도모 등의 활동을 벌이기도 한다. 뿐만 아니라, 일부 시민단체들에서는 회원들이 조직의 의사결정구조에 적극적으로 참여하여 회원의 의사가 단체활동에 반영될 수 있도록 하고 있다. 그러나 한국의 많은 시민단체들은 '회원 부족', '회비 부족' 현상에 허덕이고 있는 현실이다. 한국의 가장 대표적인 시민단체라고 알려진 참여연대의 전국 회원이 13,000명 정도에 불과하고, 지역 시민단체들의 경우에는 수백 명의 회원을 갖추는 것 자체가 어렵다. 이런 상황에서 '회비에 의한 재정자립'을 시민단체들에 요구하는 것은 거의 불가능한 강요에 다름없다.

시민단체는 어떤 방식으로 활동을 벌이는가?

한국의 시민운동은, 기존 사회운동이 사용하지 않았던 다양한 운동방식과 수단들을 활용하면서 자신의 주장을 알리고 실현시켜 나가고 있다. 한국 시민단체들은 지난 10여 년 이상의 경험에 기반을 두어 제도적 수단과 비제도적 수단, 전문적 수단과 대중적 수단을 적절히 개발하여 활용하고 있는 것이다.

언론을 활용하여 시민들에게 자신들의 주장을 널리 알리기 위해 기존 사회운동에서는 적극적으로 사용하지 않던 보도자료나 논평, 성명의 발표를 적극적으로 사용하여 이제는 매우 일상적인 형태의 운동방식으로까지 이르게 되었다. 물론, 가장 대표적인 운동방식은 집회나 시위와 같은 직접행동방식이지만, 최근에는 이것 역시 인터넷을 활용한 사이버 시위나 '1인 시위'와 같이 전혀 새로운 형식으로 발전되고 있다. 또한 시민운동은 자신들이 확보한 전문적 지식에 기반을 두어 토론회나 공청회를 개최하여 문제제기뿐만 아니라 대안의 제시가 이루어질 수 있도록 노력하고 있으며, 특히 소송이나 고발 등과 같이 법률적 수단들을 적극적으로 활용('공익소송')하여 운동의 위력을 높여 가고 있기도 한다. 나아가 입법청원제도를 적극적으로 활용함으로써 시민의 주장과 요구가 법과 제도로 실현될 수 있는 '시민입법운동' 또한 활발하게 벌여 나가고 있다. 그리고 이러한 일련의 수단들은 '캠페인'이라는 형태로 재조직되어 종합적이고 입체적인 운동수단으로 재탄생되기도 한다.

특히, 최근에는 인터넷을 이용한 운동이 더욱 적극적으로 개발되고 시도되고 있다는 점에 주목할 만하다. 이제 인터넷은 시민운동의 활동방식에 있어 단순한 선택사항이 아니라, 필수적 공간이 되어 있다.

NGO는 지난 1945년 인류 역사상 전대미문의 비극을 안겨다 준 2차 대전이 막을 내리면서 도래한 미·소의 냉전이 퇴장하면서 지구촌에는 새로운 변화의 물결이 몰려오기 시작했다. 탈냉전체제 이후 국제사회에서 가장 눈에 띄는 변화를 꼽으라면 비정부기구(NGO:

Non-Government Organization)의 활동이 비약적으로 늘어났다는 점을 들 수 있다. 냉전 시대에 정부나 국제기구에 의해 주도되었던 국제무대의 주역을 이들이 대신하게 된 것이다. 정부가 직접 나서기 힘든 비수교국 지원이나 환경보호 및 마약퇴치, 지뢰금지에서 동물보호 등에 이르기까지 이들은 두드러진 활약을 보였다. 이들의 활동범위란 거의 모든 분야를 망라하고 있으며 이제는 정부정책이 이들의 영향력에 따라 좌우될 만큼 무시 못 할 수준에 이르렀다.

정치 경제 교통. 환경. 의료사업 등의 모든 분야를 총망라해서 수백만 개의 시민단체, 즉 NGO가 있다. 미국에만 약 120만 개의 단체가 있는 것이다.

3. 한국의 NGO활동단체와 내용

[환경 부문]

녹색사회연구소: 생태, 생명, 환경, 녹색자치 연구, 지속가능한 사회 연구활동을 한다.

[통일 부문]

통일연대: 6·15 남북공동선언 실현과 한반도 평화를 위한 통일연대인 것이다.

[보건 부문]

노동건강연대: 노동안정보건시스템 정책 개발, 노동자 건강권, 산재보험 개혁운동을 한다.

[인권 부문]

국가보안법 폐지 국민연대: 국가보안법 폐지운동을 한다.

4. 세계적인 NGO활동과 내용

국제사면위원회(AI). 국제사면위원회는 지난 61년 영국의 피터 베넨슨 변호사가 양심수 석방과 정치범 박해 금지를 위해 창립한 이 단체는 현재 우리나라를 비롯하여, 50여 개국에 지부를 두고 있으며 1백10만 명의 정기 기부자를 확보하고 있다.

국경 없는 의사회. 프랑스에서 출발한 '국경 없는 의사회'는 의사·간호사 등 의료 관련 직종에 종사하는 6,000여 명의 회원을 두고 80여 개국에서 활동 중이다. 특히 이 단체는 의료 지원을 위해 12명의 회원을 북한에 상주시키고 있다.

그린피스. 그린피스는 지난 71년 9월 캐나다 밴쿠버의 '물결을 일으키지 말라.'라는 반핵운동단체 회원들이 직접 배를 타고 알래스카 연해에서 미국의 핵실험을 반대한 것을 계기로 결성됐다. 이 단체는 '푸르고 평화로운 세계를 만들자.'는 취지로 이름을 그린피스로 바꿨고 79년에 영국, 프랑스, 캐나다 등 6개국을 중심으로 '그린피스 인터내셔널'을 발족시켰다. 본부는 암스테르담. 반핵운동과 환경친화적 기술 개발에 대한 의식 고취 등 지구 보존에 앞장서 온 그린피스는 세계 160여 개국 4백여만 명의 회원을 거느리고 있다.

참고문헌 및 출처

http: / / www.ccej.or.kr /
http: / / www.jaga.or.kr /
http: / / www.civilnet.net /
http: / / www.peoplepower21.org /
http: / / www.women21.or.kr / news / default.asp
http: / / www.ymca.or.kr /
http: / / www.action.or.kr /
http: / / www.redcross.or.kr /

5. 한국시민사회단체(NGO)의 역사 현황과 전망

　○ NGO의 유형

① 공적 이해 실현을 위한 NGO

사회행동적 NGO, 민중운동적 NGO: 반독재 투쟁운동단체, 도시빈민운동, 노동운동 등

시민운동적 NGO: 종합적 시민운동, 환경운동, 교통운동 등

사회서비스적 NGO: 박애조직, 구호조직, 사회복지단체 등

② 직능집단－이익집단적 NGO: 한국출판협회, 의사협회, 변호사협회

③ 동호회－친목공동체: 각종 스포츠 동호회조직, 조기 축구회 등

④ 기타 자발적 사회조직들－다양한 성격의 자발적 조직체

권위주의화와 민주화의 역동적 상호 관계에서의 시민사회단체의 변화

(1) 권위주의와 시민사회단체

　○ 우리 사회를 국가, 제도정치, 시민사회로 나눈다면 권위주의라는 것은 국가에 의한 제도정치 및 시민사회의 억압과 통제체제라고

할 수 있다.

ㅇ 60년대 군부권위주의정권이 70년대 유신정권 및 80년대 신군부 권위주의 정권으로 경직화되어 가면서 자율적인 제도정치 영역 및 시민사회적 영역은 더욱 제한되어 가게 된다.

ㅇ 권위주의 시대, 시민사회 내에 존재하는 시민사회단체는 3가지 유형으로 나눌 수 있는데 ① 권위주의국가의 후견을 받는 관변단체 ② 전투적이고 저항적인 사회운동단체 ③ 중간지대에 탈정치화된 혹은 비정치화된 시민사회단체들이 존재한다.

ㅇ 독제의 시기에는 저항적인 단체들이 비합법적 단체로 전환하게 된다.

6. 민주화와 시민사회단체의 변화

1) 민주화에 따른 시민사회단체의 활성화

○ 권위주의와 민주주의의 분기점에 선 투쟁이 바로 87년 6월 민주화 투쟁이었다.

○ 민주화가 동반하는 시민사회단체의 변화

첫째, 80년 민주화 과정을 통하여 군부권위주의 국가권력으로부터 자율성을 갖는 사회운동 공간이 분화되게 되면서 합법적인 공간에서 온전한 시민운동이 출현하게 된다.

둘째, 민주화의 과정은 동시에 시민들의 자발적인 결사를 제약하던 억압적 분위기의 약화를 의미한다.

셋째, 민주화의 진전은 권위주의 시대에 존재하던 시민사회단체의 지향과 성격을 변화시키게 된다.

넷째, 탈정리화된, 시민사회단체들의 자율성을 증대시키게 되고 부분적으로 다양한 현실 정치적 이슈들에 대한 활동이 강화되게 된다.

2) 90년대 이후 사회단체의 변화

첫째, 시민운동의 다양한 변화를 들 수 있다. 80년대 후반에 보수언론의 화려한 주목을 받으면서 출발한 시민운동이 사회운동의 새로운 형태로 주목받게 된다.

둘째, 90년대 중반 이후의 시기는 시민사회단체들 중 공익적 시민단체들의 경쟁적 분화의 시기로 표현할 수 있다.

셋째, 민주화가 동반하는 변화 중의 하나는 지방화 진전이고 이는 지방시민사회단체의 활성화로 나타나게 된다.

넷째, 각 계급, 계층집단별 이익추구를 위한 시민사회단체 및 자조적이고 자발적인 시민사회단체들이 확대된다는 것이다.

7. 시민사회단체 발전 전망과 과제

1) 향후 전망에 대하여

첫째, 정부와 제도정치의 대의성 외곡은 권리 옹호적이고 권력비판적인 시민사회단체의 역할을 증대시키게 된다.

둘째, 권위주의 체제하에서 고착된 국가-시장-시민사회의 불균형 때문이다. 시민사회 및 시민사회단체들의 새로운 자정력으로 국가 및 시장의 합리적 개혁이 이루어져야 하는 시대적 필요성이다.

셋째, 공공 영역, 특별히 언론을 통한 여론 반영기제의 외곡성은 여전히 시민사회단체의 활동을 통한 우회로의 중요성을 증대시키고 있다.

넷째, 한국 민주주의의 불완전성은 시민들의 자조적이고 권리 옹호적인 행동이 없이는 개인의 권리와 이익이 충분히 보호될 수 없기 때문에 다양한 권리 옹호적이고 권리 실현적인 단체의 활동을 증대시키게 된다.

2) 현 단계 시민운동이 직면하고 있는 문제점에 대하여

첫째, '시민 없는 시민운동'을 어떻게 극복할 것인가, 어떻게 시민운동을 대중참여적 운동으로 발전시킬 것인가 하는 문제이다.

－다양한 방법으로 시민참여를 확대하기 위한 내적, 외적 노력이 경주되어야 한다.

둘째, 영세성의 극복문제이다.

－시민사회단체 운동의 간접적 지원체제를 국가와 사회에 요구하는 노력을 행함과 아울러 참여적 시민문화 및 기부문화 촉진을 위한 다양한 방법이 개발되어야 한다.

셋째, 시민운동의 조건변화에 대응하여 시민운동을 어떻게 사이버세계와 신세대로 확장시킬 것인가 하는 고민이 필요하다.

넷째, 시민운동과 글로벌리즘과의 관계이다.

－국제적 의제를 내부화하고, 국내적 의제와 국제적 의제를 연결시키는 노력이 요구된다.

8. 시민사회와 NGO

1) 시민사회의 위상과 성격: 국가, 시장, 시민사회의 상호 관계

시민사회는 정치적으로 신분사회가 해체되고 경제적으로 자본주의에 의한 시장경제가 발달하고 문화적으로 합리적인 사고와 개인성이 발달하기 시작한 20세기 전후에 등장하였다.

오늘날 시민사회는 국가의 성격 변화, 글로벌화와 정보화의 진전, 생활양식과 문화의 변화 등으로 인해 사회구조가 훨씬 복잡한 양상을 띠게 되었다.

(1) 정치적 공동체로서의 시민사회

시민사회는 공동체의 안정적인 유지를 위해 갈등을 해결하는 장치가 필요로 하며, 공동체 외부의 개입에 적절히 대응할 수 있는 장치를 필요로 한다.

(2) 경제적 갈등의 장으로서의 시민사회

시민사회가 자본의 사적소유, 자본주의적 생산관계에 기반을 두어 지배계급의 경제적 착취로 생존권 등 많은 권리가 재산권의 차이에

의해 불평등해지기 때문에 시민사회는 다양한 계급적·집단적 이익
과 권리가 서로 분화하고 갈등하고 대립하는 장이 되고 있다.

(3) 헤게모니 투쟁의 장으로서의 시민사회

민주주의와 자본주의가 복합적으로 발전해 감에 따라 경제적, 계
급적 갈등과 적대가 정치적 이데올로기적 과정을 통해 훨씬 복잡한
양상을 띠고 있으며, 지배계급의 지배방식도 다양화되고 있다.

시민사회가 정치사회 및 경제구조와 구분되면서, 다양한 사적 결
사체가 광범한 동의에 기반을 둔 헤게모니 창출을 위해 서로 투쟁하
는 장이 되고 있다. 그리고 사적 결사체의 지배계급 이데올로기를
확산시킴으로써 기존의 자본주의적 지배질서를 유지하고 있다.

하지만(그러나) 피지배계급도 불평등으로(인해) 저항이데올로기가
강화하거나(강화되거나) 새롭게 형성되기도 한다.

(4) 시민사회의 다원화와 참여민주주의

현대사회는 경제적 갈등뿐만 아니라 환경, 여성, 인권, 평화, 소수
자 등 다양한 쟁점이 사회문제로 등장하고 있고, 집단 간의 관계가
훨씬 다원적이고 복합적인 양상을 띠고 있다.

오늘날 시민사회는 사회적 권리를 주장하거나 사회적 약자를 옹호
하거나 '공공의 선'을 추구하는 다양한 시민사회단체와 사회운동이
생겨나고 있는바 NGO가 이러한 흐름 속에 위치하고 있다.

9. 시민사회에서 NGO의 위상

1) NGO의 역사와 개념 정의

NGO라는 용어는 1950년 UN 경제사회이사회에서 결의안이 통과되면서 공식적으로 사용되었으며, 정부의 대표가 아니면서 UN과 협의적 지위를 인정받은 공식적인 조직이다.

NGO의 성격을 살펴보면 비정부성, 비영리성, 비당파성, 비종교성, 공익성, 자발성, 자율성을 가지고 있다.

NGO는 활동쟁점·영역은 환경, 여성, 인권 평화, 복지, 건강, 주거, 빈곤, 공적부조, 난민, 개발, 공정무역, 자치, 참여 등이고, 활동의 수준은 지역공동체 NGO, 일국 NGO, 글로벌 NGO 다양한 수준이다.

활동의 지향·목표를 보면 공동체적 연대, 법적, 제도적 개선, 사회체제의 변혁 등 다양한 지향과 목표를 지니고 있다.

2) NGO와 '공공의 선'–공적 이익과 사적 이익의 딜레마

공공의 선을 NGO의 특징으로 볼 경우, 무엇을 공공의 선으로 규정할 것인가 하는 판단기준에 따라 NGO의 활동을 집단이기주의로 보느냐 그렇지 않느냐가 달라질 수 있다.

이렇게 NGO를 규정하는 방식이 무엇을 공공의 선으로 보느냐에 따라 달라질 수 있으므로 이것은 단순히 이론적 개념규정의 문제가 아니라 개념규정을 둘러싼 헤게모니 투쟁의 문제임을 암시한다.

3) NGO들 간의 갈등과 연대

NGO들 간에도 동일한 목표나 지향점을 가지고 있는 것은 아니며, 쟁점과 목표에 따라 서로 연대하기도 하고 갈등하기도 하는데, 이것은 결국 무엇을 '공공의 선'으로 보며 어떠한 목표를 지향하느냐에 달려 있다.

갈등: 1999년 국가보안법 반대를 두고 올바른 국가인권기구 실현을 위한 민간단체 공동대책위원회와 다른 NGO, 구조조정 과정에서 재벌개혁·정리해고에 대해 경실련과 참여연대, 노동운동과의 연대에 참여연대와 경실련

연대: 동간댐 건설 반대운동, 총선 낙천·낙선운동의 활동은 다양한 시민단체들이 통일된 목표를 가지고 연대한 대표적인 사례

10. NGO와 다른 사회 영역들 간의 관계의 다양성

1) 시민사회의 분화와 시민사회론의 다양성

노동과 빈곤을 넘어 다양한 쟁점, 즉 복지, 환경, 주거, 여성, 인권 등이 등장하게 되었고, 정부의 정책결정과정을 민주화하고 참여민주주의를 확대시키려는 다양한 요구와 새로운 쟁점을 바탕으로 시민사회는 더욱 분화되었다.

다양한 시민사회론을 이해하려면 특수한 역사적 상황 속에서 형성된 시민사회와 내·외적 세력관계 등의 갈등을 이해해야 할 것이다.

2) NGO와 시장경제의 관계 유형

NGO는 비영리기구의 성격을 띰에 따라 기업과 긴장관계를 유지하는 것이 일반적이지만 어떤 기업은 적극적인 기업 이미지 개선과 경영합리화를 통해 시민단체와 우호적인 관계를 형성하려고 노력한다.

한편 시장과 기업에 대한 자율성을 확보하려는 NGO는 기업의 재정적 지원을 거부하면서 일정한 거리를 유지하려고 한다.

3) NGO와 국가(정부)의 관계 유형

NGO와 정부와의 관계는 쟁점에 따라 그리고 쟁점과 관련된 정부의 정책적 입장 및 이에 대응하는 NGO의 정치적 입장에 따라 다양한 형태를 지니게 된다.

정부와 NGO 간의 관계는 각각의 성격과 성향에 따라 포섭적 관계, 협조적 관계, 갈등적 관계, 지배적 관계 등 다양하게 변화할 수 있고, 그리고 갈등의 유형도 NGO들의 목표와 지향점에 따라 대립, 비판, 견제, 협력 등 다양한 형태를 띨 수 있다.

4) NGO와 정당정치

다양한 세력들로 분화하고 있는 시민사회에서 '공공의 선'을 추구하는 NGO는 특정한 정당과의 선택적 친화성을 가질 수밖에 없으며, 심지어는 독일의 녹색당처럼 NGO가 자신의 정치적 목적을 달성하기 위해 직접 정당을 형성하기도 한다.

또한 정당은 자신의 노선과 친화적인 NGO들과 협력적인 관계를 유지함으로써 대중적인 지지를 유지하고 또 확산시키고자 한다.

5) NGO와 민주주의

NGO는 시민의 관심과 노력을 조직화함으로써 참여민주주의를 실현하는 중요한 수단이자 장이고, 시민을 보다 적극적이고 이타적인 인간으로 살아가도록 이끌 수 있다면, 참여민주주의를 통한 정의로운 사회의 실현에 크게 기여할 수 있다.

11. 글로벌화와 글로벌 NGO의 활동

1) 글로벌화와 글로벌 시민사회

오늘날 글로벌화는 세계적 수준의 정보화의 발달로 인한 국제적인 인적, 물적 교류의 양적 증진뿐 아니라 교류속도도 훨씬 빨라졌다.

특히 신자유주의에 기반을 둔 선진국의 세계시장통합 주도로 인해 자본과 상품의 국제적 이동이 자유로워졌으며, 이로 인해 국민국가의 경계가 더욱 약화되고 있다.

이런 글로벌화는 세계적인 헤게모니 투쟁을 더욱 부추기고 있으며, 따라서 세계적 헤게모니 국가인 미국이 주도하는 IMF, WTO 등의 국제기구들이 국제적 정책에 중요한 영향력을 행사하고 있다.

글로벌화의 진전은 세계의 경제적·문화적 통합 등을 통해 국민국가 정부들 간의 연계 강화는 물론 각국의 시민사회 통합에도 기여하고 있지만, 경제적 불평등의 심화와 더불어 노동, 환경, 인권 등의 문제 또한 글로벌화되고 있다.

이러한 문제들의 해결을 위한 노력이 지구촌 전체로 확산된 것은 최근의 일이다. 아직 세계적으로 만연한 글로벌화의 부작용을 해결하기에는 역부족인바, 앞으로 글로벌 NGO들의 활동이 기대된다.

2) 유엔과 NGO

오늘날 글로벌화된 문제들의 해결을 위해 초국적 의사결정과 글로벌 거버넌스의 필요성이 부각되었고 이런 취지에서 UN, OECD 등 많은 정부 간 기구들이 형성되었다.

근래에는 국제적 연대의 증진을 위해 다양한 분야의 글로벌 NGO들이 생겨나고 있으며, 이들은 전 지구적 문제들의 해결을 위해 많은 정부 간 기구들에 압력을 행사하고 있다.

3) 글로벌 민주주의와 글로벌 NGO

글로벌 민주주의의 관점에서 보면 지금의 국민적 시민 자격의 형태는 초국적 양상을 나타내고 있으며, 일국적 민주주의는 자국정책에 영향을 미치는 다양한 국제적 요인들로 인해 안정을 유지하기 어렵다.

이런 맥락에서 민주주의적 국제합의가 필수불가결하다고 할 수 있으나 선진국들의 자국이익극대화 전략은 국제질서를 어지럽히고 있다.

한편 수많은 후진국에서는 각국의 정부들이 국제적 협상에서 국민 다수의 이익을 대변한다고 보기 어렵고, 민주주의 국가라 하더라도 다수결의 원칙 속에서 배재된 소수의 중요 의견이 있다는 것, 또한 세계적 '공공의 선'의 문제에서 각국의 이해관계자들이 바람직한 결론을 이끌어 내기 어렵다는 것을 고려할 때 각국 NGO 및 글로벌 NGO의 활동에 대한 정당성을 찾을 수 있다.

결국 이들의 활동은 전 지구적 불평등의 완화, 환경문제의 해결, 국제적 인권 상황의 개선 등 글로벌 민주주의의 발전을 위한 중요한 기반이 될 것이다.

※ 시사점 및 문제제기

- 대의민주주의를 보충할 수 있는 NGO는 우리 생활의 일부로 자리매김하고 있다.
- 정부가 할 수 없는 역할을 NGO가 대신, 법과제도에서 벗어나 탄력적으로 사회문제 대처
- 1987년 6월 항쟁 이전 민주화 운동이 우리나라 NGO의 중요한 위치를 차지함에도 불구하고 그 가치를 간과
- 구체적인 NGO활동을 예를 들었으면 더 나은 글이 되었을 것
- 앞으로 NGO Network를 구축으로 시민사회에서 전 세계적인 규범을 형성하는 데 큰 역할을 담당해야 한다.
- □ 시민사회(제3의 세력)란?: 국가의 범위나 영향력 바깥에 위치한 사회의 모든 요소, 그리고 사회 내의 모든 제도를 포괄하는 의미로 사용하며, 오늘날의 일반적인 이해는 일련의 정치적·사회적 목적을 달성하기 위한 수단으로 본다.
- □ 시민사회의 개념: 상호부조와 연대정신이 깊숙이 정착되어 있고, 국가가 억압적이지 않고 유연한 사회, 다양성과 관용에 기반을 둔 사회를 바라는 것이다.
- □ 시민사회의 범위: 국가가 아닌 모든 영역을 포괄하고 동시에

본질적으로 민주적인 모든 가치를 예시하기 때문에 시민사회가 억압적인 사회를 개방하고 민주적 자유를 보장하고 심화시키며 국가권력을 제어하는 묘약이라 주장하며 시민사회를 강화하는 것이 건전한 정치체제를 창조하고 유지하는 비결이라는 사고까지 지배하고 있다.

☐ 시민단체의 활동: 시민사회의 많은 구성요소들이 증오와 폭력을 줄이고, 집단 내부와 집단 사이에서 타인에 대한 관심, 사회적 책임 및 상호부조를 촉진하기 위해 활동할 수 있다.

☐ 시민사회의 이상: 지구적 자본주의를 위해 세계를 안전하게 보전하는 것. 또 더 심각한 문제, 즉 도덕적 공백은 아닐지라도 지성적 공백이라는 문제에 맞닿아 있다.

☐ 시민단체의 문제점 및 역할: NGO가 어떻게든 국가를 바로잡을 수 있으리라 희망하는 것보다 오히려 국가의 역할을 강화하는 것이 더 필요하다. 국가가 실패한 부분을 시민사회가 잘해 낼 수 있다고 주장한다면 그것은 자포자기적 태도이다. 재무부·입법부도 없고 군대를 동원할 수 없는 시민사회는 국가보다 지구화의 도전에 대처할 수 있는 능력을 갖추지 못했으며, 지역차 그리고 시민사회운동의 핵을 이루는 단일의제 집단들의 자체 이익에 근거한 분열에 의해 난파할 가능성이 높다.

☐ 시민사회의 정체: 시민사회의 지지자들은 단일의제뿐만 아니라 우리 시대의 모든 시급한 난제에 관해 정부나 의회의 해결책보다 더 나은 대안을 제시하거나 중요한 목소리를 덧붙인다고 주장한다. 그러나 누구에게도 책임지지 않는 비민주적인 단일의제 집단무리라고 할 수 있다.

☐ 시민사회단체의 방향: 국민국가는 분명 약화되었지만 완전히 없어진 세력은 아니다. 더 좋은 세계를 꿈꾸는 사람이라면 자기가 생각하기에 싸울 가치가 있는 정치적 투쟁을 전개하는 편이 더 나을 것이다.

☐ 시민사회의 가짜새벽: 시민사회를 믿으면 그것은 지푸라기를 잡는 것이나 다름없다. 오늘날 대다수 양식 있는 사람들은 시민사회의 부상을 냉전 이후의 가장 희망찬 정치 발전으로 꼽는데 "미래에는 소망의 미래와 운명의 미래 두 종류가 있는데, 인간 이성은 아직 이 두 가지를 구분하는 법을 배우지 못했다."라고 한 버날의 혜안이 옳았음을 입증한다. 결국 시민사회는 바로 우리의 이러한 소망이 투영된 것에 지나지 않으며, 우리가 직면하는 현실세계를 심각하게 왜곡하며, 시민사회라는 개념은 비중이 거의 없는 개념이라 주장할 수 있다.

"시민사회의 개념이 지난 15년간 왜곡되고 확대해석된 나머지 이제 그것이 뜻하지 않는 개념이 없을 정도가 되어, 모든 것을 뜻한다면 아무것도 아니다."는 말을 '시민사회의 가짜새벽'이라는 용어로 표현한 데이비드 리프는 "지구적 자본주의를 위해 세계를 안전하게 보전하는 것이 시민사회라는 이상을 성취한 효과일지도 모르지만 물론 그것만이 이 같은 이상을 부각시키는 주된 이유는 아니며, 더 심각한 문제, 지성적 공백이라는 문제에 맞닿아 있다."고 주장하였으며 결국 우리가 원하는 시민사회는 허구이며 만약 존재를 찾으려면 국가의 역할을 강화시킬 수 있는 단일의제에 의한 싸울 가치가 있는 정치적 투쟁을 전개하는 것이 바람직하다고 주장한 필자의 의견에 공감은 하지만 현대의 정보화·세계화로 과거보다 더 복잡하고 범위가 넓어진 갈등의 문제를 전체 공동체의 이익을 대변하여 정책에 반영할 수 있는 시민운동은 국가의 활동을 보조하는 것 이상의 의미를 가질 수 있다고 생각한다.

시민사회라는 말은 오늘날 전 세계 식자층 사이에서 한창 인기 있는 통용어이기는 하나 개념적 가치에 대해서는 정확한 검토와 이해가 필요함.

☺ 시민사회라는 개념은 최근의 발명품인가? ⇒ 계몽이 필요하다.

☞ 고대 그리스 철학자들은 국가와 동일한 개념으로 적용하였으며, 근대판 시민사회 사상은 18세기 후반 스코틀랜드와 대륙의 계몽주의 사상에서 등장한 것이다.

시대의 흐름에 따라 개념의 변화가 있었으며, 오늘날 시민사회는 냉전 이후 시대정신의 핵심요소로 떠올랐다고 봐도 과언이 아니다.

☺ NGO는 시민사회의 심장인가? ⇒ 반드시 그렇지는 않다.

☞ 시민사회는 국가(정당 포함)와 시장 밖에 존재하는 모든 단체와 결사체를 포괄하는 광의의 개념이며, 여타의 전통적 요소와 재정자립 문제 등으로 NGO가 시민사회 내에서 열세인 나라도 많다.

☺ 시민사회에는 항상 온정이 넘치는가? ⇒ 이것은 인근 학교의 사친회활동에 깊이 관여할 뿐만 아니라 러시아 마피아나 몬태나 주의 민병대 그룹에도 깊이 관여하고 싶다는 말과 다를 바 없다.

☞ 세계 어느 곳이든 시민사회는 좋은 집단뿐만 아니라 나쁜 집단 등 각양각색의 혼합된 집단으로 가치 있는 목적뿐만 아니라 사악한 목적을 위해서도 일한다는 사실을 인정해야 한다. 시민사회 내부에서도 다툼이 벌어지고 있으며, 사사로운 경제적 이익에도 집착하

는 경향도 있다.

☻ 시민사회가 강하면 민주주의가 보장되는가? ⇒ 그렇다면 얼마나 좋을까.

☞ 시민사회가 활동적이고 다양하다면 민주주의 발전과 국가와 시민의 이익 향상에 중요한 역할을 하기도 하지만, 반면 수많은 요구들에 대해 모두 부응하기 어렵고, 정책의 결과를 조직적으로 왜곡시킬 수도 있는 등 민주경화증(demosclerosis)이 발생할 우려가 있다.

☻ 민주주의는 강력한 시민사회를 보장하는가? ⇒ 이것도 보장할 수 없다.

☞ 시민참여가 상대적으로 낮은 일본·프랑스·에스파냐 등의 나라에 대해 미국인의 기준으로 민주성장 장애국이라고 비판하는 것은 위험한 주장이다.

각 나라의 전통과 여건에 따라 다른 종류의 민주주의도 존재할 수 있기 때문이다.

☻ 시민사회는 경제적 성공에 결정적일까? ⇒ 단순하게 볼 수 없다.

☞ 경제적 성공으로의 길이 반드시 시민사회로 포장되어 있지는 않으며, 강력한 시민사회와 상대적으로 미약한 경제가 공존할 수도 있다(물론 그 반대도 마찬가지이다). 예를 들면, 남한의 경제기적은 6~70년대 시민사회(특히 노동부문)의 탄압에 의해 고도의 경제성장을 이루었으나, 시민사회의 천국인 방글라데시는 아직도 가장 가난한 나라 중의 하나이다.

☻ 진짜 시민사회는 정부의 돈을 받지 않을까?

☞ 서유럽 일부지역이나 미국에서도 정부가 시민사회를 지원하는 일은 흔하다.

존스홉킨스대학이 후원한 비영리 부문에 대한 대규모 비교연구에 따르면 "대규모 기부재단과 기업찬조 프로그램이 많이 있음에도 불구하고 미국 비영리단체가 정부에 의존하는 수입의 비중은 사적 기부의 두 배 가까이 된다."고 주장한다.

☺ 시민사회의 부상은 국가의 쇠퇴를 의미할까? ⇒ 당치않은 소리다.

☞ 시민사회단체는 국가가 정책을 수립하고 집행할 수 있는 일정한 권력을 갖고 있을 때에만 국가정책결정과정에 훨씬 더 효과적으로 관여할 수 있다.

동유럽의 예를 들면 폴란드나 헝가리처럼 정부가 비교적 역량 있고 유능한 나라에서는 시민사회가 발전한 반면 루마니아나 불가리아처럼 비효율적이고 무능한 나라에서는 시민사회가 오히려 퇴보하였다.

☺ 시민사회는 지구화되었는가? ⇒ 꼭 그렇지는 않다

☞ 냉전종식 후 정치적 장벽이 낮아진 점, 새로운 정보통신기술, 저렴한 여행비용, 민주주의의 확산 등 여러 요인으로 인해 시민사회의 활동경향이 확장되어 지구시민사회로 간주하는 것처럼 보일 수 있으나, 초국적 시민사회는 본질적으로 국내의 시민사회와 다를 바 없다.

Ⅱ.
政策過程에서 NGO 役割

contents

1. 가정폭력방지법 제정과정 사례분석

정부실패, 시장실패를 거듭하는 역사의 과정에서 새로운 대안으로 20세기에는 NGO의 역할이 급부상하기 시작하였다. 그러나 우리나라는 1990년대 이전까지 군부독재의 권위적이고 억압적인 정치와 문화 속에서 NGO의 개념은 극히 일부에서만 사용되어 오다가 김영삼 정부 이후 특히 김대중 정부 이후 NGO의 역할이 급부상하여 이제는 정책결정부터 집행까지 모든 정책과정에서 NGO의 참여가 이루어지고 있다. 더구나 인터넷 등 정보화의 발달로 이러한 NGO들의 참여는 더 용이해져 앞으로는 국회, 정부, NGO 삼자가 균등하게 정책과정에 참여하게 되지 않을까 생각한다. 따라서 나는 정부 관료의 한 사람으로 이러한 NGO의 역할이 미래에는 더 커지리라 생각하고, 정부와 NGO의 관계에 대하여 공부하고 싶어 이번 학기에 정부와NGO의 수업을 수강하게 되었다. 비록 짧은 학기 동안 바쁜 일정으로 겨우겨우 수업에 참여하여 교수님의 강의와 동료들의 발표내용을 통하여 정부와 NGO 개념, 역할, 관계 등을 알아보는 시간을 가져 매우 유익하였다. 따라서 부족하나마 인터넷, 논문, 참고서 등을 통하여 NGO가 우리나라 정책과정에 어떻게 참여하고 있고, 어떠한 역할을 수행하였는지에 대하여 알아보기 위하여 정책과정과 NGO에 대한 이론적 고찰과 NGO(여성단체)가 가정폭력방지법 제정과정에 참여한 사례를 분석해 보았다. 그리고 향후 우리나라 NGO가 정책과정에서 어떻게 역할을 확대해 나갈 것인가에 대해서도 생각해 보았다.

NGO(Non Governmental Organization)란 본래 유럽에서 사용된 개념으로 1949년 UN에 의하여 공식적으로 사용되었고, 1970년대 초 유엔이 주관하는 국제회의에 민간단체들이 참가하여 NGO 포럼을 열게 되면서 NGO라는 용어가 널리 쓰이기 시작하였다. 그러나 NGO란 개념은 역사적 배경, 정치·문화적 환경, 그리고 정치체제에 따라 다양하게 정의되고 있기 때문에 개념 정의에 있어 상당한 혼란을 나타내고 있다. 그러나 이러한 NGO가 갖는 공통적인 개념으로는 공익의 증진과 보호를 목적으로 하며, 누구나 참여하고 지속적으로 존속하는 사적인 민간조직체로 규정할 수 있다.

NGO의 발전요인

1980년대부터 세계적으로 NGO는 그 활동의 폭을 확장하고 있으며 동시에 그 조직의 수도 급증하고 있는데, 20세기는 복지국가의 위기, 발전의 위기, 환경의 위기, 사회주의의 위기와 경제성장률의 상승, 정보통신기술의 발전 요소들이 비영리조직인 NGO의 성장을 촉진시켰다고 학자들은 주장하고 있다.

NGO의 특성

일반적으로 NGO는 비영리성, 비정부성, 자발성 등의 특성과 조직의 지속성, 영리목적은 아니지만 조직의 운영을 위한 최소한의 수익사업은 할 수 있다.

NGO의 역할

NGO는 공적 영역과 사적 영역을 잇는 공익적 역할을 담당하고, NGO의 영향력은 시민 개개인의 힘보다는 강력하게 정책과정에 영향을 미칠 수 있다.

○ 행정조정력의 역할

행정권력의 불신을 가중하게 될 첨예한 갈등관계를 NGO가 이해관계자들을 모아 협상력을 발휘하는 역할을 할 수 있다.

○ 시민과 정부 간의 매개고리 역할

정부는 NGO를 통하여 시민들의 요구가 무엇인지를 정확하게 파악할 수 있으며, 시민들의 정책에 대한 의식의 증진뿐만 아니라 정부가 시민들을 인식하는 것을 변화시키는 역할을 담당하고 있다.

○ 통제 메커니즘의 역할

NGO는 정부가 제공하는 공공서비스의 흐름을 감시하는 통제 메커니즘의 역할을 수행한다.

○ 정책제언자의 역할

NGO는 국가발전을 위한 적극적인 정책대안을 모색하는 역할, 즉 정책제언자 역할을 수행한다.

○ 정보 제공의 역할

NGO는 시민들에게 정부와 관련된 공정한 정보 제공의 역할을 한다. 또한 기업정보나 소비정보를 제공함으로써, 시민의 삶의 질을 제고하는 데 크게 기여하고 있다.

○ 국제적인 협조자의 역할
UN에서 NGO는 아직 정식당사자는 아니지만 그 영향력은 국제사회에서 무시될 수 없을 정도로 중요시되고 있다.

2. 정책과정

정책과정의 개념

정책(Policy)이란 정부·단체·집단·개인 등에 의해 여러 가능한 대안들 중에서 선택된 일정한 행동경로 또는 행동방법으로서 현대와 미래의 세부결정을 정해 주는 지침, '정부기관에 의하여 결정된 미래의 행동지침' 등 다양한 의미로 정의되고 있다. 그러나 많은 학자들의 다양한 정의에도 불구하고 '정책이 정부기관의 활동'이라는 점에는 의견의 일치를 보이고 있다.

정책과정의 특성

정책과정은 정책형성 → 정책결정 → 정책집행 → 정책평가라는 순환적·동태적 과정과 갈등과 타협이 존재하는 정치적 과정으로 각 활동단계마다 서로 다른 다수의 활동 주체들이 복합적으로 개입하는 동태적인 참여가 이루어진다.

정책과정의 참여자

정책과정은 정치체제의 핵심적 활동으로서 이 과정에서 산출되는 정책이나 정책결과 등은 모든 국민에게 영향을 미친다. 그러므로 국민들은 누구나 자신들의 이익을 위하여 이 과정에 참여하고자 하며, 민주적 정치·행정체제일수록 그 가능성은 더욱 확대된다. 정책의 과정은 정치적 성격이 매우 강하기 때문에 정책과정에 참여하여 영향력을 행사하는 참여자들은 국가의 권력구조, 정치문화, 정책내용에 따라 그 유형이 매우 다양하다. 그러나 일반적으로 정책과정의 참여자는 공식적 참여자와 비공식적 참여자 등 크게 두 가지 유형으로 나누어 볼 수 있다.

○ 공식적 참여자(official policy actor)

공식적 참여자란 정책과정에의 참여가 법적·제도적으로 보장된 자들로 의회, 행정수반, 행정부처, 사법부, 집권여당 등이 여기에 해당된다.

○ 비공식적 참여자(unofficial policy actor)

비공식적 참여자란 정책과정에 참여하여 영향력을 행사하는 자로 정부조직 외부에 있으면서 정책과정에의 참여가 법적·제도적인 보장 없이, 어떠한 방식으로든 정책과정에 직·간접적으로 참여하는 단체와 사람을 말한다. 대표적인 비공식적 참여자로서는 이익집단, 언론기관, 전문가 및 학자, 정당 등을 들 수 있으며, 최근 들어서는 NGO의 역할이 증대되고 있다.

우리나라 민간단체는 1980년대 중반까지 군부정치체제하의 억압적이고 권위적인 정치권력에 의하여 시민사회가 발전되지 못하였으며, 민간단체가 사회에서 차지하는 비중이나 역할도 크지 않았다. 그러나 1990년 이후 불과 10여 년의 짧은 역사에 비하면 지금 우리나라 민간단체는 괄목할 만한 성장을 가져왔다고 볼 수 있다.

〈표 1〉 우리나라 민간단체 현황

구　분		개　소	비　율
시민사회	시민사회일반	317	25.2
	여　성	265	
	청년, 학생	77	
	법, 행정, 정치	34	
	인권, 추모사업회	75	
	평화, 통일	115	
	소비자생활	1013	
지역자치, 빈민		222	5.5
사회복지서비스	사회복지일반	136	18.5
	아　동	28	
	청 소 년	100	
	장 애 인	170	
	노　인	35	
	기　타	24	
	건강, 보건의료	121	
	자원봉사, 구호	129	

　현재 우리나라 민간단체들 중에서는 시민사회 분야가 전체의 25.2%를 차지하여 가장 많고, 그 다음으로 사회서비스 분야가 18.5%를 차지한다. 그리고 시민사회 분야 중에서 여성 관련 단체가 26.2%이고, 장애인 관련 단체가 22.9%, 사회복지일반단체가 18.3%, 건강, 보건의료단체가 16.3% 순으로 나타났다.

1) NGO 현황

우리나라 민간단체 중에서 NGO의 개념에 해당하는 민간단체는 <표 2>와 같다.

<표 2> 우리나라 NGO 현황

구 분	개 소	비 율
통 일	42	5.8
정치 · 행정 · 법	9	1.2
교 육	11	1.5
경제 · 경영	3	0.4
건강 · 의료	38	5.2
자원봉사	15	2.0
일상생활	34	4.7
인 권	29	4.0
환 경	71	9.7
농민 · 어부	20	2.7
시 민	71	9.7
노 동	31	4.2
도시빈민	20	2.7
여 성	45	6.2
청 년	66	9.0
노 인	28	3.8
어 린 이	13	1.8
장 애 인	122	16.7
청 소 년	26	3.6
복지일반	28	3.8
기 타	8	1.1
합 계	730	100

우리나라 NGO는 복지 분야가 29.7%로 가장 많았으며, 그중에서도 특히 장애인 관련 단체가 16.7%로 가장 높게 나타났고, 그 다음으로 환경 및 시민 관련 단체가 9.7%로 복지 다음으로 나타났다. 이 밖에도 참여를 통한 여성권의 향상을 주장하는 여성운동 분야도 많은 단체들이 참여하고 있다.

2) NGO활동의 문제점

우리나라 NGO가 놓여 있는 상황은 서구 선진국에 비하면 매우 열악하다. 시민 없는 시민운동이라는 말처럼 대다수의 NGO는 임원 중심의 활동을 크게 넘어서지 못하고 있다. 그리고 재정적 빈약성, 전문인력 부족, 대표성의 문제, 임원중심의 활동, 조직내부의 문제, 사회상황의 변화에 적절히 대응하지 못하는 점 등의 많은 문제점을 안고 있다. 그 밖에도 회원 수의 절대부족과 회원들의 참여 부족, 회원관리프로그램의 부재, 구성원의 의식 차이와 인원변동, 각 NGO 간의 유기적 연대·협력의 어려움으로 인한 연대사업의 부진 등의 문제점을 안고 있다.

3. 정책과정과 NGO

1) 정책과정에서 NGO 역할

Y. Dror와 Anderson의 견해를 종합하면 NGO는 정책과정에서 다음과 같은 역할을 수행한다. 첫째, 정책의제설정단계에서 NGO는 시민들의 요구사항을 관철시키기 위해 여론 형성을 하거나 정책대안을 제시하게 된다. 둘째, 정책결정단계에서 NGO는 정책결정자들에게 문제해결을 위한 전문지식을 제공하거나 문제 환경에 대한 정보를 제공하고, 정치적 지원을 빌미로 정책이 결정되도록 압력을 행사한다. 마지막 정책집행 이후의 단계에서도 NGO는 집행된 정책의 오류를 수정하고 변경시키려 하며, 수행 중인 정책에 대한 지속적인 감시자로서의 역할을 담당하고, 자신들의 견해가 효과적으로 정책에 재투입되도록 쟁점사항에 대해서 시민들을 교육한다. 이렇듯 NGO는 시민과 정부의 정책과정을 효율적으로 연결시키는 매개 역할을 담당하고 있다.

2) '가정폭력방지법 제정과정에서 NGO 역할' 사례

여기서는 여성단체가 가정폭력방지법 제정과정에서 참여한 역할을 분석해 봄으로써, NGO가 정책과정에서 어떤 역할을 미치고 있는지

를 알 수 있을 것이다. 따라서 여성단체가 가정폭력방지법 제정과정
에서 가정폭력문제를 사회문제로 인지하고 정의하는 단계, 가정폭력
방지법 제정을 위해 결집하고 대표하는 단계, 그리고 가정폭력방지
법이 합법화되는 단계에서 활동한 내용을 살펴보기로 한다.

첫째, 인지와 정의단계에서 여성단체는 가정폭력문제를 사회문제로
부각하기 위해 아내구타 실태조사(한국여성의전화, 1983), 가정폭력
가해자를 살해한 가정폭력 피해자 구명운동(한국여성의전화, 1996),
가정폭력문제의 사회여론화 활동(한국여성단체연합, 1996) 등을 통해
가정폭력이 사적인 문제가 아니라 가부장적 가족구조와 폭력문화에
서 비롯되는 사회문제로 정의하였고 1996년 5월 구타 사위를 살해한
이상희 할머니 사건을 계기로 가정폭력을 국가가 해결해야 하는 정
책문제로 부각하였다.

둘째, 결집과 대표단계에서는 사회를 자극한 가정폭력 사건이 수
차례 발생했음에도 불구하고 정부의 대응이 미온적으로 나오자 여성
단체를 주축으로 '가정폭력방지법 제정추진 범국민운동본부'를 결성
해 8만 5천여 명의 국민서명을 받아 국회에 청원하기에 이른다. 15
대 국회는 성평등의식을 갖춘 여성의원이 각 정당에 포함되어 있어
여성의원의 주도로 가정폭력방지법안을 3당에서 당론으로 확정해 발
의하였다.

셋째, 합법화 단계에서는 국회 여성특별위원회에서 가정폭력방지
법안을 심의하여 의견제시를 했음에도 불구하고 법제사법위원회에서
법안 심의가 늦어지자 범국민운동본부에서 국회 앞 시위를 2차례 전
개하고 법제사법위원회와 보건복지위원회 소속 의원을 밀착해서 설
득하였고, 법제사법위원회 법안심사 제1소위원회와 간담회를 통해

가정폭력방지법에 대한 여성단체의 의견을 반영해 나갔다.

가정폭력방지법 제정과정을 분석해 보았을 때, 여성단체에 의한 여성복지운동이 가정폭력방지법 제정과정에 큰 영향을 미쳤다는 것을 알 수 있다. 즉 가정폭력을 개인적인 문제로 규정하면서 국가가 개입하는 것을 꺼리는 정부의 태도와 구타당하는 여성이 문제가 있어서 폭력을 당한다는 피해자 책임론, 가정폭력방지법은 가정을 해체하는 법이라는 편견 속에서 가정폭력방지법이 평등하게 가정을 유지하고자 구타남편을 교정·교화하고 피해자에게 사회복지서비스를 제공하는 내용이란 점을 사회공론화하고 정치권을 설득하여 법 제정에 성공할 수 있었다.

3) 정책과정에서 NGO 역할 확대방안

21세기 지식정보화 시대에는 국가를 중심으로 하는 공공 영역도 아니고, 또한 이윤추구를 중심으로 하는 사적 영역도 아닌 제3의 영역인 NGO가 중심이 되는 사회가 될 것임으로 국가와 시장의 한계를 대신할 새로운 대안으로 정책과정에서 NGO의 역할 및 영향력이 확대될 것인바, NGO의 역할이 확대될 수 있는 방안을 생각해 보고자 한다.

(1) 시민 측면

정책과정에서 NGO의 성공적 활동 여부는 궁극적으로 성숙한 시민사회의 역량에 의존한다. 성숙한 시민사회로 발전하기 위해서는 여러 가지 조건이 구비되는 것이 필요하지만, 가장 중요한 것은 시민의 주체적 참여 의지를 가능하게 하는 참여문화의 형성이라 할 수 있다. 따라서 시민들은 1시민 1단체 가입을 통하여 모든 시민이 최소한 한 개 이상의 NGO의 회원으로 가입하고, NGO에 가입한 시민은 재정적 후원 또는 자원봉사의 형태로 NGO의 활동이 활성화될 수 있도록 적극적인 관심이 절실히 요구된다.

NGO활동이 임원 중심의 NGO가 아닌 시민의 참여를 토대로 정책결정과정에서 NGO가 참여하게 되면, 시민의 의견을 대표하고 있다는 신뢰감을 주게 되어 그 영향력이 증대될 것이다. 그리고 일반 시민으로부터의 요구를 정확히 파악하고 이를 정부의 정책결정에 연결하는 매개체로서의 역할을 충실하게 수행하기 위하여 전문화된 조직체제를 구축하는 것이 필요하다. 또한 민주적 정치과정의 확립을 통한 정책결정과정의 정통성 확보는 물론 참여를 통한 NGO의 자율성을 제고하고 정부로부터의 자율성의 확보와 더불어 정부와의 지속적인 제도적 연계망을 구축하고, 조직운영과 사업추진에 있어 철저한 투명성과 높은 수준의 도덕성이 요구된다. 또한 효과적으로 국가권력의 견제를 위해서는 분업과 연대를 강화하는 것이 필요하고, 현대사회에서 정보는 시민운동을 전개하는 데 매우 중요한 수단일 뿐만 아니라 정보전달 그 자체로써 중요한 활동을 하고 있는 것이다.

(2) 정부 측면

NGO와 정부는 견제자로서, 상호 협력자로서, 경쟁자로서의 관계를 유지한다. 따라서 건전한 NGO의 육성과 발전을 위한 정부의 관심과 지원은 확대되어야 한다.

○ 재정적 지원

정부는 NGO가 공익을 증진하는 조직이므로 NGO가 활성화될 수 있도록 정부가 적극적으로 재정지원을 할 필요가 있다.

○ 법률적 지원

법률적 지원이란 NGO의 활동이 활성화될 수 있도록 NGO활동과 관련한 각종 법률을 개정하는 것이다. 즉 법인 설립요건의 까다로운 조항을 개정한다든지, 법인세법과 조세감면규제법을 개정하여 각종 면세 혜택을 준다든지, 집시법 및 정기간행물의등록등에관한법률 등 NGO의 자율성을 제한하고 있는 각종 법률을 개정하여 NGO가 적극적으로 시민의 권익을 옹호하고 국가권력을 견제할 수 있도록 개정되어야 한다.

○ 행정적 지원

행정적 지원은 NGO에 대한 정부의 각종 지원을 말하는 것으로 공공요금의 할인, 인터넷 등 정보인프라 구축 지원 등과 같은 NGO의 운영비용 지원과 NGO와 정부의 연계를 강화해야 한다.

○ 인지적 자원 제공

정부는 공적인 문제에 시민의 관심과 이해를 유도하는 여론기능을 수행하고 시민들의 참여와 토론을 활성화하기 위한 사회적 장치를 마련하는 것이다. 정책의 결정과 집행과정에 시민참여를 강화하는 것은 정책의 공개성을 증진할 뿐만 아니라 시민 개개인의 행위가 공익을 고려하여 결정되도록 하는 교육적 효과도 높이게 된다.

최근 우리나라를 비롯한 세계 각국에서 시민사회의 발전과 더불어 NGO가 급격히 발전하고 있으며, 이들은 국내외에서 영향력을 지속적으로 증대시켜 가고 있다. 1987년 이후 우리나라 NGO들도 다른 국가의 NGO들과 유사하게 정책과정에 지속적으로 참여하고 있다. 하지만 우리나라의 NGO는 법적 수준에 이르는 여러 차원에서 해결해야 할 문제점을 안고 있다. 짧은 시민운동의 역사에서 비롯되는 조직내부 역량의 취약성과 NGO를 지원할 법적, 제도적 정비의 미비, 전반적인 권리의식과 참여문화의 미형성은 시민운동을 활성화하는 데 막대한 영향을 미치고 있다. 그리고 앞에서 분석해 보았듯이 정책과정에서의 NGO의 역할과 영향력은 계속적으로 증대될 것이다. NGO는 정부의 정책 논리와 개인의 사적 이해관계를 공적 논리에 입각하여 중재할 수 있는 중요한 사회적 기반이다. 따라서 NGO의 역량과 개인의 정책활동에 대한 참여 활성화는 우리 사회가 좀 더 건강한 방향으로 발전할 수 있는 추동력이라는 인식하에 장기적 전망을 가지고 NGO의 활동을 활성화시켜야 하겠다.

4. 글로벌 시대의 NGO

20세기 말 지구촌의 상황은 새로운 세계질서의 필요성이 그 어느 때보다도 높았던 시점이었으며, 국제연맹, UN 등 국제기관들은 합리적인 갈등의 조정, 인권의 국제적 기준 마련 등을 통해 국제공동체 영역을 크게 확대시켜 놓았다.

특히 커뮤니케이션 혁명이 시의 적절한 정보와 아이디어 구심력을 경제발전과 정치과정에 가속화시키고 있으며, 시민사회의 활성적 역할이 등장함으로써 정부는 국내·외적으로 권력의 행사에 보다 투명하고 책임 있는 행동을 하도록 강요받고 있는 추세이다.

그러나 지금의 시대가 이런 강력한 국제 공동체의 창설이 절실히 필요함에도 세계화가 지구촌의 국제공동체에 미치는 영향을 살펴보면 글로벌 협력을 이끄는 일부 공동체는 확대되지만 다른 공동체는 오히려 축소되는 경향이 있었다. 현재 시장과 일자리에 대한 살벌한 경쟁 때문에 공동의 관심사에 대한 조직적인 방어의 범위가 축소되고 있으며 또 공공기관들이 주민들에 대한 책임완수의 역량이 위축되고 있는 현실이다.

1) '글로벌 시민사회'의 개념

global의 특징은 시민사회가 지구촌 특정 지역에 편중된 것이 아니라 보편화된 추세와 현상이 된 일반성의 특징과 지구촌이 당면하고 있는 공동의 문제, 빈곤·인권·환경오염 등의 심각성을 공동으로 대처하고 해결하기 위한 대안, 즉 '글로벌 가버넌스'를 추구하는 명확한 목표성의 특징으로 이제는 정보화와 세계화의 막강한 영향력으로 지구촌 전체 차원에서의 시민사회로 발전하는 글로벌 단계로 확대되며 지구촌 공동의 공공선 혹은 '글로벌 시민사회'로 편입되어 가고 있다고 볼 수 있다.

2) 글로벌 시민사회의 규모

－글로벌 시민사회의 규모의 비교연구(샐러먼 등)

서구 13개국, 동구 4개국, 남미 5개국 등 22개국의 시민사회 조사 결과 지출 규모가 11억 달러로서, 22개국 GDP의 4.6%를 차지하며, 하나의 국가로 본다면 영국과 이탈리아와 같은 세계 8위 경제국이며, 고용 규모가 전체 비농업고용의 5%, 공공고용의 27%에 달하는 수준임.

－시민사회의 수입원

① 자체수입(회비, 소비자이용료, 각종 수익사업의 수수료 등), ② 정부의 지원금 및 보조금 ③ 개인과 기업 등의 기부금 등이 있으며 세계 22개국의 평균을 살펴보면, 자체 수익금(49%)이 가장 많은 비중을 차지하고 있지만 정부 보조금(40%)과는 9% 정도 차이가 나며, 기업과 개인 등의 기부금은 가장 낮은 11%를 차지하고 있다.

주로 남미국가들과 미국 등이 자체수입으로 운영되고 있고 보다 중요한 것은 NGO의 수입원에 자원봉사자의 경제적 기여를 포함시킨 결과는 자체수익금 41%, 정부보조금 32%, 민간기부금 27%로 기종의 민간기부(11%)보다 더 많은 비중(16%)을 차지하고 있다.

3) 글로벌 'NGO' 혁명

-시민사회의 세계화를 '혁명'으로 주장

UN은 NGO가 상주하는 집, 또 정부가 설 땅을 잃어 가고 있으며 그 자리를 NGO가 대신 차지하며 글로벌 시민사회를 건설해 가고 있다고 관찰했으며 또한 국제사회의 완전한 참여자로 오늘날 가장 기본적인 대중의 참여와 대표모델이라 밝히기도 했으며, 코피 아난 UN사무총장은 지구촌 문제해결에 막중한 역할을 할 것으로 기대하였다.

-UN의 협력 증진 문제로는

① NGO와의 관계를 위한 UN의 기존 제도와 실천에 대한 점검, ② UN체계의 모든 활동에서 NGO의 참여를 증진시키기 위한 현행 장치들의 수정 및 그에 따른 법적·재정적 문제, ③ 세계 모든 지역, 특히 개발도상국 NGO의 참여문제의 제기 그리고 "주제와 관심사는 장소와 시간에 따라 다양하게 다르지만 시민운동이 이제는 지속적인 글로벌 현상이다."고 전제하면서, "시민사회는 지역과 글로벌 차원에서보다 국가 차원에서 더욱 강력한 현실이다."(CIVICUS)라고 주장하였다.

그리하여 오늘날 두드러진 특징은 이 같은 연대와 공공 영역에 대한 책임의 미덕을 글로벌 차원으로 확대시켜 가고 있으며 보다 광범위한 시민참여와 강력한 시민영향력을 지향하는 대규모의 그리고 거의 보편적인 운동이 하나의 새로운 현상으로 나타나고 있다.

그러나 "지금 지구촌에서 알고 있는 일대 변혁 가운데 하나는 조직화된 자원봉사의 활용이며, 개인, 비영리 혹은 비정부조직들의 창설이다."고 지적하며, "지구촌의 전 지역에서 휴먼서비스를 전달하고 지역경제발전을 촉진시키고 환경을 보호하고 시민권리를 수호하며 국가가 무관심하거나 방치해 둔 그 밖에 수천여 문제들을 해결하려고 협회를 만들고 재단과 유사한 조직들을 창설하고 있다."고 하였으며, 이와 같이 세계 거의 모든 국가들에서 지난 20여 년 이상, 장기간에 걸쳐 '국가의 위기'와 함께 '글로벌 협회 혁명'이 진행되어 왔다고 지적(샐러먼)하였다.

4) 글로벌 'NGO' 혁명의 배경

시민사회의 성장은 '시장실패market failure' 이후의 후기시장 시대 post-market era를 열기에 충분한 원동력을 보여주며, 동시에 '정부실패government failure' 이후에 나타난 정치적 불신에 따른 정치참여의 감소, 노조의 쇠퇴 등 정치·사회적 추세에서 시장도 정부도 아닌 제3의 대안으로 신뢰를 받고 있으며 인권, 복지, 환경, 소비자, 여성 등 모든 사회운동은 지구촌 곳곳 어디서나 시민사회가 강력하게 주도하여 두드러진 성과를 올려 시민사회가 발전되고 도약하는 전기를 맞기도 했다.

－글로벌 NGO 시대의 변화요인

① 전국적·지역적으로 사회 전체 차원에서 추진된 NGO들의 급진적인 조직화,

② 국제적 차원에서 UN의 역할이 더욱 중시되는 시대로 접어드는 추세,

③ 최근의 커뮤니케이션 테크놀로지의 획기적인 발전

－샐러먼의 4대 위기와 2대 혁명, 3중 압력의 분류

① 4대 위기: 복지국가의 위기, 개발의 위기, 환경의 위기, 사회주의 위기

② 2대 혁명: 커뮤니케이션의 혁명과 경제성장의 혁명

③ 3중 압력: 아래－일반 국민, 밖－각국 NGO의 활성화, UN을 비롯한 국제기관들과 NGO의 파트너십 발전 등, 위－정부 차원에서 정책결정층의 정책변화 혹은 새로운 시민사회 지원정책이 강하게 추진되어 왔다.

참고문헌

김병준, "공익적 시민단체의 정책적 영향력에 관한 연구", 한국지방자치학회보, 1998.

김영래, "한국 NGO의 현황과 과제", 한국정치학회, 1999.

김종순, "한국 NGO의 실태와 발전방향", 한국행정연구, 1999.

남인순, "여성단체가 가정폭력방지법 제정과정에 미친 영향에 관한 연

구", 2002.

여성부, 한국여성단체연감, 2002.

유팔무, "NGO와 한국의 시민운동-정부와의 관계를 중심으로", 한국정
　　　　치학회, 1999.

정정길,『정책결정론』, 대명출판사, 1994.

정수복,『참여민주주의를 위한 시민단체의 역할과 정책과제』, 박영사, 1996.

차명제,『정부와 NGO』, 1999.

최미향, "정책과정에 있어서 NGO의 역할에 관한 연구", 2000.

5. 비영리 NGO집단의 리더십과 자원 의존도

자원 의존 이론에 의하면 효과적인 리더들은 그렇지 못한 리더들에 비해 멀티적 자질과 더불어 정치적 자질을 갖고 있는 경우가 많다. 이 이론을 가지고 연장해서 해석할 때 효과적인 리더들은 영리기업 스타일로 영업능력과 조직 목표를 세우는 능력을 쓴다는 것이다. 많은 학자들이 이구동성으로 말하기는 비영리집단은 외부요인들, 즉 정부의 예산정책의 변화 등에 의해 많이 좌지우지되고, 최고 지도자에게 의존적이라는 것이다.

(1) 최고 리더십의 권력 집중

최근에 논의되는 바로는 비영리집단의 리더십은 최고 지도자에 의한 권력 집중이다. 드러커가 말하는 바를 예를 들면, 비영리단체가 당면한 문제들은 너무 복잡하게 구성되어 있고, 정치적인 그리고 기금 마련에 대한 압박이 크기에 최고 리더십에 권력이 집중될 수밖에 없다는 것이다. 또한 CEO들이 심리적 중심이라는 것에도 동의한다. 이것은 CEO들이 정보의 중심에 있고 다른 사람에 비해 정보적 우위에 있기 때문이다. 이러한 정보의 독점은 타인에게 영향력을 준다는 것이 증명되고 있다. 윅(1979)이라는 학자도 정보의 중요성에 대해 역설한 바 있다.

효과적인 리더들은 그렇지 못한 리더들보다 더 많이 그리고 더 자주 이사회와 역할을 함께한다.

(2)자원 의존 이론과 CEO 리더십

자원 의존 이론은 비영리단체가 돌아가는 것을 잘 설명해 준다. 비영리단체들은 1960년대 후반에서 1980년대 초반까지 정부에 서비스를 파는 방식으로 세금에 크게 의존하게 되었다. 정부는 이들 자발적인 단체들로 인해 여러 가지 공공정책과 프로그램 및 서비스 등을 발굴할 수 있었다. 1980년대에 들어와서 정부와 비영리단체 간의 관계가 크게 변했다. 1980년부터 1988년까지 정부의 비영리단체에 대한 보조금이 22% 줄었지만, 비영리단체의 활동 영역은 넓어져서 자금이 더 필요했다. 개인들의 지원금이 늘었지만 정부에서 줄어든 것을 채울 만큼은 아니었다. 이런 환경 때문에 비영리단체의 리더들의 역할이 재조명되었다. funging을 해야 했다. 조직의 환경을 잠재적 자원의 풀(pool)로 볼 때, 자원 의존 이론은 조직의 리더들이 자원 의존도에 의해 만들어진 상황에 어떻게 반응하는지 설명해 준다. 효과적인 리더들은 이사회를 잘 활용하고 정치적인 행동을 하여 영향력을 행사한다.

(3) 멀티 프레임 이론

볼먼과 딜이 개발한 조직과 리더십을 이해하는 멀티 프레임은 효과적인 리더들의 정치적 행동들을 설명한다. 이들의 이론은 조직생활의 현실을 맞이해야 하는 리더들이 가질 수 있는 4가지, 즉 구조적, 인적자원적, 정치적, 상징적인 사고방식을 설명한다. 이러한 사고방식을 갖게 되면 더 효과적으로 리더의 역할을 수행할 수 있다고 한다. 여러 사고방식을 같이 갖고 있는 사람이 한 가지만 소유한 사람보다 더 효과적일 수 있다.

(4) 구조적 프레임

목표와 역할 기대치의 명확한 설정은 조직의 질서와 지속성을 가져다준다.

(5) 인적자원 프레임

조직에서 가장 중요한 것은 인적자원이고, 효과적인 리더들은 기업의 목표와 개인의 목표의 균형을 이루기 위해 힘쓴다.

(6) 정치적 프레임

일정한 자원을 효과적으로 획득하기 위해 갈등 및 긴장의 상황 속에서 협상 등을 하여 문제를 풀어간다.

(7) 상징적 프레임

조직생활의 현실은 사회적으로 해석된다. 즉 조직의 구조, 정치, 인간관계는 문화 및 역사의 발명품이라는 것이다. 이런 분야의 효과적인 리더들은 조직의 정체성을 고양시키기 위해 조직의 이상적인 미래에 대해 역설하여 감정적 동조를 얻어낸다.

(8) 가설의 가정

1. 비영리기관들은 자원 의존적이다.
2. 조직 리더가 조직에 일어나는 일에 대해 책임 대상 1호를 선정한다.
3. 리더가 해야 할 일 중 가장 중요한 게 영업이다.
4. 모든 리더들이 효과적이진 않다.

첫째 가설: 정치적 액션을 잘하는 리더가 더 효과적으로 일한다는 것이 확인되었다.

둘째 가설: 여러 가지 사고방식을 가진 리더가 여러 가지 상황을 유연하게 잘 헤쳐 나간다는 것이 확인되었다.

52명을 대상으로 성공적인 그리고 성공적이지 못한 것들을 26명씩 모아 봤다. 조사내용은 테이블 2와 같다. 각각의 자질별로 효과성을 측정하였다.

	유 / 무	효과적 CEO	비교대상 CEO	합계
구조적	없다	2	2	4
	있다	49	45	94
인적자원	없다	8	14	22
	있다	43	33	76
정치적	없다	8	21	29
	있다	43	26	69
상징적	없다	43	43	86
	있다	8	4	12

차이는 정치적인 부분에서만 확연히 났다. 하지만 기본적으로 효과적인 CEO들이 더 많은 자질을 가지고 있었다.

결국 모든 비영리집단은 생존해야 하고 리더들이 각종 자질(구조, 정치, 인적자원, 상징적)을 가지고 효과적으로 일들을 해결해야 한다. 효과적인 리더들은 비영리조직에서도 영리조직 같은 역할들이 필요하다는 것을 다 알고, 그와 같은 리더십을 발휘한다.

6. 글로벌 사회에서의 비정부기구

1) 국제사회에서의 NGO

(1) NGO용어의 사용: UN헌장 71조

가. 1968 경제사회이사회결의 1296

- 정부 간 협정에 의해서 설립되지 않은 어떠한 국제기구도 이러한 협의협정을 목적으로 한 NGO로 간주한다.

나. 1994 NGO 개념 보고서

- 활동목표와 방법이 사회운동 혹은 사회운동 창설과 관련되는 조직들이며 사회운동에서 출범해서 사회운동이 제도화된 현실을 표하는 NGO들이 포함된다.

(2) UN이 명확한 NGO 개념정의를 내리지 않은 이유

1) 개념정의에 대한 논란을 피하면서 UN체계에 폭넓게 수용하려는 의도

2) 현실적으로 UN 전체 차원의 어떤 표준화된 개념정의를 수렴할 없음-기업재단은 UNESCO에서는 NGO 아님, UNDP에서는 주요 NGO

(3) 세계은행(World Bank, 2000) NGO 개념 정의

- "정부로부터 완전히 혹은 상당 부분 독립적이고 이윤을 목적으로 운영되지 않으며 자신들의 회원들에게 혹은 사회 전체에 인도주의적, 사회적, 문화적 이해를 충족시켜 주기 위해 존재한다."는 조건을 갖추기만 하면 어떤 "협회, 친교회, 재단, 자선단체들도 NGO로 간주될 수 있다."라고 정의한다.

2) 국제사회에서의 NGO의 역할

가. 의제설정(agenda setting) 역할을 꼽을 수 있음
   ex) 국제대인지뢰금지캠페인(ICBL): 대인지뢰사용금지협정
나. 국제적 협력창출 역할
다. 정당성 부여 역할
라. 문제해결의 역할
   ※ NGO 갈등 조정 등 역할이 가능한 이유(Vivian Derrick)
   1) 그 국가 현지사정을 잘 알고 있다.
   2) NGO들은 현지 주민과 밀착해서 활동.
   3) NGO 현장 책임자들은 특유의 갈등 조정 기술을 터득하고 있다.
   4) 갈등 조정과정에서 발생될 수 있는 개인적인 위험부담을 알고 대처.

4) '거버넌스'에서의 NGO의 역할

가. 국제사회에서 정부에 비해 NGO가 비교우위에 있는 점

1) 정부는 복합적인 기능을 수행하나 NGO는 단일현안 혹은 문제 집중.

2) 정부는 원칙에 기초한 현안은 다른 외교정책 사안에 종속시키거나 무시하는 데 비해 NGO는 행동으로 옮겨 실천함.

3) 정부는 다양하고 경쟁적인 정치현안을 다루나 NGO는 전문적 활동을 함.

나. '가버넌스' 일반에서 시민사회는 정부조직에 대해 조직화된 이해 당사자로 참여하고 영향력을 행사해 국가의 위상을 약화시키는 결과를 낳기도 하지만 궁극적으로는 '국가의 정통성을 강화시키고 공직자들과 일반 시민들 간의 신뢰관계를 구축시키는 데' 기여하였다.

다. '가버넌스' 일반에서 시민사회의 역할(영국 수섹스대학 워크숍 결과물)

1) 정치와 공공업무에 시민들을 모으고 이들의 참여를 유도하는 기능.

2) 투명성과 정보유용성의 제고.

3) 공공서비스와 재정지출의 질과 효과성을 높이는 데 기여.

4) 사회정의, 시민권리 및 법의 지배 차원에서도 '훌륭한 거버넌스' 구축에 기여.

라. 개발 분야 '가버넌스'에서의 NGO 역할(UNDP 1993 보고서)

1) 권익옹호(advocacy) 기능

2) 소외층의 권력행사(empowerment) 기능
3) 극빈계층 접촉(최극빈층까지 서비스 제공)
4) 긴급구호 기능

5) UN에서의 NGO의 역할

가. 1998년 'UN체계의 모든 활동에서 NGO들과의 상호 작용을 위한 제도적 정비와 실천' 보고서(1997 경제사회이사회와 총회가 요구)
　　1) 사회운동이 추구하는 목표와 구성원 및 주요 현안들은 조직화된 영역, 즉 '시민사회'라고 일컬어지는 영역에서 NGO들은 가장 명백한 운동 형태이다.
　　2) UN은 그간 다양한 정도, 방법으로 이런 추세에 적응하고 시민사회에 문호를 개방하려는 노력을 기울임.
　　3) 가시적인 성과를 위해 모든 UN체계 내 활동에서 NGO들과 상호 협력을 강화하는 조치를 취해왔음.
나. 1998년 보고서에 대한 각국 정부, NGO 의견 수렴(1999 UNGA)
　　1) 국가
　　　　가) 낙관적인 전망으로 NGO는 국제공동체의 파트너이며 추진 세력
　　　　나) 문제점은 NGO와 UN 관계에 법률적, 재정적 세심한 고려 제안
　　2) NGO
　　　　가) 매우 호의적이나
　　　　나) NGO의 역할 서술 미흡하고 NGO가 늘어나는 것이 UN체

제 위협 부각은 곤란하며 실질적인 파트너 수준 참여임을
강조.

NGO의 참여가 없는 UN존립은 무의미하며 UN-NGO 관계는 기
존 경제사회이사회 관련 영역에서 군축, 선거감시, 국제사법, 평화유
지 영역으로 확대되고 제도화되면서 강화될 조짐. 이를 위해 선결과
제로는 UN-NGO 자체 개선뿐만 아니라 해당 국가의 정부-NGO
관계 개선 중요함. 현재 국가마다 법이나 정책 지원 측면에서 차이
가 많으나 UN-NGO 관계 개선의 영향력이 각국에 영향을 미쳐 정
부-NGO 관계가 크게 개선될 전망이며 세계화, 정보화의 막강한 흐
름에서 회피할 수 없는 강력한 추세이다.

Ⅲ.
한국 NGO의 實態와 活動

contents

1. 쓰레기문제 해결을 위한 시민운동협의회

우리나라의 NGO는 1987년 6월 항쟁 이후 정치적 민주화가 확장되면서 분출하기 시작하였으며 오늘날 시민의 권리를 옹호하거나 사회적 약자의 이익을 대변하는 중요한 역할을 하고 있다. 최근에 한국의 NGO는 세계에서 가장 역동적이라고 할 정도로 활발하게 활동하고 연구되고 있다. 세계NGO대회가 한국에서 개최되었고 대학에 NGO학과와 대학원이 설치되었으며 학자들의 연구공동체인 NGO학회가 結成되었다.

오늘날 NGO의 도움을 받지 않거나 NGO의 참여를 배제하고서는 사회문제를 해결하거나 조직 목표를 달성하기란 거의 불가능하다. 과거처럼 국가가 획일적으로 명령하거나 단순히 시장의 효율성의 논리만으로 복잡한 현재사회를 관리할 수 없고 다양한 市民의 欲求를 充足하기 어렵기 때문이다. 그러므로 현대사회에서의 NGO는 무수한 역할을 한다. 그야말로 NGO는 하지 않는 일이 없다고 할 정도로 다양한 공공업무를 수행한다. 보통 NGO는 정부가 어떤 것을 하도록 주창하기도 하고 정부가 하지 않는 것을 提案하며, 정부가 하는 일을 감시하고 정부가 위임한 일을 집행하기도 한다.[2]

21세기 인류가 해결해야할 문제 중의 하나가 환경문제이다. 가장 기초적이고 쾌적한 삶을 위해서 노력하는 것이 비정부 기구이다. 특

---

2) 박상필, 2003. 8, "한국에서 NGO란 무엇인가", 자치행정.

히 NGO 는 쓰레기 문제와 환경문제를 깊이 있게 다룬다. 특히 이들은 환경에 대한 문제의 대안을 제시하며 바람직한 웰빙을 선도해 나간다. 쓰레기문제 해결을 위한 시민운동 협의회, 단체의 활동범위, 바람직한 성과 방향등을 제시하기도 한다. 비 정부 기구에서 국제적으로 큰 힘을 발휘 하는 것이 환경문제이다. 누구나 공감하면서도 선뜻 나서지 못하는 일들을 비 정부 기구에서는 단체의 힘으로 일을 추진하기 때문이다.

쓰레기 문제 해결을 위한 시민운동 협의회는 비정부 기구에서 중요한 역할을 한다.

2. 한국 NGO에 대한 一般的 考察

우리가 살고 있는 사회는 여러 섹터로 나누어져 있다. 제1섹터인 정부와 제2섹터인 시장과 더불어 사회를 구성하는 또 하나의 중요한 부문이라는 의미에서 제3섹터(비영리기구)가 있다. 정부처럼 공익을 위해 일하는 단체라는 의미에서 비정부조직(Non-Governmental Organizations), 민간 부문이면서도 영리를 추구하지 않는 단체라는 의미에서 비영리단체(Non-Profit Organization: NPO)로 순수한 의미의 시민단체로 시민사회단체(Civil Society Organization: CSO)라고 부르는 것이 바람직하다는 견해도 있다.3)

일반적으로 NGO는 개발문제·인권문제·환경문제·평화문제 등 전 지구적 차원의 문제해결을 위해 비정부·비영리적 입장에서 시민들이 자발적으로 만든 조직을 말한다. NGO의 조건은 비당파적, 비종교적, 공익적이며 자발적, 자율적이어야 한다.4)

NGO은 주로 자원활동(voluntarism)에 입각하여 公益追求를 목적으로 하는 단체라고 규정할 수 있다. 즉 ① 시민의 자발적 참여에 의해 결성, ② 회원가입의 비배타성, ③ 자원활동에 의한 사업 수행, ④ 넓은 의미의 공익 추구 등 네 가지 조건을 모두 만족시키는 개념이라고 할 수 있다.5)

---

3) 김일태, 2000, "지방행정과 NGO: NGO와 지방협치", 지방행정.

4) 조명래, 2001, "NGO와 정부 간 파트너십의 이해와 활성화에 관한 연구", 지역사회개발연구.

5) 박상필, 2003. 8, "한국에서 NGO란 무엇인가", 자치행정.

3. 한국 NGO의 발생역사

우리나라의 NGO의 역사는 1세기 전 설립된 서재필 박사의 독립협회를 효시로 YMCA와 흥사단이 그 선구적 역할을 하였다. 그러나 실제로 시민들의 주목을 받기 시작한 것은 1987년 민주화 항쟁과정을 거치면서 재야 세력에 대해 합법적인 활동공간이 인정된 1990년대 이후 NGO의 성장은 정치·사회환경의 변화에 따라 정부와의 관계에도 투영되어 NGO는 새롭게 부각된 정부정책과정의 주요한 파트너로서 意味를 가진다.[6]

우리나라 초기의 시민운동은 '기존 민주화 운동의 계승'을 강조하고자 했으며 과거 민중주의적 변혁운동과 차별성을 둔 계승을 강조했으며, 합법·평화적 방식으로 국민적 합의를 거쳐 합리적 대안을 생산함으로써 민주화 운동을 결제적·사회적 영역으로 확장·발전시키는 운동으로서 자기 정체성을 확립하였다. 이러한 자기 정체성은 적대적이었던 국가권력과의 관계를 '탄압에서 비우호적 중립'으로 변화되었고, 시민단체는 '타도가 아닌 견제와 비판의 대상'으로 국가권력을 보게 되었다. 문민정부 등장은 NGO와 시민단체와 국가 간의 관계를 빠르게 변화시켰는데, 정부가 추진하는 개혁정책이 성공할 수 있도록 협력해야 한다는 주장이 대두되어 시민단체에서 활동했던

---

6) 강상욱, "우리나라 NGO의 성장에 관한 연구", 서울대행정대학원 학위논문, 2001, http://demos.or.kr, pp.2-4.

일부 전문가 그룹들이 정부 각료로 들어가거나 각급 위원회에 참여하기 시작하여 대체적으로 견제와 비판을 기본으로 하되 사안별로 협력·보완하는 방향으로 공감대가 형성되었다. 이러한 관계는 정부가 시민단체에 대해 프로젝트 베이스로 재정지원을 하기 시작했고, 중앙 및 지방정부의 각종 위원회에 시민단체의 대표들이 참여할 수 있는 폭을 넓혔다. 그러나 NGO와의 관계 증진에 대한 정부의 노력이 제도화로 이어지지 못하여 NGO의 각종 위원회도 실질적 기능을 하지 못했다. 이러한 개혁정책의 추진이 지속성을 갖지 못한 이유는 양자 간의 관계가 대체적으로 감시와 비판에 훨씬 큰 비중이 실려 있었기 때문이다. NGO와 정부의 협력 증진은 1990년대 중반 이후 보편화되어 있는 정부와 시장과 시민사회 간에 의해 이론적으로 뒷받침되고 있는데 이러한 균형이 맞추어질 때 비로소 건강한 사회가 이루어질 수 있는 것이다. 장기적인 관점에서 정부와 NGO의 관계가 파트너십의 구축을 위해 쌍방이 努力을 해야 한다는 공감의 폭이 넓어졌으며 앞으로도 持續될 것으로 보인다.7)

　1990년대 한국 사회에서 나타난 가장 큰 변화 중의 하나는 시민사회 영역에서의 시민단체 성장으로 지난 10년간 우리 사회의 화두는 '시민단체', 'NGO'의 활동에 관한 것으로 소비자·여성 등 특정 분야 등의 다양한 NGO들이 설립된 것으로 'NGO 시대' 또는 'NGO의 르네상스'라고 부를 만큼 비정부기구들이 우리의 생활에 가까이 다가오고 있고 시민단체의 위상이 높아진 것이 현실이다. 우리나라에서 시민운동이 나타난 것은 겨우 10년 정도이지만 현재의 시민운동

---

7) 박재창, 2002, 『정부와 NGO』, pp.155−161.

의 영향력은 매우 크며, 정부정책에도 큰 영향력을 행사하기도 한다. 우리나라에서 NGO는 서구사회의 수준에는 아직 미치지 못하지만 1980년대 후반 이후 급속히 성장하면서 새로운 쟁점을 개발하고 사회적 문제를 해결하는 데 중요한 역할을 수행하고 있다. 특히 1999년 서울에서 개최된 NGO세계대회는 우리나라에서 NGO의 위상과 역할에 대한 사회 전반의 관심을 喚起시키는 중요한 계기가 되었다.

4. 한국 NGO의 社會的 役割

현대사회의 개인은 산업사회와는 달리, 지식과 정보를 중시하고 다수가 서비스업에 종사하고 있다. 그리고 물질적 분배 외에 자율, 평등, 다원성의 價値를 重視한다. 따라서 인권, 평화, 환경, 문화, 여성 등과 같은 탈물질적 가치에도 관심을 가지고 이와 관련된 시민운동이나 집합행동에 참여하고 있다. 지방적, 국가적, 지구적 차원이든, 다양한 시민의 욕구충족을 위해 시민사회 내의 자발적 에너지(예: 자원봉사활동)를 적극적으로 활용하는 것이 필요하다.

NGO가 활발하게 활동한다는 것 자체가 공공의 문제에 대한 시민적 관심과 참여가 활발하고, 시민사회가 능동적으로 사회문제를 해결하며, 의사소통과 협력을 위한 공론장이 존재한다는 것을 의미하며, 또 NGO는 구호·빈곤·인권·평화·환경 등과 관련하여 글로벌 시민사회(global civil society)를 구축하고 강대국이나 유엔을 견제하는 역할을 수행한다. 현대사회에서 NGO의 기능은 크게 다섯 가지로 나눌 수 있다. 첫째, 견제기능으로 국가권력과 경제권력을 견제하고 감시하여 시민권리를 옹호하는 것이다. 부정부패 감시, 환경파괴 고발, 전쟁 반대 등을 예로 들 수 있다. 둘째, 복지기능으로 정부가 제공하지 못하거나 정부가 위임한 각종 복지서비스를 제공한다. 재난구호, 소비자 상담, 교통문화 개선 등이 여기에 속한다. 셋째, 대변기능으로 국가는 기본적으로 다수결의 논리에 의해 작동하기 때문에 사회적 약자의 권리가 무시되기 쉽다. 이러한 약자의 권리를 직접 구제하거나 정책과정에 반영한다. 여성권리, 장애인권리, 동성애권리에 관한 활동이 여기에 해당한다. 넷째, 조정기능으로 갈등 조정은 기본적으로 정부가 맡고 있지만, 오늘날 가치의 다양화와 정부 신뢰의 하락으로 인하여 정부의 중재에 한계가 있기 때문에 NGO가 이러한 역할을 대신한다. 한국의 한약분쟁에서 경실련의 조정사례가 대표적이다. 다섯째, 교육기능이다. 민주시민을 위한 교육이 공공교육에서 제대로 이루어지지 않기 때문에 NGO가 시민운동을 추진하거나 시민강좌, 개방대학, 환경캠프, 여성아카데미 등과 같은 기획프로그램을 통하여 시민교육을 담당한다.[8]

한국 NGO의 現況은 20,000여 개('99년 조사)의 시민사회단체가 있으며 民主化가 시작된 이후 시민단체의 양적 확대과정을 보여주고 있다. 지역적 분포에서 서울지역에 54.8%가 집중되어 있으며 서울을 제외한 여타의 지역에서 90년대 이후 설립되는 단체의 비율이 대단히 크게 나타나고 있다.[9] 특히 민간환경단체는 전국적으로 200여 개 이상이 活動하고 있으며, 이들의 환경운동은 환경정책의 형성과 집행에 많은 영향을 주고 있다. 서울시에 등록된 단체 수는 2003년 4월 30일 현재 69개이다.[10] 그중에서도 쓰레기문제 해결을 위한 시민운동협의회는 출범한 지 올해로 만 3년이 되었다. 쓰레기문제를 해결하기 위한 시민운동협의회는 국내 270여 개의 환경·소비자·

---

8) 박상필, 2003. 8, "한국에서 NGO란 무엇인가", 자치행정.

9) 조희연, 2000, "한국시민사회단체(NGO)의 역사현황과 전망", 『NGO란 무엇인가』, 서울: 아르케.

10) 서울특별시, 2003, 『2003 환경백서: 서울의 환경』.

여성·시민단체가 전국적으로 공동 구성하여, 쓰레기문제 해결을 위한 政策代案 提示와 친환경적인 쓰레기 관리, 재활용체계의 구축 등 쓰레기와 관련된 전반적인 問題解決을 위하여 활발한 활동을 펼쳐 나가고 있다. 쓰레기문제를 해결하기 위한 시민운동협의회의 목적은 쓰레기문제를 공동사안으로 연대하고 각 회원단체 간의 상호 협력을 증진하며 쓰레기문제에 대한 국민환경의식 제고와 쓰레기문제 해결을 위한 정책대안 마련 및 제시, 시민들의 생활실천운동 활성화, 환경친화적인 쓰레기 관리, 재활용체계의 구축화, 국제연대를 통한 쓰레기문제 해결을 위한 시민단체 역량 강화와 支援을 한다. 사업으로 첫째, 쓰레기 감량화, 재활용 정책에 대한 연구 및 정책 제안, 입법 활동 등이 있으며 둘째, 쓰레기 수거, 운반, 처리에 대한 조사·감시 활동과 셋째, 유해폐기물의 적정관리 및 제도 개선, 넷째, 쓰레기 감량, 재활용 실천운동을 위한 시민·청소년 교육 및 홍보활동, 다섯째, 지방자치체의 쓰레기 감량화 노력 및 환경친화적인 시스템을 구축을 촉구하고 여섯째, 사업장 쓰레기 발생 實態調査 및 대책 마련과 일곱째, 국제 情報交流 및 연대활동 등이 있다. 특히 시민의 환경의식이 높아짐에 따라 쓰레기 감량과 재활용의 당위성에 대한 공감대 형성과 제도적 보완은 강화되고 있는 추세로 지속적인 시민운동이 필요하며 혐오시설에 대한 주민들의 혐오적, 부정적인 인식에서 주민친화적이고 친환경적인 시설로의 이미지 개선과 전문적인 환경단체의 중재와 협조로 정부, 자치단체와 지역주민 간의 解決方案을 摸索하고자 하는 쓰레기문제를 해결하기 위한 시민운동협의회의 활동을 알아야 한다.

사 업 명	사업내용
정책위원회	• 하수슬러지 제도정책을 위한 기본계획 수립 • 기업 zero waste 선언 • 2차국가폐기물계획 이행점검 모니터 개선 • 폐기물법, 제도 검토 통한 올바른 제언 • 중간평가회 및 최종평가 • 정책워크숍 및 지역워크숍
소각 · 매립위원회 (10개 단체)	• 소각장 지역 / 시민연대 감시활동, 소각장 / 감시 매뉴얼 제작 • 소각장 운영현황에 대한 데이터베이스 작성 • 병원폐기물 소각대안 모색 • 불법매립 / 소각 감시활동 • 매립지 주변지역 환경영향 조사
유해산업폐기 물위원회 (15개 단체)	• 폐컴퓨터 및 주변기기와 폐휴대폰 관리 • 기타 전자폐기물 이슈 발굴 • 폐형광등 분리수거 / 폐온도계 분리수거 • 수은 관련 국제동향에 관한 연구자료 • 병원배출 폐pvc 관리 / 병원 유해폐기물 • PVC 사용제품 조사를 통한 관리정책방안 • 축산 전염병 폐사 가축사체처리 실태 조사 • 세탁업소 폐유기용제 처리 실태조사 • 폐차, 폐선박 처리실태조사
음식물유기성 폐기물위원회 (11개 단체)	• 지자체 관련 예산 감시 • 지역 내 소각장 및 매립지의 음식물 쓰레기 유입비중 조사 • 음식물쓰레기 자원화 시설 및 문제점 조사 • 하수, 폐수슬러지 관련 지자체 예산 감시 및 처리경로 조사 • 음식물쓰레기 감량 주부 리더그룹 만들기 • 민, 관 음식물 퇴비화 시설 모니터 • 음식물 20% 감량 운동 / 음식물 감량 실태조사를 통한 모델링 개발 • 학교 급식소 모니터 통한 감량 및 자원화 운동

사 업 명	사업내용
재활용위원회 (17개 단체)	• 1회용 봉투 보증금 사회 환원을 위한 모니터링 • EPR 시행에 대한 모니터 • 지자체별 재활용율 목표, 현황, 이후 대책 점검 • 테이크아웃점 보증금 부과 및 재활용 모니터 • 종량제 개선 지침(마을종량제, 비닐봉투 분리수거, 재사용 종량제봉투 사용) 실행 여부에 대한 모니터 • 과대포장 방지를 위한 제도정착 모니터 • 의류 재활용 확산을 위한 모니터 및 정책 제안 시민운동 • 농촌 쓰레기 감량 및 자원 순환형 마을 만들기 • 공공기관 재활용 사용실태조사 및 촉구 캠페인 • 경기장 1회 용품 응원도구 사용 안 쓰기 캠페인 및 실태 조사
교육홍보위원회 (16개 단체)	• 청소년 쓰레기 체험학교 운영 • 어린이와 함께 하는 폐기물 실태조사 • 녹색세상 만들기 여성환경지킴이 활동 • 가족과 함께 하는 환경교실 • 명절 및 행락철, 기념일 쓰레기 줄이기 캠페인 • 계간지 발간 / − 자료 발간, 번・편역 • 시민단체활동가 교육

5. NGO단체의 活動

1) 소각·매립대안 운동

소각·매립시설에 대한 실태조사와 각 쓰레기의 성상별 조사를 통하여 정확한 데이터를 구축, 政策 提案에 활용하며, 쓰레기 처리시설의 예산에 대한 감시와 적정 용량을 제시하는 사업을 진행시키고 있으며, 매립과 소각되는 최종 처리량의 감소를 위하여 재활용 및 분리수거 시스템을 마련하며, '쓰레기 없는 마을'의 모델 사례를 개발하여 확산하는 것을 관찰하고 조사하는 역할을 한다.

2) 포장폐기물 저감 운동

자기 컵 갖기 운동, 장바구니 들고 다니기 운동과 같이 1회 용품을 줄이기 위한 다양한 운동을 전개하고 있으며, 기업에 대한 감시 활동과 친환경기업 創出을 위한 노력을 동시에 진행하고 있다. 또 EPR제도의 도입과 포장용기의 표준화·규격화 운동을 통하여 재활용시스템을 구축하고 재사용 사회를 만들기 위한 정책과 제도 개선 마련에 힘을 기울이고 있다.

3) 음식물 쓰레기 감량·자원화 운동

음식물쓰레기 자원화를 위한 운동을 전국에서 진행하고 있으며, 지자체와 위탁업체에 대한 행정감시를 통하여 친환경적인 처리방법을 誘導하고 있으며, 음식물 쓰레기 처리 종합계획의 현실화를 통하여 관련법과 제도를 정비하고 시민참여기구의 제도화를 추진하고 있으며 지역 현안에 맞는 모범 사례를 만들고자 노력하고 있다.

4) 유해·산업폐기물 적정관리 시스템 구축

유해폐기물 관련 정보 공개와 발생 및 처리에 관한 모니터 활동, 그리고 폐형광등, 폐건전지 감량 및 재활용을 위한 市民實踐運動을 전개하고 있다. 또 산업폐기물 원천감량과 재활용 기반 확대를 위한 제도 개선 마련과 폐기물 관련 법규 정비를 위한 정책을 제안하기도 한다.

5) 정책, 법제도 활동

정부 폐기물 정책에 대한 모니터를 통하여 비판과 함께 대안을 제시하고, 폐기물 사전감량을 위한 법제도 개선, 지역 폐기물 관리에 대한 틀을 마련하고 있으며, 시민참여방안을 활성화하기 위해 지방조례 제·개정 촉진활동에 앞장서고 있다. 또한 정치인들에게 폐기물에 대한 관심을 이끌어 내고 문제해결에 대한 방법과 대안을 모색하기 위하여 국감아이디어 뱅크를 지원하고 있다. 이와 같은 활동성과로 소각장 建設에 있어서는 과다용량에 의한 豫算浪費를 지적하고 지속적인 문제제기와 성명서를 발표, 반대시위에 힘입어 소각장 건설예산으로 책정된 118억 원을 삭감시켰으며, 또 지렁이, 닭, 오리 등을 이용한 도·농 순환농법을 제안하고 전국에 확산시켰으며, 지자체의 음식물쓰레기 자원화 사업을 촉발하는 계기를 만들었다. 음식물 쓰레기 조례 제·개정 등 지속적인 사업은 결국 1997년 9.8%에서 2000년 49.3%로 약 40%의 자원화 비율의 증가를 가져왔으며, 캠페인, 시민의식조사, 모니터링, 간담회, 토론회 등을 통하여 아시아에서 제일 많은 점포를 가지고 있는 패스트푸드점에서 1회 용품을 사용하지 않고 있으며, 자기 컵을 가져오는 고객에게는 탄산음료를 무료로 주고 있다. 일회용 비닐사용 원천감량을 위해 쇼핑봉투보증금제도를 제안하였으며, 정부가 이를 제도화하여 개선되어 장바구니 들고 다니기 운동을 전개하여 1회용 봉투 사용의 62.6%가 감소되었다. 그리고 사업장 소각로에 대한 다이옥신 규제제도를 마련하는 데 기여했으며 폐형광등 분리수거체계 구축기반 마련을 통해 재활용을 높였다.

6. NGO단체의 問題點

1) 재정상의 문제

쓰레기문제를 해결하기 위한 시민운동협의회는 비영리민간단체로 환경부 폐기물정책과에서 예산의 90%를 보조금으로 지원받고, 10%는 회원부담금으로 운영하고 있는데 전국 69단체별 83개의 사업을 하기엔 예산이 턱없이 부족해, 예산을 배정받은 사업만 적당히 할 뿐 연대사업에는 소홀하고, 제대로 된 성과물을 내놓기 어려운 실정으로 결국엔 형식적으로 事業이 進行되는 경향이 많았다고 한다.

2) 폐기물 정책상의 문제

국가폐기물관리계획에 많은 시간을 投資했지만 폐기물 통계에 대한 정확한 데이터도 없이 폐기물관리계획을 수립하는 식의 중앙정부의 형식적인 페이퍼 부분들을 전혀 접근해 내지 못한 것의 한계, 즉 실질적인 政策代案들을 찾아내지 못했다.

3) 조직상의 문제

현재 쓰레기문제를 해결하기 위한 시민운동협의회는 이슈별 위원

회 중심체제로 구성하다 보니 자기 위원회 일 이외에는 관심을 못
가지고 있으며, 또한 지역위원회가 없어지면 각 지역에서 발생하는
수많은 문제들에 대해서 접근을 못 하는 問題가 發生한다.

7. NGO단체의 成果 活動方向

쓰레기문제 해결을 위한 시민운동협의회는 제대로 사업을 할 수 있도록 財政的 支援을 강구하여야 하며, 전문성을 발휘하여 쓰레기 분야에서는 수준 높은 프로의 역할을 하여야 하며, 또한 전국의 단체를 엮어 나가, 어떤 목표를 향해서 단체들 간에 연결을 시키고 서로 간에 의견교류를 해서 공유를 할 수 있을 때 협회의 존재가치가 있다고 할 수 있다. 그리고 인터넷에 예산감시 사이트를 만들어 같이 참여할 수 있게 하여 쓰레기문제만큼은 시민들이 접근하기 쉬운 부분으로 같이 토론하고 이야기할 수 있는, 여론의 장을 設置하여야 한다. 또한 주제별로 위원회를 나누다 보니 영역이 애매해지는 부분을 補完하기 위해서는 중요한 이슈를 위원회가 전부는 아니지만 공동으로 하는 것이 중요하고 서로 아이디어를 公有하여 문제에 대한 공감대를 형성하도록 하여 위원회 간 사업을 공유 및 협조하면서 나아가는 것이 바람직하다. 따라서 쓰레기문제 해결을 위한 시민운동 협의회가 막강한 권력을 가진 정치·행정권에 영향력을 행사하여 일정한 성과를 올리기 위해서는 우선 자타가 공인하는 권위가 필요하다. 이는 단체의 회원 수, 재정자립, 중립성, 자율성이 어우러지면서 정치·행정에 대한 問題點을 批判하고 그 개선안도 민의, 공익성, 전문성에 입각하여 마련되어야 한다. 또한 시민단체 임원진은 사회문제의 감지능력, 누구와도 의견을 교환할 수 있는 능력, 그리고 신속·정확한 결정과 판단력 등으로 구성원을 지지하고 획득하는 능력을 지녀야 한다. 그리고 타 시민단체는 물론 학계 및 언론과도 협조와 유대관계를 구축하여 정부에 대한 영향력을 행사할 수 있는 적절한 방법 모색 등이 필요하다. 정부도 시민단체의 성과를 향상시키기 위해서는 시민단체의 도움을 받아 사회문제점을 고치면 민주정치의 행정이 발전되고 이를 통해서 얻어지는 수혜는 시민뿐만 아니라 정부라는 점도 알고 시민단체의 요청을 호의적인 태도로 받아들여야 한다. 또한 시민단체활동을 건강하게 조장하고 적극적인 지원을 위한 노력에도 最善을 다해야 한다.

정치, 행정의 선진화는 정부와 정치하는 사람들의 노력만으로 어렵다. 그나마도 현재 우리의 정치사회는 국민에게 믿음을 주지 못하고 표류하고 있는 실정이다. 이때 NGO, 즉 시민단체도 재정적으로 독립할 수 있는 방안을 강구하고 교양과 전문성을 갖춘 能力 있는 사람들이 시민단체에서 일할 수 있는 與件을 造成해야 한다. 따라서 사회발전을 위해서는 시민단체 상호간에 意見을 交換하고 정부 및 국회와도 매개체 역할을 할 수 있어야 하며 정부와 개인의 힘만으로 될 수 없는 노동, 복지, 여성, 실업 등 사회 각 분야에서 일어나는 갈등을 조정하고 아픔을 치유하는 역할을 제대로 해 나갈 때 시민단체는 박수갈채를 받을 것이며 우리 사회도 바르게 될 것이다. 그러므로 정부는 NGO와 지역주민들의 충분한 協議와 調整을 통하여 서로 간의 양보 속에 사업을 추진하여야 할 것이며, 정책에 따른 주민의 반대의사를 무조건 지역 이기주의로 매도하지 말고 오히려 환경권 확보를 위한 지역주민의 당연한 권리행사로 把握할 필요가 있다. 따라서 끝까지 대화와 타협의 자세를 버리지 말고 주민, 시민단체와의 대화를 통하여 이미 결정된 정책이라 할지라도 재검토를 할 수 있는 유연한 자세가 필요하며 이러한 자세의 전환이 전제될 때 지역 주민들과의 뿌리 깊은 상호불신감을 조금이라도 해소할 수 있을 것이며, 갈등 발생이 부정적인 결과만을 초래하지 아니하고 긍정적이고 발전적인 결과를 가져올 수 있을 것이라 생각한다. 더불어 환경 NGO활동의 기능 중 조정적 기능을 최대한 활용하여 갈등을 슬기롭게 대처할 수 있는 능력과 制度的 장치를 마련하여야 할 것이다. 따라서 환경 NGO인 쓰레기문제를 해결하기 위한 시민운동협의회는 정부에 대하여 감시자이며 동시에 조언자로서의 관계를 유지하여야 하며, 보다 수준 높은 역할을 담당할 수 있는 능력을 갖추어야 할 것이며, 전문성을 발휘하고 쓰레기문제에 대한 다양한 측면들에 대하여 지속적으로 새로운 정보를 찾아서 성실히 알리는 역할을 하여야 할 것이다. 또한 정부의 폐기물 관리정책을 제시하는 데 보다 더 앞장서야 하며, 안전하고 적정한 처리방법과 민주적이고 공개적인 절차요구 등의 운동으로 환경 차원의 지속 가능한 社會와 연결하고 정착하는 데 기여하여야 한다.

참고문헌

강상욱, 2001, "우리나라 NGO의 성장에 관한 연구", 서울대행정대학원 학위논문.
김일태, 2000, "지방행정과 NGO: NGO와 지방협치", 지방행정.

박상필, 2003. 8, "한국에서 NGO란 무엇인가", 자치행정.

박재창, 2000, 『정부와 NGO』, 서울: 법문사.

조명래, 2001, "NGO와 정부간 파트너십의 이해와 활성화에 관한 연구", 지역사회개발연구.

조희연, 2000, "한국시민사회단체(NGO)의 역사현황과 전망", 『NGO란 무엇인가』, 서울: 아르케.

쓰레기문제 해결을 위한 시민운동협의회, "2001 소각·매립위원회 활동 백서".

환경부, 2003, "쓰레기문제 해결을 위한 시민운동협의회 사업내역 및 예산".

서울특별시, 2003, 『2003 환경백서: 서울의 환경』

인터넷사이트

http://www.greenera.or.kr

http://www.waste21.or.kr

http://www.kfem.or.kr

8. 지역 NGO활동 평가와 활성화 방안

　정부실패와 시장실패가 동시에 나타나는 현대행정에서 의회마저 정치적 투쟁으로 국민의 의사를 반영하지 못하고, 각종 이익단체들마다 정책을 왜곡시키려 하는 현상이 심화되면서, 어쩌면 NGO가 시민의 입장에서 국가에 대처할 새로운 역할의 주체로 급부상하는 것은 시대적 대세로 보인다. 이에 따라 NGO에 대해 시민들의 관심이 고조되고, 일부 대학 등에서는 NGO에 대해 학과 설치 등 본격적으로 연구 중에 있다. 본 연구에서의 NGO의 개념은 연구자마다 다양하게 정의하고 있으나, 여기에서는 '시민단체'와 동일한 개념으로 적용하고자 하며, 정부나 광역 규모의 NGO보다는 보다 현실적이고 피부에서 가까이 느낄 수 있는 기초지방자치단체와 지역 NGO와의 관계 등에 대해 연구해 보고자 한다. 이는 세계화, 분권화, 지방화되는 추세에서 앞으로 지역 NGO의 역할은 주민과의 밀착 정도로 보아 광역 규모의 NGO활동방향에 지대한 영향을 미치는 뿌리가 될 수 있을 것이라 예상하기 때문이다. 지방자치단체별로 지역 NGO가 각각의 역할을 수행하고 있지만, 본 연구에서는 서울특별시 노원구의 시민단체공모사업을 중심으로 지방자치단체와 지역 NGO와의 관계, 시민단체공모사업 내용과 NGO에 대한 재정지원 내용, NGO 자립도를 분석해 보고, 활동성과에 대한 평가 및 활성화 방안 등을 살펴본다.

1) 지방자치단체(노원구)와 NGO의 지원 실태

노원구에서 시민단체의 활동을 지원하는 공모사업은 1997년부터 시작되었으며, 초기단계에서는 지방자치단체의 관변단체인 새마을운동중앙협의회, 바르게살기운동협의회 등을 중심으로 8개 단체가 활동하였다. 당시에는 시민단체의 의미보다는 지방자치단체의 보조적인 역할, 즉 캠페인, 행사참여 등 극히 제한적인 역할을 수행하였다. 1999년부터 지역 내에 자생하던 시민단체들이 가세하면서 30여 개의 단체로 증가하였고, 점차 경험을 축적하면서 다양하게 사업을 발굴하거나 기존 사업의 내실화를 기하면서 역량을 키워 가고 있다. 아직까지 지방자치단체의 보조적 역할에 미치는 단체가 많은 편이나, 마들주민회·노원놀이마당사랑회 등 독창적인 사업을 발굴하여 자체적으로 사업을 내실 있게 운영하는 단체들도 늘어나고 있는 추세이다. 노원구의 시민단체공모사업에 대한 사업개요를 살펴보면, 먼저 관할지역에 소재하고 있으면서 비영리 공익사업을 수행하는 시민단체들을 대상으로 하고, 공모사업은 區 시책사업, 국민운동사업 등 조성 장려 또는 보호 육성할 필요가 있는 사업들을 공모 선정하여 사업비를 보조해 주고 있다. 시민단체공모사업의 지원방향은 시민단체공모사업심사위원회 심의에 의해 지원하는 공모사업 지원과 구청장 방침에 의하여 지원하는 포괄사업비를 지원하는 두 가지 방향으로 되어 있다.

공모사업 지원은 공익지향의 건전한 비영리 시민단체(법인격 유무 무관), 공익사업에 대한 추진능력과 사회적 책임성을 갖춘 단체, 區

시책사업 또는 국민운동사업 수행 단체에 대해 지원하고, 포괄사업비 지원은 공모사업 중 불가피하게 사업비 증액이 필요한 경우나 시민단체 사업 중 지방자치단체가 권장하는 사업 등 필요하다고 인정하는 경우에 지원하고 있다. 지방자치단체에서 조성 장려 또는 보호 육성할 필요가 있는 사업으로 區 시책사업, 국민운동사업, 경제 살리기 등 범시민참여사업(쓰레기 감량 및 재활용 포함), 교통 및 환경 분야 관련 사업, 사회복지사업(저소득층 무료진료, 장애인 봉사활동 등), 문화시민운동사업, 친절·질서 등 기초질서 확립과 의식개혁 사업, 학원폭력·성폭력 추방사업 및 청소년 보호사업 등을 공모하고 있다. 제외되는 사업으로는 학술 연구사업 등 자본적 지출이 주된 사업, 일과성 또는 소비성 행사나 장학사업 등 단순 재정지원 사업(불우 이웃돕기에 따른 현금·단순 물품지원), 공공근로로 대체 가능한 사업(중랑천변 청소 등), 국가사무에 해당하는 사업, 공모사업의 취지 및 목적에 적합하지 않다고 판단되는 사업들이 있다. 매년 1월 중 시민단체를 대상으로 사업설명회를 개최하여 공모사업에 대한 방향을 제시해 주고 있으며, 시민단체별 사업실적을 포함한 신청서를 제출하면 현지실사 및 사업내용을 종합적으로 검토하여 심사위원회에 상정한다. 심사위원은 12명으로 구성되며, 부구청장과 각 국장 7명은 당연직으로 참여하고, 그 밖에 구의회의원 2명, 교수 2명, 시민대표 1명이 참여하도록 하였다. 사업선정은 신청단체의 수행능력(지역사회공헌도, 재정자립도 등)과 사업내용의 충실도, 공익성·효과성·지속성·파급효과 등을 기준으로 엄격하게 심사하여 선정하며, 선정된 사업의 내용과 단체의 재정여건, 유사단체 간 형평성을 고려하여 보조금을 결정하고, 그 결과를 시민단체에 통보하고 있다. 공모사업에 선정된 단체는 보증보험에 가입하고, 결정액에 의거하여 사업계획서(총 사업비＝區 보조금＋자부담)를 재작성하여 단체관리부서로 제출해야 하며, 단체관리부서는 보증보험증권 원부와 최종사업계획서를 제출받아 시민단체와 약정을 체결한 후 공모사업을 추진하게 된다. 사업은 임의로 변경·중단·취소하지 못하며, 지방자치단체장의 승인을 득한 후에야 가능하고 이를 지키지 못할 경우 다음연도 사업선정 시 패널티를 적용하도록 하고 있다. 사업은 추진은 시민단체와 단체관리부서 간에 협의하면서 추진하여 사업효과를 증대하도록 권장하고 있다. 보조금의 교부는 단위사업별로 지원결정액의 70%를 우선 교부하고, 30%는 사업이 종료된 후부터 15일 이내에 단체관리부서에서 사업추진결과보고서 및 정사서를 제출받아 이행 여부, 회계 적정 집행 여부 등을 검토한 후 교부하고 있다. 다만, 전액을 선지원해야 할 불가피한 사항인 경우는 예외로 하고 있으며, 약정사업 미이행이나 변칙 지출 등이 발견되면 감액 교부하거나 약정서 규정에 의거하여 환수조치토록 하고 있다.

연번	단 체 명	사 업 명	지원액	자부담
	28개 단체	34개 사업	130,701	
1	노원구축구연합회	어린이·주부축구교실 운영	7,497	**38,702**
2	노원음악협회	정기음악회 외 1	8,860	**11,260**
3	노원미술협회	노원미술협회전 외 1	6,880	8,000
4	노원문인협회	마들문학 발간 외 1	4,100	4,400
5	노원구재향군인회	청소년 선도	6,260	7,132
6	6·25 참전전우회	산불예방	2,500	1,500
7	서울월계청년회의소	무료진료봉사	3,500	5,611
8	도봉녹색어머니연합회	교통사고로부터 어린이 보호	2,700	648
9	노원녹색어머니연합회	교통사고로부터 어린이 보호	3,700	743
10	노원구여성단체연합회	어르신과 나들이 외 1	4,634	900
11	노원구청소년지도협의회	청소년보호 및 폭력예방	4,080	2,364
12	노원새교육공동체	청소년 열린학교	3,400	3,700
13	한국청소년육성회노원지회	청소년 유해환경 감시 외 1	5,000	4,500
14	참교육을위한전국학부모회동북부지부	살기좋은 노원의 뿌리를 찾아서	3,800	5,022
15	노원구놀이방연합회	어린이뮤지컬 무료공연	5,250	2,214
16	노원구주부환경연합회	폐유이용 재생비누 만들기	6,910	2,475
17	노원구며느리봉사대	사랑의 김장 담가 주기	9,170	1,785
18	노원청소년지킴이순찰단	청소년 보호사업	2,100	2,940
19	환경보호국민운동본부노원지대	자동차 배출가스 줄이기 무료점검	3,000	2,341
20	환경운동연합환경통신노원지회	어린이환경감시현장체험 및 견학 외 1	3,150	3,290
21	경제정의실천연합강북노원도봉성북지부	녹색마을 만들기	3.180	5,000

연번	단 체 명	사 업 명	지원액	자부담
22	노원모범운전자회	교통보조근무	4.480	1,507
23	도봉모범운전자회	교통보조근무	2.100	1,054
24	홍익문화운동연합한옥회	노원구민 대체요법	7.340	**12,580**
25	노원구해병대전우회	범죄예방 및 청소년 선도사업	4.520	**18,460**
26	노원놀이마당사랑회	노원놀이마당 공연	5.510	7,200
27	마들주민회	노원 어울림문화제	5.880	4,426
28	자연보호노원구협의회	새집 달아주기	1.200	890

　특히 생활보호대상자와 독거노인, 장애인 등 이웃의 도움이 필요한 주민들이 다른 구에 비하여 상대적으로 많이 거주하고 있는 우리 구의 특성에 비추어 볼 때 이는 아쉬운 점이 아니할 수 없다. 사실상 어려운 이웃에 대해 봉사활동을 하는 사람들은 적지 않다. 가능하다면 이들이 좀 더 조직화되어 다양한 프로그램을 개발하고 재정적으로도 지원을 받을 수 있어야 할 것이다. 실제 시민단체가 수행하는 사업을 현장 답사해 보면 임원진과 소수의 사람들만이 참여하여 추진하는 사례가 많은데, 이는 시민단체의 조직력이 미약하거나 사업내용이 호응을 얻지 못하기 때문이라고 파악된다. 또한 지방자치단체에 대해 재정적으로 의존하려는 경향이 많으며, 유사한 활동을 하는 단체가 많아 통합 또는 정비해야 할 필요성이 있다. 한편 시민단체의 역할로 지방자치단체의 조직을 확대하지 않고도 복지서비스 등 공공서비스의 공급총량을 증대할 수 있고, 주민의 요구에 근접한 서비스가 가능하며, 민관 간의 거리감 해소와 선의의 협조관계 조성이 가능하고, 자원봉사자 활용으로 행정의 경비 감소와 주민

의 자발적 참여의식을 높일 수 있는 유용성이 있음에도 불구하고, 조직력이 미약하여 책임성·안정성·지속성이 미흡하며, 사업 분야가 제한되고 운영자금과 사업규모도 제한적이며, 행정적으로나 재정적으로 자율성이 부족하여 관변화가 우려되고 있다.

2) 지역 NGO의 활성화 방안

NGO가 갖추어야 할 기본개념으로 중요한 것은 자율성과 신뢰성이다. 자율성은 독립성, 정체성과 헌신, 재정 확보의 다각화, 시민에 의한 소유, 전문성의 확보, 경험적 지식 등에 의하여 확보될 수 있으며, 신뢰성은 지방자치단체에 대한 감시활동이나 지방자치단체의 잘못, 각종 정책에 대한 감시, 고발기구로서의 역할을 담당함으로써 자신의 이익만을 대변하는 이익집단과 달리 공공성과 객관성을 바탕으로 시민사회에서 신뢰성을 확보하려는 것이다. 시민단체가 세계화, 지방화, 분권화 등 변화의 흐름에 대응하고 시민에게 보다 질 높은 서비스를 제공하려면 다음과 같은 사항을 염두에 두어야 할 것이다.

첫째, 시민단체의 활동을 적극적으로 홍보하고 시민들의 자발적인 참여를 이끌어 내는 노력이 필요하다. 실례로 마들주민회의 경우 행사를 시작하기 전에 적극적으로 홍보하여 시민의 참여도가 상당히 높으며, 노원놀이마당사랑회의 경우는 같은 장소에서 명절이나 기념일 등에 앞서 행사를 지속함으로써 인근 주민들의 참여도를 높이고 있다. 시민단체가 다른 친목단체와 다른 점은 회원들만의 이익을 도모하거나 회원들만의 행사로 그치는 것이 아니라 일반 시민들과 함께 뜻을 같이하고 회원들과 시민들의 힘으로 사업을 추진하는 것이다. 시민들의 호응을 얻지 못하는 사업은 실패할 가능성이 높다. 따라서 좋은 취지의 사업을 적극적으로 홍보하고 이를 통해 많은 시민들의 참여를 유도할 때 시민운동이 더욱 활성화될 수 있을 것이다. 시민단체들은 회원을 늘리는 노력과 함께 시민들과 함께 할 수 있는 사업을 발굴하고, 지방자치단체는 시민단체들에 대한 지원과 함께 활동 상황을 소식지나 지역 TV 등을 통해 알려야 할 것이다.

둘째, 시민단체 간에 정보를 공유할 수 있는 네트워크를 구성하거나 커뮤니케이션 창구가 필요하다. 성격이 유사한 단체들도 상당수 있고 지역적으로나 사업 분야별로 공통점을 가지고 있는 경우도 많다. 이들 사이에 정보를 교환할 수 있는 채널을 두어 상호간의 경험과 지식을 주고받으며, 필요한 경우 행사를 공동으로 추진하거나 사업진행 시 도움을 주고받는다면 그 성과는 배가될 수 있을 것이다.

셋째, 보다 다양한 프로그램을 개발하고 시민들과의 접근방법을 다각도로 연구해야 한다. 현대사회는 더욱더 복잡해지면서 빠르게 변해 가고 있다. 정보화의 물결은 이미 우리 생활 속에 깊숙이 파고 들었으며, 세계화의 추세는 우리의 의식변화를 요구하고 있다. 이러한 변화에 부응하지 못하고 전년도 사업을 그대로 답습하거나 구태의연한 내용과 방법으로 일관한다면 그 효과가 떨어질 수밖에 없다. 시민이 원하고 함께 참여하는 양질의 사업들을 찾아내어 보다 효과적인 방법으로 접근할 때 시민단체의 역할과 역량은 더욱 활성화될 수 있을 것이다.

지방자치단체는 시민단체의 의견이나 요청에 귀 기울여야 하며, 공모사업비의 확대와 활동기반의 조성, 파트너십의 기회를 확대시켜 전문성을 높일 수 있도록 지원해야 한다. 정책결정과정에도 사업성격 등을 고려하여 관련 있는 시민단체 관계자가 참여토록 하여 정책에 대한 조언을 듣는 등 동반자로서의 인식전환이 필요하다.

참고문헌

시민단체공모사업 사업추진결과 평가와 활성화 방안
(노원구 주민자치과, 2000년도, 2001년도, 2002년도)
공모사업 관련 서류(심사자료 등) – 노원구 주민자치과 협조
www.nowoncity.net
madlejumin.netian.com(마들주민회)

□ 1980년 이후 가장 큰 변화는 – NGO에 대한 사회적 관심 증가라고
  할 수 있다.
○ 정치사회: '반부패운동', '총선연대'
○ 경제사회: '소액주주운동', '소비자 보호운동'
○ 지역사회: '환경운동', '아파트공동체운동' 등 각종 복지활동

□ 정부와 NGO 관계 설정 문제
○ 기존
◇ 활동 영역과 기능과 역할 측면에 따라 – 정부로 대표되는 공공 부문
  + 시장으로 대표되는 민간 부문 구분
◇ 연구목적에 따라
– 서술적 연구: 정부와 NGO와의 관계가 어떠한가?

－규범적·처방적 연구: 양자의 바람직한 관계는 어떠해야 하느냐?
◇ 분석수준에 따라
－거시적 차원: 다양한 NGO를 하나로 묶어 정부와 관계 연구를 하여야
　　　　　한다.
○ 현재(파트너십 관계에 초점을 맞추고 파트너십 형성에 영향을 미치
　　　는 요인들을 가설 형태로 제시하면서 잠정적인 답을 제시)
◇ 활동 영역과 기능과 역할 측면에 따라
－공공 부문 + 민간 부문 + 사회구성 부문
◇ 연구목적에 따라
－설명적 연구: 정부와 NGO와의 관계가 왜 그렇게 형성되었는가?
◇ 분석수준에 따라
미시적 차원 연구: 분야별, 영역별 NGO와 정부와 관계 연구

9. 정부-NGO 간 관계의 유형과 파트너십

(1) NGO의 범위

살라몬과 앤하이어(Salamon and Anheier)의 구조·운영상 정의
정관, 회칙을 가지고 공공기관에 등록된 공식적(formal) 실체
○ 비정부성(nongovernmental)
○ 수입, 잉여이익은 소유자, 대표자에게 분배하지 않음(non-distribution)
○ 자치적(self-governing) ○ 자발적(voluntary)
○ 비정파적(nonpartisan)

우리나라 적용 시 문제
짧은 역사성과 운영상의 문제로 임의단체 성격 NGO 존치
○ 비정파성의 문제: 사회운동단체 성격으로 비판적.
○ 공익성 추구에 대한 언급을 명확히 하고 있지 않음.
○ 민간 부문의 자발적인 인력과 재원 등의 기여를 통해 설립되어 조직 구성원들이 자율적으로 운영하는 조직.
○ 잉여이익과 수입을 조직의 소유자나 임원에게 재분배하지 않고 조직의 목적에 부합하는 활동에 재투자.
○ 공익을 추구하는 조직.

(2) NGO 존재이유, 역할, 기능

존재이유, 역할

○ Hansmann의 계약실패 이론: NGO와 시장 간의 선호는 설명하나 NGO와 정부 간의 선호는 설명 못 한다.

○ Weisbrod의 공공재 이론, 정부실패 이론: NGO가 생산하는 것이 반드시 공공재만은 아니라는 사실을 간과.

○ 기존 이론 유용성을 인정하되 한국적 상황에서 어떻게 응용되고 해석 또는 변형될 수 있는지를 연구.

□ 역할, 기능

○ 사회개혁기능 ○ 사회통합기능 ○ 전통보존기능 ○ 사회비판기능

○ 환류교정기능 ○ 복지제공기능 ○ 경제체제 지원기능 ○ 개인 잠재력 성취기능 ○ 여가기능 등

(3) 정부-NGO 간 관계 유형

정부와 NGO의 관계를 단순하게 갈등과 협력의 관계로 분류하고 협력의 관계를 파트너십 관계로 파악.

(4) 정부-NGO 간 파트너십

개념: 정부가 어떤 일을 할 때 정부 단독으로 하지 말고 시장 부문 또는 NGO와 협력하여 일을 수행하여야 한다는 주장.

ㅁ 파트너십 특징(Peters)

○ 둘 이상의 참여자가 존재

○ 각 참여자는 당사자의 지위로 참여

○ 지속적인 상호 작용

○ 참여자는 파트너십 관계에 기여함(결과에 대한 책임 공유)

정부와 NGO의 파트너십 관계의 유용성

거버넌스 이론의 적실성 높일 수 있음(Coston, Teisman · Klijn)

○ 정책과정의 각 단계에서 서로의 필요 및 제공 자원 인지

○ 정책과정의 각 단계별 장애요인 사전 발견 대처

○ 정부는 감시하는 국민에게 파트너십을 통해 NGO가 무엇을 얻는지를 밝힐 수 있어야 한다.

○ 특정 NGO와 파트너십을 왜 형성하는지에 대한 합리적 근거를 제시하여야 한다.

정부와 NGO 간의 계산적 파트너십 함의

○ 파트너십 형성이 정부와 NGO에 상호 도움이 되면 되지 양자가 추구하는 목적이 반드시 동일할 필요는 없다.

○ 파트너십 당사자로서 정부는 단일체인 반면 NGO는 다수라는 점에서 도출될 수 있다.

(5) 파트너십 분야의 특성

□ 정부와 NGO 간 파트너십은 어떤 분야를 막론하고 고루 일어

나지는 않는다. 왜냐하면 분야별로 파트너십이 정부와 NGO에
가져다줄 혜택이 서로 다르기 때문이다.

□ 정부부처 간의 이해다툼과 갈등이 심한 분야에서도 정부-
NGO 간 파트너십의 형성 가능성이 높게 나타날 수 있다.

□ 특정 부처와 사회의 특정 부문 간의 관계가 긴밀한 공생의 고
객관계일수록 파트너십은 보다 잘 형성될 수 있다.

□ NGO활동이 활발한 분야일수록 그렇지 않은 분야보다 파트너
십 형성 가능성이 높아진다.

□ 정부와 NGO 간 파트너십이 많이 일어나는 것을 기대하는 것
보다 파트너십의 형성이 적거나 드문 것이 오히려 정상적일
수 있음을 보여준다고 할 것이다. 따라서 파트너십 형성의 필
요성을 강조하거나 규범적 주장을 펼치기보다는 특정 분야에
서의 파트너십 형성에 관한 보다 심층적인 실증적 연구가 요
구된다.

□ 정부와 NGO 간 파트너십 형성의 중요한 키는 파트너십 대상
의 선정 등을 비롯한 많은 부분이 정부 쪽에 있으므로 파트너
십 형성을 양적으로 증가시키기 위해서는 정부 측의 노력이 더
욱 필요하다.

□ 파트너십의 효과는 참여자 서로 간에 도움이 되는 것이 목적
이지, 참여자들의 목적이 동일하게 일치하여야 할 필요는 없
다. 즉 파트너십 참여자들의 목적과 동기는 서로 다를 수 있음
을 인지하고 인정하는 것이 필요하고 이를 위해서는 투명성이
전제되어야 한다.

□ 정부와 NGO 간 파트너십의 최근 이론적 근거인 '제3자 정부

론'도 정부의 NGO에 대한 재정적 지원을 통한 위탁형 파트너십을 강조한 측면이 있으므로 이러한 이론들을 보더라도 정부에 NGO 지원을 너무 의존하다 보면 정부에 의한 NGO 지배 가능성이 있다는 인식이 필요하다.

□ 파트너십은 대체로 참여자들에게 서로의 이익을 가져다주지만 때로는 이로 인한 피해가 있음을 인식하여야 한다.

□ 종합적으로 보면 이 연구는 정부와 NGO 간의 파트너십은 기본적으로 계산적 파트너십이라는 전제하에 양자 간의 파트너십 형성을 설명하였으나, 이는 아직 이론적 수준, 문제 제기에 그칠 뿐 경험적 검증이 필요하다.

10. 지방정부와 지방환경 NGO 관계

오늘날 국제조직이나 한 국가의 지배질서가 변화하고 있다. 그 특징으로 정부에서 거버넌스로 이동, 결사체의 혁명이라 부르는 NGO이 등장하였다. 시민사회 영역으로서의 NGO가 제5권력으로 등장함에 따라 NGO의 학문적, 실제적 관심의 대상이 되고 있다. 선행연구의 문제점으로는 그동안의 연구가 이론적 연구 수준이었으며, 외국이론 소개 수준이었고, 낮은 실증적 연구, 낮은 정책 사례를 통한 연구였다고 볼 수 있다.

1) 지방정부와 지방환경 NGO의 정책(안면도꽃박람회를 중심으로)

(1) 지방정부의 개발정책

충청남도는 2002년 안면도국제꽃박람회를 기점으로 안면도를 국제휴양지로 개발하기 위한 안면도관광개발사업을 추진하고 있는데, 그 내용을 보면 꽃박람회 부지와 진입로 확장, 해안관광도로 개설, 골프장, 콘도와 각종 위락부대시설 건설 등이다. 대표적인 정책 사례는 ① 태안해안관광도로 개발: 안면도국제꽃박람회의 진입로이다. 문제점으로는 빼어난 경관을 자랑하는 해수욕장관통과 생태적 가치가 높은 해안사구 구간이 포함되었다.

② 안면도골프장 개발: 안면도관광지 내 위락시설단지 개발사업이다. 문제점으로는 우리나라 최고의 적송으로 유명한 안면도 소나무들이 없어질 것이고, 농약사용으로 수질오염 등 환경문제를 초래하고 있다.

③ 방포항 개발: 선진국의 미항 사례 벤치마킹을 통한 방포항의 환경조화적 개발정책이다. 문제점으로는 항내 매몰이 발생할 우려와 할매바위의 자연경관이 훼손할 우려도 있다.

보존가치가 뛰어난 사구·갯벌·송림 등과 안면도의 상징인 할매바위가 개발로 인해 훼손되는 심각한 환경파괴적인 정책이라고 하면서 환경보존논리로 대응하고 있다.

지방정부인 충청남도 및 태안군과 지방환경단체인 서산태안환경운동연합은 개발정책을 둘러싸고, 자신들의 정책이해를 가지고 정보흐름, 자원흐름, 경계침투 등을 통하여 상호 작용하고 있다. 정책행위자 등은 자신들의 정책안을 정책결과에 투영시키기 위하여 자원흐름과 경계침투 측면에서 상호 작용하고 있는데, 자원흐름 측면에서 지방정부의 활동전략을 보면 환경영향 평가라는 주민설명회, 공청회, 조직연합 등을 들 수 있고, 지방환경단체의 활동전략을 보면 정부설명회에 반대의견 제시, 현장조사, 연구조사를 통한 전문적 의견이라는 정보 제공, 인터뷰, 성명서, 진정, 법원소송, 집단연합 등을 들 수 있다. 경계침투 측면에서 간담회, 공동회의, 공동조사 등을 통하여 협력을 모색하는 단계로 발전하여 정책수정을 하였다. 그 결과 지방정부는 지역환경단체의 의견을 대폭 수렴하여 해안사구와 갯벌보존을 위해 노선을 변경하였다. 정책행위자 등은 자신들의 정책안을 정책결과에 투영시키기 위하여 자원흐름과 경계침투 측면에서 상호 작용하고 있는데, 자원흐름 측면에서 지방정부의 활동전략을 보면 정보 제공, 조직연합 등을 들 수 있고, 지방환경단체의 활동전략을 보면 연구조사를 통한 정보 제공, 성명서, 언론 등의 여론동원 조직연합 등을 들 수 있다. 경계침투 측면에서 살펴보면 정책행위자들이 자원흐름 측면에서 첨예하게 대립하는 가운데, 양자의 이해를 논의하고 조정하기 위한 경계침투 통로를 구성하려고 시도하였으나 구성되지 않고 있다. 그 결과 정책행위자 간에 첨예한 대립이 지속되고, 골프장 건설문제는 현재까지 소강상태에 머물러 있다.

정책행위자 등은 자신들의 정책안을 정책결과에 투영시키기 위하여 자원흐름과 경계침투 측면에서 상호 작용하고 있는데, 자원흐름 측면에서 충청남도의 활동을 살펴보면 주민설명회, 여론동원을 하고 있고, 지역환경단체는 반대의견개진과 여론동원을 하고 있다. 경계침투 측면에서 살펴보면 자문위원을 위촉하고 자문위원회가 개최되었다. 지방정책결정과정, 즉 지방정치에 로컬거버넌스적 정치가 나타나고 있다. 지방영역에서 지방정부 외 사회이익의 조화 및 이들에 의한 정치행정참여가 점증하고 있음이 관찰되고 있다. 지방 영역에서 거버넌스통치의 참여 주체가 정부 외에 비정부행위자 등으로 다양해지고 있는 상황하에서, 지방정부는 지방 NGO를 지역발전과 지역문제 해결을 위한 파트너로 인식하고, 이들의 참여와 조언, 비판, 견제를 겸허하게 수용하는 자세가 필요하다.

지식정보와 및 지방화 시대에 있어서 주민참여의 바탕 위에 행정의 목표를 달성하는 것은 현대행정의 패러다임이기도 하다. 현대사회에서 NGO는 빠른 속도로 성장하고 있다.

우리나라에서 NGO는 시민단체, 시민운동단체, 시민사회단체(Civil

Society Organization)라는 이름으로 불리기도 한다. NGO라는 용어는 정부의 대표들로 구성된 UN이 정부의 상대적 개념인 민간단체를 지칭하기 위해 사용되기 시작하였으며, UN헌장에 구체적으로 명시되어 있다.

2) 정부와 지방 간의 NGO의 役割

NGO는 사회의 다원화 현상과 시민의 참여의식 증대 그리고 행정수행방식의 변화에 따라 환경보호, 인권 및 소비자권익보호, 교육개혁 등 지역경제발전, 사회복지, 경제원조 등 서비스 분야에서 그 역할이 크게 증가하고 있다. 이에 따라 국내에서도 NGO 부문에 대한 관심이 크게 증가하고 있다. 그러나 NGO의 활동이 시대적 이슈, 즉 사회의 다원화 수용 여부 및 안정성, 정부의 정치적 성향 및 지원정책, NGO의 자원보유의 정도, 제도 간의 전략적 제휴 및 의존도, 시민사회의 성숙도 등의 요인에 의하여 지배받고 있음에도 불구하고 시민단체 및 환경단체 등 특정 활동 영역 위주로 소개가 되고 있으며 'NGO=시민단체'라는 협의의 정의에 따라 정부와 NGO의 관계를 주로 적대적이며 대립적인 관계로 보기가 일수이다.

3) NGO에 대한 政府의 支援現況

NGO는 민간의 자발적 지원만으로 운영되기 어렵기 때문에 정부는 다양한 방법으로 NGO를 지원하고 있다.

첫째, 정부는 NGO에 직접 지원을 통하여 이들 단체를 활성화시킬 수 있다. 그 예로 민간단체에 대한 공공근로사업 인력의 지원과 지방정부의 민간단체 지원사업을 들 수 있다.

둘째, 정부는 세제감면 및 세금공제제도를 통하여 서비스 구매비용 또는 기부비용을 감소시켜 줄 수 있다.

셋째, 정부는 NGO에 면세채권 발행을 허용하여 금융비용을 낮추어 줄 수 있고 특별 우편요금의 특혜를 제공할 수 있다.

넷째, 지방정부는 조달 및 위탁사업에 대한 경쟁 제한적 규제를 통하여 영리 부문과 경쟁하는 NGO에 비교우위를 확보해 줄 수 있다.

기본적으로 이러한 정부지원은 정부가 NGO 운영에 개입할 수 있는 여지를 제공하고 있으며, NGO의 운영 형태와 조직문화에 많은 영향을 미칠 수 있다. 한국의 경우 정부는 정책집행 영역에서 NGO가 정부를 '보좌'할 수 있도록 지원을 하고 있는 양상을 보이고 있다. 선진국 민간단체의 수입원 및 재원조달방식을 살펴보면, 수익사업(63%), 민간기부금(22%), 정부보조(8%) 그리고 투자소득(7%)의 순으로 나타나고 있다. 한국은 1996년의 경우 정부보조가 국내 비영리 서비스 생산자의 소득에서 차지하고 있는 비중은 16.2%이며 상품 및 비상품 판매대금은 75.3%, 민간보조와 투자소득은 9.5%를 차지하고 있다. 또한 정부보조금은 1972년의 60억 원에서 1994년 2조 5,730억 원으로 427배 증가하였고, 1994년 말 현재 이들에 대한 보조는 중앙정부 보조금 및 경상이전의 9.3%를 차지하고 있다. 이와 같은 현상은 **첫째**, 국내의 비영리 부문은 교육 및 연구 부문의 비중(62%)이 높고 이들에 대한 다양한 정부보조정책이 존재하기 때문이다.

둘째, 민선자치 시대의 출범에 따라 각종 공공서비스에 대한 수요 증대로 민간단체에 대한 지원 또한 증가하게 되었다.

셋째, 사회복지 분야와 행정서비스 분야의 민간위탁 및 민영화로 비영리단체의 정부위탁 업무가 증가한 것도 정부보조를 늘리게 하는 주요한 요인으로 작용하고 있다.

넷째, 부처별로 그리고 지방정부의 단체에 대한 지원이 증가하고 있으며 이는 지지기반(constituency)의 확보 및 정책의 정당성 확보를 위한 시도로 해석할 수 있다.

정부와 NGO 관계를 보는 시각은 크게 보완적·협조적·대립적인 관계로 요약할 수 있다.

보완적(supplementary) 관계에서는 정부실패 등의 현상으로 인하여 정부에 의해서는 공급되기 어려운 공공재에 대한 수요를 NGO가 충족시킨다는 것이 논의의 핵심이다.

따라서 정부가 공공재에 대한 재원조달을 증가시킬수록 관련 공공재생산에 관한 NGO의 역할은 그만큼 줄어들게 된다는 것이다. 특히 사회복지 분야에서의 지방정부기능의 확대에 주목하면서 자발적 민간단체의 기능이 축소되고 있는 점을 강조하였다.

정부의 지원을 정당화시켜 주는 NGO 부문의 실패에 대한 구체적 내용은 크게 네 가지로 나뉜다.

첫째, 박애적 불충분성(philanthropic insufficiency)은 NGO가 충분한 자원을 획득할 수 없다는 점을 부각시킨다.

둘째, 박애적 배타주의(philanthropic particularism)로 인하여 NGO나 그 후원자가 수혜자들 중에서 특정 소집단에 초점을 두게 되어 결과적으로 서비스의 이용에 있어 집단 간에 심각한 격차가 발생하게 된다는 것이다.

셋째, 박애적 온정주의(philanthropic paternalism)로 인하여 NGO의 활동내용과 방식이 NGO에 가장 많은 자원을 제공하는 사람에 의하여 결정되는 단점이 지적되고

넷째, 박애적 아마추어리즘(philanthropic amateurism)은 NGO의 전문성 부족으로 인한 한계로 해석할 수 있다.

협조적(cooperative) 관계에서는 정부와 NGO를 동반자적인 관계로 간주되며, 주로 재원은 정부에서 지원하고 NGO가 서비스를 공급하는 이원화된 협조체계를 구축함을 의미한다. 이러한 현상은 사회복지 분야에 한정되어 있고, 정부와 NGO 간의 동반자적 관계로보다는 실제적으로는 재정의 주체인 정부의 일방적인 주도에 관한 논의에 치중하였다.

한편 대립적(adversarial) 관계에서는 NGO가 다양한 방법으로 정부의 정책결정과정에 참여하여 정책의 변화를 유도하게 하거나, 정부의 책임성을 높이기 위한 감동자(monitor)의 역할을 하면서 나타나는 현상이다.

한국적 상황에서 지방정부와 NGO 간의 관계는 정부기능의 변모와 시민사회 도래에 따라 새롭게 정리될 필요가 있다. 정부와 NGO의 관계를 평면적이고 정부에 의한 일방적인 것으로 보는 것은 위험하다. 따라서 **지역사회발전의 동반자라는 인식전환을 통하여 발전적인 지방정부－NGO 관계를 설정해야 한다.** 지방정부와 NGO 간의 대칭적인 관계에서는 적절한 견제와 균형이 가능하고 사회의 공공재 또는 집합적 재화의 생산에 있어 최적의 배합이 가능하다. 그러기 위해서는 **정부는 NGO와의 관계에 있어 보다 능동적인 자세로 정책결정과정의 독점적 위치를 고수하기보다는 NGO의 역할을 여러 분**

야에서 인정해야 한다. 그리고 정부는 이러한 NGO의 역할 변화에 수동적으로 대처하기보다는 유·무형자원의 공유 등의 측면에서 능동적인 태도를 보여야 할 것이다. 지방정부는 이들이 자생력을 확보할 수 있도록 지원방식을 간접적인 지원체제로 전환하되 특정 분야에 대한 사업비보조는 공모사업방식으로 바꿔 경쟁을 통한 효율성을 추구해야 한다. 다른 한편 NGO 부문은 정부 부문과의 관계 정립에 있어 핵심역량을 강화하기 위한 조치를 취해야 한다. **내부적으로는** 지배구조(governance structure)의 개선을 통한 집행부의 책임성을 확보, 조직 및 인력의 전문성 확보, 일반 시민의 참여를 통한 국민 대표성 확보, 중장기적 재원의 확보 등의 노력이 필요할 것이며, **외부적으로는** 다른 NGO와의 연대 및 기존의 정책결정네트워크의 참여를 통하여 정책결정자와의 교류를 확대하는 작업이 선행되어야 한다.

11. NGO와 지방정부와의 관계 - 광명시 중심

1) 서 론

(1) 문제제기

오늘날 시민사회는 글로벌화, 지식정보화, 지방화 등으로 사회구조가 훨씬 복잡한 양상을 띠고 있다. 시민사회와 더불어 국가 통치방식이 사회적 통치로 전환됨에 따라 정부 밖 역할자들의 도움을 적극적으로 받아들이지 않으면 안 되었고, 이런 맥락에서 사회적 공공선을 위해 집합적인 실천을 이끄는 NGO의 역할이 새롭게 주목받게 되었다.

현대사회는 경제적 갈등뿐만 아니라 환경, 여성, 인권, 평화, 소수자 등 다양한 쟁점이 사회문제로 등장하고 있고, 집단 간의 관계가 훨씬 다원적이고 복합적인 양상을 띠고 있다. 따라서 정부의 영향이 미치지 못한 부분을 NGO가 보완하기 위해 다양한 활동이 필요하게 되었다.

사회가 세분화되고, 전문화됨에 따라 이해의 대립과 갈등이 끊임없이 발생되면서 이들 대부분은 당사자 간의 해결이 용이하지 않아 제3자의 조정을 필요로 하다. 따라서 NGO가 이를 조정하고 해결하는 역할을 해야 할 것이다.

복잡성, 역동성, 다양성을 특징으로 하고 있는 지금의 사회에서 어떤 부문도 주어진 조직적, 제도적 경계 내에서 당면한 사회적 문제를 해결할 수 있는 충분한 자원이나 능력을 보유하고 있지 못하기 때문에 조직과 부문의 경계를 가로지르는 협력의 중요성이 강조되고 있다.

(2) 연구범위와 연구방법

NGO의 개념 및 특징, 조건 등에 대해 알아보고, 지역 NGO의 현황을 파악한 후, 설립목적·회원·재정확보·상위조직과의 관계에 대해 알아본다.

지역 NGO의 역할을 유형별로 분류하고, 지방정부와 관계 형성을 어떤 방식으로 맺고 있는지, NGO와 지방정부 간 바람직한 관계를 제시한다.

1. 문헌 등을 참고하여 NGO의 개념적 정의를 하고, 2. 각종 자료와 현지 인터뷰를 통해 지역 NGO의 활동내용을 파악, 지방정부와 어떤 관계를 맺고 있는지, 정책적 공조·갈등, 협력사업 등을 알아본다. 3. 지역 NGO와 지방정부 간의 바람직한 관계에 대한 방안을 논의한 후 정책적 시사점을 제시한다.

2) NGO의 이론적 논의

(1) NGO의 개념과 정의

NGO는 Non-Governmental Organizations의 약자로 비정부기구를 의미한다. NGO라는 용어는 1950년 국제연합(UN) 경제이사회에서 결의안 288조가 통과되면서 사용되기 시작되었다. 당시 NGO는 정부의 대표가 아니면서 국제연합과 협의적 지위를 인정받는 공식조직을 지칭하는 것으로 사용되었다(정태석, 2000). UN의 NGO 정의는 개발문제나 인권문제, 환경문제, 평화문제 등 지구 차원의 여러 문제 해결에 비정부·비영리적이면서 자발적으로 형성된 조직으로서 사회 변화를 의도하고 있는 조직이라고 할 수 있다. NGO의 개념은 국가나 시장이 아닌 제3섹터에서 자원활동을 통하여 비영리적 목적을 추구하는 결사체로 그 개념이 정립되어 있기는 하지만 그 범위에 있어서는 나라마다 다르다(박상필, 2001). 따라서 NGO란 시민사회에서 시민의 자발적인 참여에 의해서 자율성을 확보하고 공공의 이익을 실현하는 결사체라고 정의할 수 있다. 우리나라의 NGO는 1987년 6월 이후 민주화를 통한 시민사회 형성 정치적 기회구조가 확대되면서 다양한 사안을 다루면서 성장하였다. 1999년 9월 현재 2만여 개로 추산되며, 활동 분야는 시민사회 24%, 사회서비스 19%, 문화 18%, 경제 13%, 환경 6%이다(조명래, 2001).

(2) NGO의 특징

NGO의 특징을 정확히 규정하기는 곤란하다. 예를 들어 종교단체이면서 환경·인권·복지 등과 관련된 활동을 하고 있고, 기업이면서 저소득층을 위한 복지사업을 펼치고 있으며, 노동조합이면서 인권보호운동을 펼치기 때문이다(조명래 2001). 캔달과 크넵(Kendall and Knapp, 1995)은 NGO로 성격을 규정하기 위해서는 ① 일회성 캠페인에 그치지 않고 지속성을 가져야 하며, ② 의사결정의 자율성을 가진 상태에서, ③ 정부 내지 정치적 영향으로부터 독립해 있으면서, ④ 이윤을 추구하지 않아야 한다고 했다. 살라몬과 앤하이어(Salamon and Anheier)는 ① 최소한의 형식을 갖출 것(formal), ② 민간(private) 조직일 것, ③ 비영리적일것(non-proift-distributing), ④ 자율적(self-governing)일 것, ⑤ 자발적일 것(voluntary), ⑥ 비종교적(non-religious)일 것, ⑦ 비정치적(non-political)일 것 등을 요건으로 제시하였다(조명래, 2001). 종합하여 NGO의 특징을 다음과 같이 정리할 수 있다. ① 자발적인 참여, ② 자율성(독립성), ③ 공공의 이익실현, ④ 지속성을 갖추어야 할 것이다.

(3) NGO의 역할

NGO의 역할은 비정부조직이면서 정부의 역할을 하는 것인데, 정부가 하지 못하는 것을 대신할 수 있고, 정부가 바람직하지 못한 역할을 할 때 견제하는 역할을 할 수 있다. NGO의 역할을 요약하면 쟁점발굴자, 서비스제공자, 대변자, 혁신자, 견제자, 정책결정참여자, 중재자 등이다(김병완·민현정, 2002). 첫째, 쟁점발굴자는 사회구성원들이 소수이거나 약자일 경우 그 문제가 이슈화되기에 충분한 사안임에도 불구하고 표출되지 못하는 경우, 이들의 힘을 응집하고 이들을 대면하여 체계적이고 절차적인 문제해결의 주체로 역할을 수행한다. 둘째, 서비스제공자는 사회적 수요의 충족문제를 정부나 기업체에 의존하지 않고 스스로 해결함으로써 적응적·선도적 입장에서 사회적 서비스를 공급하는 주체의 역할을 수행한다. 소비자 운동, 가정폭력상담소의 운영 등 자체적으로 그 몫을 하는 기능이다. 셋째,

대변자는 사회적 약자가 제기한 문제가 이슈화되기에 충분한 사안임에도 불구하고 표출되지 못하는 경우 이들의 힘이 응집하고 대변하여 체계적이고 절차적인 문제해결의 주체로 역할을 수행한다. 넷째, 혁신자는 정치개혁, 행정개혁, 시장개혁, 부패청산을 위해 지속적으로 활동함으로써 혁신기능을 수행한다. 다섯째, 견제자는 정부활동에 대해서 정부의 정책독점과 예산의 낭비 그리고 조직비대화를 견제하기 위하여 NGO는 정부의 정책에 대한 비판기능과 대안제시기능을 수행한다. 여섯째, 정책결정참여자는 행정부의 각종 위원회에 공식·비공식적으로 참여하여 정책의 입안에서부터 집행에 이르기까지 정책결정과정에 참여하여 사회적 영향력을 행사하는 역할을 수행한다. 일곱째, 중재자는 환경분쟁(NIMBY), 소비자-생산자분쟁 등의 분야에 있어서 분쟁이 발생했을 때 제3의 조정자로서 협상이 가능하게 하는 중재자로서의 역할을 수행한다.

(4) NGO의 유형

NGO의 유형을 4가지로 나눌 수 있는데(조희연, 2000) 먼저 공적 이해 실현을 지향하는 단체들(punlic interest oriented NGOs), 이는 다시 사회행동적 NGO(social action arientde NGOs)와 사회서비스적 NGO(social services oriented NGOs)로 나눈다. 사회행동적 NGO를 캠페인 등 다양한 사회행동을 통해 특정한 사회개혁적 목표를 성취하기 위해 활동하는 단체라고 한다면, 사회서비스적 NGO는 직접적으로 사회적 약자들에게 서비스를 제공하는 단체를 지칭한다. 전자가 사회체제 자체를 개혁하여 사회적 약자들이 나타나지 않도록 하기 위해 활동하는 단체라고 한다면, 후자는 그런 노력에도 불구하고 현재의 사회체제 속에서 직접적으로 서비스의 결핍을 느끼는 개인이나 집단에게 서비스를 제공하기 위해 활동하는 단체를 지칭한다. 여기에는 사회복지 관련 각종 단체들, 구호단체들이 포함될 수 있을 것이다. 1987년 이전 사회운동을 주도하였던 노동운동이나 학생운동들을 민중운동단체로 1987년 이후 민중운동이 포괄하지 못했던 다양한 정치·경제·사회적 이슈를 중심으로 사회개혁운동을 한 단체를 시민운동단체로 규정한다면 사회행동적 NGO에는 민중운동단체들과 시민운동단체들이 포함될 수 있다. 다음으로는 집단이해 실현을 위한 단체들, 통상 이익단체로 불리는 단체들이 존재할 수 있다. 물론 이 양자의 경계선에 있거나 양자의 성격이 복합되어 있는 단체들도 많이 있으며 한 단체의 성격에도 특정 국면에서는 공적 이해실현을 지향하는 단체로서의 성격이 강하나, 후에 집단성원의 이해를 증진하는 이익단체적 성격이 강한 단체로 변화하는 경우도 있다. 다음으로는 각종 동호회, 취미클럽과 같은 정치·경제·사회적 이슈와는 관계없이 특정 관심에 따라 단체를 구성하는 '친교공동체'적 단체를 들 수 있다.

이러한 단체들이 때로는 이익단체적 행동을 하는 경우도 있다. 마지막으로 이러한 유형에 포괄되지 못하는 다양한 성격의 자발적 조직체들이 있을 수 있다.

NGO의 유형을 정리하면 아래와 같다.

NGO의 유형

공적 이해 실현을 위한 (public interest oriented) NGO	사회행동지향적 NGO	민중운동적 NGO	반독재투쟁운동체, 도시빈민운동, 노동운동
		시민운동적 NGO	종합적 시민운동, 환경운동, 교통운동 등
	사회서비스적 NGO	박애조직, 구호조직, 사회복지단체 등	
직능단체	이익집단적 NGO	한국출판협회, 의사협회, 변호사협회 등	
동 호 회		각종 스포츠 동호회 조직	
기타 자발적 사회조직들		위에 포괄되지 못하는 다양한 단체들	

※ 자료: 조희연(2000).

(5) 지방정부와 NGO의 파트너십

OECD의 '미래의 정부' 보고서(2000)는, 이제 "정부는 더 이상 공공서비스 독점을 할 수 없다", "정부는 많은 행위자들 가운데 하나에 지나지 않는다", "정부는 다른 주요 행위자들과 정책결정 조정을 해야 한다."고 지적하며 새로운 거버넌스의 도입을 제안한다. 특히 NGO가 정부의 노조와 기업에 못지않은 해로운 정책결정 파트너로 부상함으로써 새로운 '거버넌스' 체제의 구축이 정부개혁의 과제로 부각되고 있다는 지적이다. 실제로 많은 서구 국가들에서는 무수한 정부-NGO 파트너십이 진행되어 왔다. 정부-NGO 파트너십의 이론적 기초는 샐러먼(1995)이 제시하는 '제3자 정부'(third party government) 이론과 '자원섹터 실패(voluntary sector failure)' 이론에서 찾아볼 수 있다. 샐러먼의 '제3자 정부' 이론은 정부 고유의 기능과 역할처럼 간주되었던 각종 사회 및 복지 서비스 제공의 기능과 역할이 정부보다는 NGO·비영리기관들에서 대행되고 있는 추세를 지적하며, 정부의 역할이 사회공학(social engineering)과 주도적인 것에서 관리적인 (managerial) 것으로 변화되었고, 용역을 맡은 NGO가 상당한 자율권을 누리고 있다고 강조한다(주성수, 2001).

3) 지역 NGO의 실태와 문제점

(1) 지역 NGO의 실태

광명시의 시민사회단체로는 광명경제정의실천시민연합, 광명만남의집, 광명여성의전화, 광명YMCA, 광명YWCA, 광명NCC, 전교조광명지회, 생활협동조합, 공동육아협동조합 등 16개의 단체가 있다.

본 연구에서는 광명시의 주요 시민단체인 '광명경실련', '광명만남의집', '광명여성의전화'를 연구대상으로 하였다.

광명시 시민사회단체의 설립은 광명만남의집을 제외하고 1990년대에 설립되었고, 설립목적은 공권력으로부터 보호를 받지 못하는 소외계층, 저소득층, 부녀자의 권리를 보호하는 것으로 하고 있다.

광명경실련은 시민신문을 발행하는 등 가장 폭넓게 활동하고 있는 시민사회단체이지만 역시 영세성을 면치 못하고 있다. 광명만남의집은 1986년대에 설립되었는데 그 배경을 살펴보면 인근 구로공단의 노동자의 권리를 보호하고자 설립되었다. 그리고 구성원이 회원이 아닌 후원회원으로 구성되어 있는 것이 특이한 점이다. 하지만 후원회원으로 구성되어 있어 회원으로서의 책임과 의무를 다하지 못하는 것에 대해서 운영자는 고민하고 있었다. 각 NGO의 상위 조직과의 관계는 설립취지와 그 이념에 동의할 뿐 지역실정에 맞게 운영하고 있어 상위조직과의 관계는 느슨한 관계를 맺고 있는 것으로 나타났다. 협력사업은 지방정부와 직접 협력사업을 하지 않고 협의체 푸른광명21을 통해 공모사업을 펼치고 있었는데 그 이유는 직접 지원금을 받으면 돈으로부터 자유롭지 못하다고 생각하고 있었으며, 시민사회단체로서의 도덕성에 흠을 걱정하고 있었다. 광명시의 주요 NGO의 내용을 살펴보면 아래와 같다.

광명시 주요 NGO 현황

구 분	광명경실련	광명만남의집	광명여성의전화
설립목적	경제정의 참여민주주의 실현	가난하고 소외된 사람들과 나누는 삶 실천	모든 폭력으로부터 여성의 인권 보호
연 혁	1992년	1986년	1997년
회원 / 상근	300명 / 3명	후원회원 70명 / 2명	120명 / 3명
재 원	회비(50%), 후원금(30%), 사업 및 기타(20%)	후원금(50%), 사업 및 자산수익금(50%)	지원금(60%), 회비 및 후원금(30%), 사업 및 기타(10%)
상위조직과의 관계	느슨한 관계, 설립취지에 동의할 뿐 지역실정에 맞게 운영.		
협력사업	지방정부와 직접 협력사업을 하지 않고 협의체 푸른광명21을 통해 공모사업을 펼치고 있음.		

(2) NGO와 지방정부의 관계 유형

지방정부와 NGO가 맺고 있는 관계는 다양하지만 본 연구에서는 협력, 갈등, 중재, 견제관계 등 4유형으로 분류하였다.

광명시 시민사회단체는 지방정부의 정책에 대해서 연대하여 대처하는 사례가 대부분이었다. 협력사업과 공모사업은 지방정부와 직접하지 않고 협의체 푸른광명21을 통해서 사업을 하는 것으로 드러났다. 가장 첨예하게 갈등을 빚은 정책으로는 도덕산 팔각정 건립과 경륜장 유치였는데, 팔각정 설치는 지역 NGO의 극한 반대 속에 결국 건립되었다.

지방정부와 갈등관계를 맺고 있는 정정의 대부분은 환경과 관련한 정책이었는데, 이는 정책입안 초기에 지역 NGO의 참여 없이 정책을 수립하기 때문이라고 지역 NGO는 이구동성으로 불만을 나타내고 있다. 지방정부인 광명시와 NGO 관계 유형을 살펴보면 아래와 같다.

NGO와 지방정부의 관계 유형

구 분	광명경실련	광명만남의집	광명여성의전화
협 력	협력사업(어린이날행사), 공모사업(장애우 환경교육, 안양천모니터링)	공모사업(주부캠프, 영화상영, 지역주민환경교실, 바꿈터, 환경마을 만들기)	공모사업(여성평화지킴이, 여성역사기행)
갈 등	도덕산 팔각정, 가학산 반딧불터전 보전, 경륜장 유치, 구름산 개발	도덕산 팔각정, 가학산 반딧불터전 보전, 경륜장 유치, 구름산 개발	도덕산 팔각정, 가학산 반딧불터전 보전, 경륜장 유치, 구름산 개발
중 재	할인매장 파보레 (세입자 보호)	없음	없음
견 제	시민신문을 통한 언론통제, 급식조례, 고교평준화	고교평준화, 정책감시	여성정책모니터링, 의회 방청 활동

(3) NGO와 지방정부 관계의 문제점

NGO와 지방정부 간의 관계는 다양한 양상을 띠고 있는데, 협력관계, 갈등관계, 견제관계 등 지역현안에 따라 달라진다. 지방정부와 NGO가 보다 지역주민을 위한 정책을 위해서 다음과 같은 문제점을 극복하여야 할 것이다.

정보 공개

지역 NGO가 지방정부정책 참여에 가장 큰 장애를 느끼는 것으로 정보의 공개가 전혀 되지 않고 있다고 지적하였다. 또 정보가 공개되더라도 형식적이거나 즉흥적이어서 정보를 이용할 수가 없다고 한다.

전담부서 미설치

지방정부의 정책에 시민사회단체의 영향이 커지고 있는 추세에 지역 NGO를 전담하는 부서가 설치되어야 한다. 현재 각 부서별로 담당해서는 전문성과 행정의 능률을 기대할 수가 없다.

투명성 미확보

지방정부는 정책과정 모든 단계를 공개하고 누구나 참여할 수 있는 제도적 장치를 마련해야 할 것이다. 현재 정책결정과 발표를 '밀실에서 결정하고 전격적으로 발표'하는 현재의 관례를 과감하게 버려야 할 것이다.

지방정부의 NGO에 대한 선입견

지방정부는 NGO의 참여가 비효율적이거나 부정적인 영향만 끼친다고 생각하는 선입견을 버려야 하고 정책과정을 같이하는 파트너십이 확립되어야 할 것이다.

NGO참여의 제도적 장치 미흡

NGO의 참여는 정보가 공유되고 참여의 제도적 보장이 마련되어야 참여의 활성화를 이룰 수 있다. 현재 참여가 보장되는 각종 위원회에 참여조차 이루어지지 않고 있어 심각한 문제점을 드러내고 있다.

문제점으로 연구되고 있는 NGO의 관료화와 정치세력화(조명래, 2001)는 광명시 지역 NGO는 전혀 문제가 안 되는 것으로 파악되었다.

3) NGO와 지방정부 간의 바람직한 관계

지방정부와 NGO가 바람직한 관계를 유지하기 위해서는 다음과 같은 방안이 제고되어야 할 것이다.

(1) 지역 NGO의 참여조례 제정

NGO가 지역정책에 참여할 수 있는 통로를 제도적으로 마련하여야 할 것이다. 즉 각종 위원회에 NGO의 참가를 강제조항으로 규정하여 정책의 정당성 확보 및 시민사회단체의 참여를 확보하여야 할 것이다.

(2) 정보 공개

지방정부와 NGO 간의 바람직한 관계를 유지하기 위해서는 쌍방향적 정보의 공유가 필수적이다. 지역 NGO는 정보가 공개되지 않는 것을 가장 불만스럽게 생각하고 있었다.

(3) 지방정부의 NGO전담부서 설치

지방정부는 현장의 생생한 정보와 새로운 아이디어를 정책에 반영하고, 채택할 수 있는 NGO전담부서를 신설하여 지방정부와 NGO 간의 협력관계를 활성화할 수 있는 전담부서가 설치되어야 하겠다.

(4) 지방정부의 인식변화

지방정부는 공공 부문의 한계를 인정하면서 개방된 자세로 NGO의 사회적 가치를 실질적으로 받아들일 수 있는 마인드가 중요하다. 또 지방정부와 NGO가 균형적 관계를 유지하려면 정부와 NGO 관계자들의 의식과 태도 전환이 무엇보다 중요하다.

(5) 투명성 확보

공모사업 선정과정의 투명성과 공정성이 확보되어야 하고, NGO가 참여하여 선정하여야 할 것이다. 현재 NGO에 지원되고 있는 지원금

을 관변단체와 나눠 먹기식으로 집행되고 있는 방식도 투명성과 공
정성을 확보하여 개선되어야 할 것이다.

4) 결 론

지방화 시대를 맞이하여 지방정부의 정책에 참여하는 주체가 정부
이외에 NGO 등 다양해지고 있다. 지방정부는 정책에 NGO를 참여
시켜 정책의 정당성을 확보하여야 하고, NGO는 지방정부의 정책에
참여함으로써 지방정부의 감시자로서의 역할을 다해야 할 것이다.

지방정부와 NGO가 바람직한 관계를 유지하기 위해서는 ① 지역
NGO의 참여조례 제정, ② 정보 공개, ③ 지방정부의 NGO전담부서
설치, ④ 지방정부의 인식변화, ⑤ 투명성 확보 등을 들 수 있다.

이제 지방정부는 NGO 참여 없이 정책을 입안할 수 없을 정도로
NGO가 감시를 하고 있다. 더 이상 NGO 참여를 배제할 수 없는 상
황에서 거버넌스통치의 주체로 인식하여 NGO를 정책의 걸림돌로
간주하지 말고 함께 하는 파트너로 인식여야 할 것이다.

참고문헌

김동춘 외, 2003, 『NGO란 무엇인가』, 아르케.
김병환·민현정, 2002, "한국 NGO의 역할유형에 관한 경험적 분석", 『한
　　국 정치학회보』, 제36집 4호.
박동서, 2000, "한국 NGO의 활동방향", 『정부와 NGO』, 법문사.

박상필, 2001, "지방정부와 NGO간 견제, 협력의 변증법적 조화모색", 지방행정.

배응환, 2002, "지방정부와 지방환경 NGO 관계", 『한국행정학보』, 제36권 제1호.

정태석, 2000, "시민사회와 NGO", 『NGO란 무엇인가』, 서울: 아르케.

조명래, 2001, "NGO와 정부간 파트너십의 이해와 활성화에 관한 연구", 지역사회개발연구.

조희연, 2000, "한국시민단체(NGO)의 역사, 현황과 전망", 『NGO란 무엇인가』, 서울: 아르케.

주성수, 2001, "정부-NGO관계와 NGO의 역할", 한국행정연구.

Salamon, Lester M. 1995, Partners in Public Service: Government-Nonprofit Relations in the Modern state. Baltimore: The Johns Hopkins Univ. Press.

12. 지방자치단체 정치참여와 비정부기구
송파구를 중심으로

1) 序　論

1991년 지방의회가 30년 만에 부활되어 지방의원을 지역주민이 직접 선출하였다. 과거 지방자치단체장 역시 주민에 의해 선출되고 있다. 이로써 그동안 중앙정부에 의해 집권화되어 온 행정에 지역주민이 직접 참여함으로써 분권적인 지방자치가 본격적으로 실시되었다. 이러한 상황에 더해져서 비정부기구도 활동이 활발하게 되었다. 현대사회에서 정책결정을 위한 전문적 판단의 필요성이 증대됨에 따라 정책과정의 주도권이 전문적 행정관료들에 의해 추진되고 있다. 이들 행정관료들에 의한 정책결정 및 집행과정에 있어 행정의 능률성과 효율성이 보다 강조됨으로써 주민들의 의견이 직접 반영되지 못하게 되는 문제점이 대두되었으며 이의 해결을 위해 주민의 참여 문제가 제기되었다. 지식정보화와 지방화가 더욱 가속화되고 있는 것은 극히 필연적인 것으로서 주민참여의 바탕 위에 행정의 목표를 달성하고자 함은 현대행정의 패러다임이기도 하다. 우리나라는 주민투표제, 주민발안제의 일종인 주민감사청구권과 주민의 조례 제정 및 개폐 청구 등 직접 참정제도가 지방자치법으로 제정되어 있고, 또 예전부터 주민참여를 위한 각종 위원회, 반상회, 공청회 등을 통한 참여제도가 운영되어 왔다. 그러나 이는 정책결정이나 행정과정에서의 참여, 지역사회의 문제와 관련된 결정에 직접 참여하는 수단이기보다는 지방자치단체의 주민계도, 정책홍보 등의 수단으로 활용되거나 형식적으로 실시되어 왔던 것이 사실이다. 또한 이를 통한 참여의 실질적인 효과는 미미하였다. 1990년대 우리나라 사회운동단체들의 활동이 전반적으로 침체되면서 과거와는 다른 새로운 성격의 사회운동단체들이 전면에 나타나기 시작하였다. 경제정의실천시민연합(경실련), 참여연대와 같은 NGO의 등장은 정치 및 경제, 사회 등 여러 분야에서 참여와 감시기능을 통해 주민들의 민주적, 사회적 욕구를 동기화시켜 주었다. 이들 NGO는 정책결정과정에서부터 평가과정에 이르기까지 광범위한 참여를 통해 지방정부의 정책과정에 그들의 영향력을 압력단체(Pressure Group)화하기도 하였다. 본 연구는 송파구를 중심으로 활동하는 NGO의 활동을 지방자치단체에 대한 참여의 측면에서 접근하여 송파구 NGO의 현황과 실태를 살펴보고 NGO활동과 관련 제반 문제점을 파악하여 지방자치단체에 대한 NGO의 참여를 더욱 활성화시켜 나가기 위한 개선방안을 모색해 보고자 한다.

1) 住民參與와 NGO에 관한 理論的 準據

(1) 주민참여의 의의

주민참여는 1960년대부터 급속히 보급되기 시작한 비교적 새로운 용어로서, 아직까지 그 의미·내용·범위에 관하여 합일점이 발견되지 아니한 미확정 개념의 하나라고 할 수 있다. 그것은 특히 주민참여가 각 나라, 각 시대의 현실적 요청에 응하여 경험적으로 발전된 것이기 때문에 그 참여의 범위, 방법, 효과 등이 다양하다는 점에 그 원인이 있다. 학자들의 주민참여에 대한 정의를 살펴보면 정책결정과정을 중심으로 참여의 개념을 정의하고 있다. 따라서 이러한 시각에서 주민참여를 정의해 보면 주민참여란 관료조직들의 정책형성 및 집행과정에 그 정책으로 인해 영향을 받게 될 주민들이 참여하여 그 정책결정에 영향을 미치고 그 집행과정에 자발적으로 참여하는 것이라 할 수 있다. 주민참여는 광의의 의미에서 보면 선거와 직접청구와 같은 국가나 자치단체의 정치과정에 대한 참여와 행정과정에의 참여 모두를 포함하는 개념이고, 협의의 차원에서는 행정과정에의 참여만을 의미하는 것이 된다. 광의와 협의의 의미 모든 차원에서 주민참여가 의미를 가지지만, 근래에는 어느 나라에서나 주민참여는 행정국가 체제 속에서 비대할 대로 비대해지고 있다. 그 직무가 전문화·기술화되어 사실상 민주적 통제권의 밖에 있다시피 한 직업 관료조직의 정책결정과 집행과정에 주민이 계속적으로 참여하여 이를 통제함으로써 진정한 민주주의의 부활을 기하고자 하는 데 그 목적을 가지고 있다.

(2) 지방정부와 NGO

가. NGO의 의의

NGO는 Non-Governmental Organization의 약자로 우리말로는 비

정부기구라고 하는데 우리나라에서 NGO는 시민단체, 시민운동단체, 시민사회단체(Civil Society Organization)라는 이름으로 불리기도 한다. NGO라는 용어는 정부의 대표들로 구성된 UN이 정부의 상대적 개념인 민간단체를 지칭하기 위해 사용되기 시작하였으며, UN헌장에 구체적으로 명시되어 있다. UN의 NGO정의는 개발문제나 인권문제, 환경문제, 평화문제 등 지구 차원의 여러 문제 해결에 비정부·비영리적이면서 자발적으로 형성된 조직으로서 사회변화를 의도하고 있는 조직이라고 할 수 있다. NGO는 단순히 정부기구가 아니라는 점에서 광의적으로는 기업과 시민사회단체 모두를 포괄할 수 있지만, 협의로는 비정부·비영리민간단체를 지칭하는 용어로 사용되고 있다. 또 NGO를 집합적 서비스를 생산하며 기존의 시장 및 공공부문과 독립된 자발성이 강한 민간기구로도 정의한다. 이렇게 정의된 NGO의 개념적 특징을 살펴보면 다음과 같다. 첫째, 지속성을 가진 공식적인 조직이다(organizational). 둘째, 비정부기관으로서 민간이 설립하고 운영하는 조직이다(non-governmental). 셋째, 편익의 비배분성이다(non-profit-distributing). 넷째, 자기 통치성을 가진 자발적 자치조직이다(self-governing). 다섯째, 공익을 추구하는 단체이다(public purpose). 여섯째, 비당파성·무종교성을 가진 사회운동 단체이다(non-party / non-religion). 일곱째, 운영의 자주성이다(independent) 1990년에 6,000개였던 국제 NGO가 1999년 현재 29,000개로 늘어났으며, 동유럽에서는 1988년과 1995년 사이에 100,000개 이상의 NGO가 있는데 그중 70% 이상이 지난 몇 년 사이에 창설되었다고 한다. 캐나다의 경우도 1980년 이래 매년 3% 이상씩 NGO의 수가 증가하고 있다. 그 결과 현재 인구의 31%가 어떤 형태로든 NGO

활동에 간여하는 것으로 보고되어 있다. 러시아에서도 공산주의 몰락 이후 65,000개의 NGO가 새로 만들어졌다는 것이다. 우리나라도 예외는 아니어서 1997년 현재 6,500개에 지나지 않던 시민운동단체가 1999년에는 20,000개 정도로 급증하였다. 우리나라에서는 1900년대 초 YMCA나 흥사단 등이 탄생했으나 1987년 민주화 선언 이후에 경실련을 위시해서 수많은 시민단체들이 생겨났는데 경제정의실천시민연합(경실련), 환경운동연합, 참여연대, 녹색연합, 흥사단, YMCA, 소비자문제를 연구하는 시민의 모임(소시모), 한국정신대대책협의회, 학교바로세우기실천연대, 걷고싶은도시만들기시민연대, 지구촌나눔운동, 반부패국민연대, 글로벌케어, 다이공동체, 한국이웃사랑회, 볼런티어21, 생명의 전화, 공명선거실천시민운동협의회(공선협), 옥수수재단, 우리민족서로돕기운동, 환경정의시민연대 등을 들 수 있다.

나. NGO의 역할

공공서비스에 대한 수요는 장애인, 노인 등 소외층을 위한 순수 사회복지로부터 교통, 환경, 의료, 방법, 문화, 예술, 청소년, 기초질서 확립 등 거의 모든 정책 영역과 대상을 망라하여 폭발적으로 증가하고 있으나, 상대적으로 정부는 장기적인 재정적자와 제한된 세입으로 인하여 이러한 모든 정책 영역과 대상을 충족시키는 것이 불가능해지고 있는 실정이다. 또한 우리나라의 경우 1995년 민선지방자치제 실시 이후 지방행정에서 주민들의 다양한 복지적 욕구와 다양한 공공서비스 요구에 대한 적절한 대응으로 지역주민의 참여와 협력의 중요성이 점차 강조되기에 이르고 있다. 특히 지방행정서비스의 성격이 도로, 주택, 항만 등 종래 하드웨어적 서비스로부터 문

화, 예술, 사회복지, 환경, 보호, 건강, 보건, 여가, 스포츠 등 소프트
웨어적 서비스 행정으로 중심이 변함에 따라 이러한 행정서비스의
영역은 더 이상 행정우위의 가정이 적용되지 않으며 주민과의 상호
작용, 즉 참여와 협력의 서비스 생산과 전달이 더욱더 중요시되고
있다. 이에 따라 중앙정부 및 지방정부의 정책과정에서 NGO의 역할
은 날로 강조되고 있다.

1) 정책제언자(Advocacy) 역할

NGO의 정책형성과정에서의 제언자적 역할이다. 정책과정에서의
정책제언자(Advocacy) 역할을 보다 구체화한다면 정책의제설정단계
에서 NGO는 시민들의 요구사항을 관철시키기 위해 여론형성을 하
거나 정책대안을 제시하게 된다.

2) 관료행태를 변화시키는 역동체로서 역할

즉 현대관료제가 갖는 문제로서 획일적인 대응, 개별성이나 창조
적 행동의 억제, 형식주의 등 관료주의적인 행정조직이나 공무원의
형태를 주민위주로 쇄신할 수 있는 개혁의 계기로서 NGO의 역할을
활용할 수 있다는 점이다.

3) 정부의 서비스 전달체로서의 역할

NGO를 정부서비스 주체의 일부로서 활용하는 것은 행정서비스활
동의 질을 높이는 역할을 수행한다. 특히, 정책집행과정에서의 NGO
활동은 이를 통하여 공공서비스의 생산과 분배에 주민들이 생산적으
로 참여함으로써 서비스 공급의 효과성을 높일 수 있는 유용한 대안

이다. 대부분의 공공서비스는 소비자인 시민과 서비스 전달자의 결합된 노력을 통하여 제공되는 것이 일반적이며, 이 과정에서 시민들의 자발적인 노력의 양과 질이 어떠하냐에 따라 공공서비스의 양과 서비스 수준이 결정된다고 해도 과언이 아니다. 이것은 공공서비스의 효과성이 지역사회의 사회경제적 특성이나 지리적 특성 등 그 지역사회의 여러 요인에 의해 크게 영향을 받게 되며 주민들이 그 지역사회의 사정에 대해 잘 알고 있기 때문이라고 할 수 있다. 예를 들어, 공공서비스 전달에 있어서 NGO의 지방정부정책과정에서의 역할은 이미 선진제국의 경우 보편적인 것이 되어 있다.

4) 지방정부의 능동적인 인력활용의 대안으로서의 역할

정책을 집행하는 데 있어서 NGO의 역할은 정부의 인력과 예산의 부족을 충당할 수 있는 능동적인 인력활용의 대안으로서의 기능을 수행할 수 있다는 점이다. 특히 지방정부의 경우 중앙정부의 재정지원이 한계에 달하고 지방의 재정력이 취약한 상태에서는 NGO와 같은 민간의 활동을 이용하여 지역개발의 진흥에 진력할 수밖에 없는 것이다. 따라서 지방정부 부문에 NGO를 활성화하여 공공서비스를 생산하고 전달하는 것은 지방정부의 인적·물적 자원을 상대적으로 증가시키는 것이라고 할 수 있다.

5) NGO는 그들의 기술이나 전문성을 활용하여 특별한 프로젝트나 조사, 일상업무 등에 참여함으로써 공무원들의 시간을 자유롭게 하여 공무원들이 전문성을 요하는 업무에 그들의 에너지를 집중시킬 수 있게 해 줌으로써 보다 긴급한 업무에 열중하게 할 수 있다.

이와 같이 중앙정부 및 지방정부의 정책과정에 있어서 NGO의 역할을 다양한 측면에서 활용되고 있다.

다. NGO의 유형

NGO는 4가지 유형으로 나뉘는데 먼저 공적 이해 실현을 지향하는 단체들(punlic interest oriented NGOs)이 존재할 수 있다. 이는 다시 사회행동적 NGO(social action arientde NGOs)와 사회서비스적 NGO(social services oriented NGOs)로 나뉜다. 사회행동적 NGO를 캠페인 등 다양한 사회행동을 통해 특정한 사회개혁적 목표를 성취하기 위해 활동하는 단체라고 한다면, 사회서비스적 NGO는 직접적으로 사회적 약자나 결핍자들에게 서비스(자원봉사 등)를 제공하는 단체를 지칭한다. 전자가 사회체제 자체를 개혁하여 사회적 약자나 결핍자들이 나타나지 않도록 하기 위해 활동하는 단체라고 한다면, 후자는 그런 노력에도 불구하고 현재의 사회체제 속에서 직접적으로 서비스의 결핍을 느끼는 개인이나 집단에게 서비스를 제공하기 위해 활동하는 단체를 지칭한다. 여기에는 사회복지 관련 각종 단체들, 구호단체들이 포함될 수 있을 것이다. 87년 이전 사회운동을 주도하였던 노동운동이나 학생운동들을 민중운동단체로 87년 이후 민중운동이 포괄하지 못했던 다양한 정치·경제·사회적 이슈를 중심으로 사회개혁운동을 한 단체를 시민운동단체로 규정한다면 사회행동적 NGO에는 민중운동단체들과 시민우동단체들이 포함될 수 있다.

다음으로는 집단이해 실현을 위한 단체들, 통상 이익단체로 불리는 단체들이 존재할 수 있다. 물론 이 양자의 경계선에 있거나 양자의 성격이 복합되어 있는 단체들도 많이 있으며 한 단체의 성격에도 특정 국면에서는 공적 이해실현을 지향하는 단체로서의 성격이 강하나, 후에 집단성원의 이해를 증진하는 이익단체적 성격이 강한 단체로 변화하는 경우도 있다.

다음으로는 각종 동호회, 취미클럽과 같은 정치경제사회적 이슈와는 관계없이 특정 관심에 따라 단체를 구성하는 '친교공동체'적 단체를 들 수 있다.

이러한 단체들이 때로는 이익단체적 행동을 하는 경우도 있다. 마지막으로 이러한 유형에 포괄되지 못하는 다양한 성격의 자발적 조직체들이 있을 수 있다.

2) 地方政府에 대한 NGO의 參與有形

(1) 정책의제설정상의 NGO의 참여

정책의제설정(Agenda Setting)이란 정부가 정책적 해결을 위하여 사회문제를 정책문제로 채택하는 과정 또는 행위를 의미한다. 이 경우 NGO의 전형적인 역할은 의견의 표명이다.

NGO의 의견 표명 또는 표출은 지방행정기관에 대하여 요구하는 형태를 취한다. NGO는 자신들이 활동하고 있는 분야와 관련하여 발생한 문제나 발생이 예상되는 문제를 해결해 줄 것을 요구하게 된다.

예컨대 환경단체의 경우 금강 주변공장에서 우천시 폐수 방출로 물고기가 떼죽음을 당한 사건이 발생하는 경우 주변업체가 폐수를 방출하지 못하게 하는 정책을 강력하게 요구하거나 학교주변에 유흥

시설이 집중되어 있는 경우 청소년 관련 NGO들은 이들로부터 청소년을 보호하기 위한 대책들을 지방자치단체에 요구하게 된다.

(2) 정책결정의 NGO 참여

정책의제로서 채택된 정책문제를 해결하기 위해서 정책대안을 탐색하고 하나의 정책대안을 정책으로 선택하는 정책결정활동은 원칙적으로 공식정부기관(단체장, 관료, 의회 등)의 담당업무이다. 그러나 NGO들은 자신들에게 영향력을 행사한다.

정책결정과정에서의 영향력 행사의 방법은 크게 보아 두 가지로 나눌 수 있다.

첫째, 지적인 것으로서 시간과 능력이 부족한 지방의회 의원이나 고위 공무원들에게 문제해결을 위한 필요한 전문지식, 문제상황 및 문제의 원인과 결과에 관한 정보와 자료의 수집·제공 등을 한다. 둘째, 정치적인 것으로서 정치적 지원을 약속하여 정책결정자가 자신들에게 유리한 정책을 결정하도록 정치적 압력을 가한다.

(3) 정책집행에서의 NGO의 참여

가 지방자치단체와의 공동생산

지방자치단체가 제공하는 각종 공공서비스의 공급과정에 지역 NGO들이 단순히 의견제시에 그치지 않고 직접 공급과정에 참여하는 공동생산의 경우보다 적극적인 지역 NGO 참여가 이루어진다고 볼 수 있다.

이 경우 주민들이 실제적인 노력을 제공함으로써 주민의식을 향상시키고 아울러 공공기관의 입장에서는 투입의 감소로 인한 공공서비스 생산의 생산성을 높일 수 있게 된다.

이러한 긍정적인 효과에도 불과하고 전문서의 결여나 공무원 감축가능성 등으로 인하여 공무원의 저항이 예상될 수 있으며, 특히 공공 부문의 서비스 공급책임을 민간 부문에 전가하는 수단으로 사용될 수도 있다.

나 지역 NGO와 자원봉사활동

정책집해에서 공동생산과 관련하여 지역 NGO 참여의 구체적인 방식으로 관심을 끌고 있는 분야가 바로 자원봉사활동이다. 자원봉사활동은 실제적으로 지방자치단체가 제공하는 공공서비스가 미약한 부문에 민간 부문의 능력을 활용함으로써 취약한 공공기능을 보완하는 기능을 하며 지역사회공동체 형성을 유도할 수 있다는 점에서 지방행정의 새로운 분야로 자리잡고 있다. 그러나 지역 NGO들이 점차 중요한 공공서비스를 공급하는 기능을 수행함에도 불구하고 자원봉사활동의 상당 부분이 정부기관과 관계없이 이루어지고 있어 자원봉사활동을 수행하는 지역 NGO들과의 연계는 자원봉사활동의 활성화를 위해서는 매우 중요한 사항이라 하겠다. 지방자치단체와 지역 NGO 그리고 자발적인 자원봉사활동 간 메커니즘의 구축은 효율적이고 주민들의 삶의 질 향상에 꼭 필요한 공공서비스를 제공하는 데 필수적이라 할 수 있는데 이와 관련하여 지역사회를 중심으로 민·관 협력체제인 종합자원봉사센터가 새롭게 운영되고 있다.

(4) 정책평가에서의 NGO의 참여

정책평가에 대한 NGO의 참여는 필요한 자료·정보를 계속 제공하여 공식적 평가자의 평가에 영향을 미치려 하거나 직접평가를 수행하기도 한다. 평가에 대한 NGO의 참여는 그동안 NGO들에 대한 지방자치단체의 인식이 크게 바뀌어 감에 따라 더욱 강조되고 있는 참여방법이라 하겠다.

3) 地方政府에 대한 NGO의 參與實態

(1) 우리나라 NGO 현황

1990년대 이래로 한국 사회에는 시민운동을 전문적으로 추구하는 시민운동단체를 포함하는 NGO의 폭발적인 성장이 있었다. 1999년 9월을 기준으로 조사된 '한국민간단체 총람 2000'에 따르면 약 4,023개의 시민단체가 집계되고 있고, 각 단체의 지역지부까지 포함한다면 시민단체는 약 2만 개가 넘을 것으로 추정할 수 있다. 이들 시민단체의 과반수가 서울에 집중되어 있는데 서울(54.6%), 경기(8.4%), 전북(4.9%) 순이었으며 울산(0.9%), 제주(1.3%), 강원(1.8%)은 시민단체 수가 다른 지역에 비해 적음을 볼 수 있다. 우리나라 NGO의 주요 활동 분야는 시민사회(25.2%), 사회서비스(18.5%), 문화(15.8%), 경제(12.5%), 환경(7.1%) 등으로 나타났으며 시민단체의 77.5%가 80, 90년대에 설립되었다. 시민단체의 수뿐만 아니라 회원의 규모 역시 꾸준한 성장이 있었다. 4,023개 시민단체의 평균 회원 규모만 하더라도 6,284명이다. 시민단체 중 54.4%는 미등록 상태, 36.0%는 사단법인, 6.6%는 재단법인, 3.0%는 특수법인 형태이었다. 시민단체 중 2000년 4월 13일 제정·발효된 비영리민간단체지원법에 의해 등록된 단체는 2001년 12월 말 현재 3,654개로 중앙행정기관에서 담당하는 단체가 403개(11%)이고 시도에서 담당하는 단체는 3,251개(89%)이다.

(2) 송파구 관내 NGO 현황 및 실태

여기서 서울특별시 송파구 관내 NGO 현황 및 활동실태를 살펴보기로 하자.

가. 송파구 관내 NGO 현황

서울특별시 송파구 관내 주요 NGO 현황을 살펴보면 송파구 모범운전자회, 송파품앗이를 비롯하여 그린문화연구봉사단 및 문정초등 녹색어머니회 등 20여 개 단체가 활동하고 있으며 단체별 회원 수는 적게는 10여 명에서 많게는 500여 명에 달한다.

≪서울특별시 송파구 주요 NGO 현황≫

순번	NGO단체명	회원 수	주요 활동내용
1	송파품앗이	477	품앗이 활동
2	모범운전자회	327	교통안전봉사
3	아산병원사회봉사단	323	환자안내 및 도우미
4	롯데나누리회	214	연꽃마을 노인잔치, 불우아동 지원
5	석촌중학부모	161	장애인을 위한 사랑의 요리사
6	문정초등녹색어머니	110	교통안전봉사
7	그린문화연구봉사단	82	재활용품 분리, 활용봉사
8	고려수지침	62	복지시설 수지침 봉사
9	잠실고학부모	46	복지관 활동지원, 학생봉사활동 지도
10	한마음봉사단	41	시각장애인 산행봉사
11	시니어봉사단	38	특수장애인학급지원, 생활상담봉사
12	삼전어머니봉사단	30	지역사회 행사지원
13	청소년지도봉사단	26	중, 고등학생 자원봉사 지도교육
14	바른청년봉사단	26	시각장애인 산책, 밑반찬 봉사
15	꽃가마차량봉사단	25	장애인이동 차량 봉사
16	배명고학부모	25	복지관 활동지원, 학생봉사활동 지도
17	일본어봉사단	23	일어 통·번역, 몽촌역사관 문화재 안내
18	온누리수지침	23	복지시설 수족침봉사
19	영어봉사단	18	영어 통·번역
20	민들레회	14	우편발송, 지역사회봉사

나. 송파구 관내 NGO 운영실태

이들 NGO단체들의 대부분은 자생적으로 조직된 단체들로서 조직에 매우 취약한 편이며, 이중 일부 NGO는 지방정부의 활동을 감시하고 견제하는 기능을 수행하는 단계가 아니라 지방정부의 정책결정과정이나 집행과정에 직·간접적인 참여를 통하여 의견을 제시하여 지방화 시대 주민의 의견을 NGO단체를 통하여 수렴함으로써 이를 시책에 적극 반영하는 등 능동적인 활동을 수행하고 있다 하겠다. 아울러 송파구 관내 NGO의 주요 활동 사례를 보면 송파구와 민·관 공동생활을 통해 주민에게 양질의 행정서비스를 제공하고 있다 하겠다. 송파구가 제공하는 각종 공공서비스의 공급과정에 있어 송파구 관내 NGO들이 적극적으로 참여하여 단순하게 NGO 차원에서의 의견을 제시하는 것에 그치지 아니하고 직접 참여를 통하여 민과 관이 함께 행정서비스를 창출하고 있다는 것이다. 그러나 이러한 사항 역시 일부 NGO에 국한되고 있는 실정이다. 송파구 관내 NGO활동상황의 대부분이 자원봉사활동이라 하겠다. 아울러 지방자치단체의 지역 NGO에 대한 인식이 다소 부족한 편이며, NGO 상호간 의사전달 통로가 바람직하게 마련되어 있지 않아 NGO단체 상호간 정보가 공유되지 않은 채 대부분 독자적으로 운영되고 있는 실정이라 하겠다.

13. 地方政府에 대한 NGO의 參與 問題點 및 改善方案

1) NGO활동의 문제점

(1) 조직적 취약성

NGO는 활동목표와 동기가 강하여 헌신적인 회원의 참여로 전문가들 및 활동가들의 자원인력을 최대한 동원할 수 있으며 대중의 참여 또한 이끌어 낼 수 있다. 그러나 현실적으로 상근직원이 몇 명 되지 않고 몇몇 활동가들을 제외한 일반 회원들의 참여실적이 저조하다. 마창진 참여자치시민연대의 2001년도 업무감사보고에 의하면 회비 납부율이 38%선이고 운영, 집행위원회의 참석률이 50% 정도로 내부적으로 어려움을 겪고 있다.

(2) NGO활동가의 관료화 및 정치화 경향

민선단체장 시대가 오면서 일부 NGO는 단체장이나 의회와 직·간접으로 많은 접촉을 하게 되었으며 이 과정에 NGO의 간부들이 지방자치단체의 장이나 고위공무원 또는 지방의원들과의 접촉이 잦다 보니 NGO 간부들이 이들과 동등한 위치에 있다는 생각을 갖게 되었다.

(3) 지방자치단체의 지역 NGO에 대한 인식 부족

지방자치단체에서 지역 NGO와 관변단체 및 이익단체를 구분하지 않고 일관 사회단체로 통합하여 관리하고 있으며, 지역 NGO에 대해서 정부대립형 또는 투쟁적 이미지의 성격이 지방정부에 깊이 각인되어 지역 NGO와의 교류를 기피하는 현상이 있다.

또한 지방자치단체에서는 법령·규칙·지침에 의거하여 사업을 추진하고 있으나 지역 NGO는 책임성 없이 지역주민의 의견만을 반영하려는 경향이 있어 이로 인하여 불신과 마찰이 발생한다.

2) 지방정부에 대한 NGO의 참여 개선방안

(1) NGO의 구조적, 운영상 효율성 강화

NGO의 활동이 시민적 지지 속에서 시민과 함께 하는 운동이 되어야 한다. 소수의 활동가들 위주가 아닌 주민의 지지를 얼마나 이끌어 내느냐에 좌우된다고 해도 과언이 아니다. '시민 없는 시민운동'이라는 지적을 불식시키기 위해서라도 NGO활동가들은 항상 시민운동의 지역별, 쟁점별 토대에 리더십의 형성과정을 도와줘야 한다. 그리고 NGO가 대표성을 확보하기 위해서는 의사결정과정에서 제외된 일반 회원의 의사를 여러 방법을 통해 적극 수렴하여야 한다. 인터넷 등을 통해 충분히 의견을 수렴한 후 공식입장을 밝혀야 할 것이다. 또 운영위원에도 일반 회원의 참여를 확대시켜야 할 것이다.

(2) NGO의 재정의 자립, 독립성, 투명성 확보

NGO가 기본적으로 자율성과 독립성을 손상받지 않고 정부를 감시하고 견제하는 기능을 수행하려 한다면 가능한 한 정부의 직접적인 지원을 받지 않는 것이 바람직하다. NGO가 정부의 지원을 받지 않고 독자적으로 사업을 전개하기 위해서는 무엇보다도 회원관리에 중점을 두어야 하며, 소수의 전문가 위주의 운동에서 탈피하여 다수의 회원들이 직접 운동에 참여하도록 운동방식도 바꾸어야 할 것이다. 회원을 중심으로 하는 시민운동은 단순히 회원이 직접 운동에 참여하는 것을 의미할 뿐만 아니라, NGO의 재정충당도 다수의 회원들이 중심적인 역할을 한다는 것을 의미하기 때문이다.

(3) 지역 NGO 간의 네트워크 강화

지역 NGO들의 그들의 조직의 취약성을 보완하기 위해 서로 네트워크를 강화해야 한다. NGO는 기존의 부문별, 사안별 협의체들이 존재하지만, 아직은 특정 사안에 대한 협의나 공동사업 등에 주력하고 있으며 지역 NGO 상호간의 역할분담과 협력체제 구축을 위한 지역 NGO연합체의 설치와 운영이 필요하다.

(4) 시민단체 참여자들의 순수성 유지

능력 있는 시민단체참여자들이 정치와 사회의 유력한 자리에 발탁
되는 것은 잘못일 수 없지만, 자칫 정치권에의 진입은 시민운동 전
체에 상처를 줄 수 있다. 따라서 NGO를 통한 참여가 활성화되기
위해서는 시민단체 참여자들의 순수성이 유지되어야 할 것이며, 이
를 위해서 시민단체 구성원 신분으로 곧바로 정치에 참여하지 못하
도록 하고 일단 정치권에 진입하게 되면 모든 시민운동조직에서 일
단 손을 떼도록 해야 할 것이다.

(5) 마. 민·관 파트너십 강화

지역 NGO가 보다 지방행정의 발전과 지역의 일을 효과적으로 수
행하려면 투쟁방식에 의한 정책참여도 중요하지만 업무사안에 따라
때로는 지방자치단체와 동반자적 관계를 유지해야 한다. 이 관계는
지역 NGO와 주민의 관계를 행정제도 부문으로 옮기고 반영하는 것
일 뿐만 아니라 공공 부문의 정책집행과정을 주민의 일상생활 부문
으로 해석하고 연결시키는 역할을 수행하는 것이 된다. 지역 NGO의
이러한 관계적 역할이야말로 지방행정에 대한 실제적인 주민참여의
효과를 나타내는 것이 된다. 지방자치를 실현하기 위해서는 지방자
치단체와 지역 NGO 간의 긴밀한 협조를 통한 지역주민의 참여가
선행되어야 한다.

(6) 공무원의 지역 NGO에 대한 인식 제고

공무원들을 행정과정의 NGO의 참여를 비효율적이거나 부정적으로 생각하지 말고 지방행정의 합리화, 공정성과 공평성의 확보, 혁신 등을 꾀하기 위한 동반자로 받아들여 지역사회발전과 주민복지에 이바지한다는 자세가 필요하다.

(7) 정보 공개 제도의 활성화

국민의 알권리를 실현하기 위해서는 정보 공개 제도의 정착은 필연적이라고 할 수 있으며, 특히 정보 공개 제도의 활성화를 통한 행정의 투명성 확보는 우리 사회의 시대적 과제인 부정부패 근절을 위한 필수전제조건이기도 하다.

주민들이 필요로 하는 정보에 보다 쉽게 접근, 활용할 수 있도록 인터넷을 통한 전자적 정보 제공과 정보통신기술을 이용한 공개시스템 구축을 의무화하여 지식정보화 시대에 걸맞은 적극적 정보 제공 및 공개의 신속화와 이용편의를 높여 나가야 할 것이다. 또한 주요 정책사항, 행정자료 등 주민이 알아야 할 각종 정보를 공공기관이 자발적으로 공개하도록 유도하고, 아울러 공개에 따른 분쟁의 소지를 미연에 방지하고 행정의 부담을 완화할 수 있는 공개 여부 판단 기준을 마련하는 한편, 신속·적절한 불복구제를 위해 전문기관 설치 등의 근본적인 대응방안이 필요하다고 판단된다. 최근 지식정보화와 지방화의 발달로 주민들의 자유와 권익보호를 위한 지방행정에의 주민들의 참여의식은 점점 증대되고 있다. 그러나 우리나라의 주민참여제도를 통한 참여가 실질적인 효과가 미미하고 행정의 전문화가 강화되는 현시점에서 개개인으로서 주민들은 많은 한계점을 가지고 있다. 오늘날 시민사회와 사회운동의 중요한 축으로 등장하고 있는 NGO들은 지방정부의 정책과정에 주민들을 대표해 다양한 의견을 제시하고 영향력을 행사는 등 적극적으로 참여하고 있다. 예로서 송파구와 지역 NGO와의 관계를 살펴보면 상호 의존 관계, 쌍방적 관계라기보다는 NGO단체의 일방적 관계 또는 상호 독립적 관계에 있다. 이들 NGO는 정부에 대한 재정적 의존도가 매우 낮고, 지방의회나 지방자치단체에의 감시활동, 환경문제 등에 대부분 상호 협력보다는 갈등과 대립적 관계가 많다. 또 공무원들의 NGO에 대한 부정적 인식이 NGO의 주민참여에 있어서 문제점으로 지적되고 있다. 정책과정에서 이들 NGO의 주민참여가 비공식적이라는 것이다. 각종 위원회 등을 통한 공식적인 참여가 부족하고 성명서의 발표, 시위, 반대서명운동 등의 방법들이 동원되기 때문이다. 또 정책과정의 사전 정보 공개가 미흡해 적극적인 주민참여에 어려움을 겪고 있다. 이러한 문제점을 통해서 지방정부에 대한 NGO의 참여를 개선시키기 위해서는 먼저 NGO 구조적, 운영상 효율성이 강화되어야 한다. 이를 위해서는 NGO가 소수의 활동가 중심이 아닌 일반 회원들의 참여를 적극적으로 확대해 주민들의 대표성을 확보해야 한다. 또 NGO의 독립성, 투명성을 확보해야 하며, 조직의 취약성을 보완하기 위해 지역 NGO 간의 네트워크를 강화해야 한다. 그리고 시민단체 참여자들은 정치권에의 직접적인 진입보다는 시민운동가로서 순수성을 유지해야 한다. 둘째, NGO와 지방정부와의 파트너십을 확대해야 한다. 지역 NGO가 보다 지방행정의 발전과 지역의 일을 효과적으로 수행하려면 투쟁방식에의 참여보다 지방자치단체와 동반자적 관계를 유지시켜야 한다. 즉 민·관 파트너십이 강화되어야 한다. 그리고 공무원의 지역 NGO에 대한 인식이 제고되어야 한다. 셋째, 정책과정에의 NGO의 역할을 확대해야 한다. 각종 위원회 위원으로 NGO실무자들의 참여를 확대시키고, 정책집행과정에서 민간위탁을 통한 참여를 확대시켜야 한다. 또 주민들이 필요로 하는 정보에 보다 쉽게 접근, 활용할 수 있도록 인터넷을 통한 전자적 정보 제공과 공개시스템 구축을 구축하여 주요 정책사항, 행정자료 등 주민이 알아야 할 각종 정보를 공개하여야 하겠다. 아울러 무엇보다도 중요한 것은 주민들이 NGO활동에 동기유발되어 적극적인 지지를 보낼 때 지방정부의 주민참여로 인한 창의성이 지방자치 발전에 기여할 수 있을 것이다.

3) 비영리조직에서의 인적자원관리

－인적자원관리라 함은 조직의 목표를 효과적이고 효율적으로 달성하기 위한 필요한 인적자원에 대한 계획을 수립하고 인적자원을 동원하고 개발하는 모든 활동을 의미한다.

인적자원관리는 아래와 같은 흐름을 가진다.

공익도모라는 공동의 목표를 중심으로 모여들고 실무자는 직무에 대한 자율재량권이나 자기결정권이 크며 근무환경이 자유로우며 팀워크에 기초하고 있지만 직무에 대한 독립성과 자율성이 커서 실무자 스스로 새로운 아이디어를 개발하여 실현해 볼 수 있는 여지가 크다는 점이 바로 그것이다.

보상시스템으로는 금전적인 보상(월급, 보너스, 수당, 보험, 인센티브)과 비금전적인 보상(인정, 칭찬, 교육, 훈련기회, 자기 재량권 확대, 직무 확대)이 있으며 이를 적절히 혼합함으로써 자신의 직무와 조직활동에 적극적이고 헌신적으로 참여하도록 하는 동기부여의 수단이 되는 성격과 기능을 가진다. 그러나 기업의 보상시스템을 그대로 적용하기보다는 고유한 보상시스템을 개발하는 것이 필요하며 재정적 한계를 가지고 있는 비영리조직으로서는 비금전적인 보상(창조적인 직무, 직무환경, 업무에 대한 인정과 평가, 자기발전을 위한 기회)을 효과적으로 적용하는 것이 바람직하다. 그러므로 조직적 이념과 비전을 지속적으로 강화하고 실무자들이 하고 있는 모든 일이 조직의 비전과 이념을 이루는 일에 긴밀히 연결되어 있는지 검토하고 조정하여 지속적으로 동기부여하는 것이 무엇보다 중요하다. 자원봉사자들은 두 가지 이유로 자원봉사를 하게 되는데 첫째는 자신들의 경험과 지식을 키워 경력에 도움을 얻고자 하는 것이며 둘째는 조직의 사명과 목적에 관심이 있어 조직의 목적 달성에 도움을 주고자 하는 것이다. 이에 자원봉사자들은 물질적 보상이 아니라 스스로 느끼는 내재적 보상에 의해 심리적 보상을 받을 수 있는 다양한 방법을 개발하여야 한다. 또한 비영리조직들은 자원봉사자를 어떻게 관리-모집 및 훈련-정리할 건지에 대한 문제를 가지고 있으며 효과적으로 모집하기 위해서는 자원봉사자들의 동기를 파악해서 이를 충족시켜 줌으로써 조직의 목표를 달성할 수 있도록 계획하여야 할 것이다. 대부분의 조직활동을 사람에게 의존하고 있는 비영리조직에 있어 인적자원은 조직의 성과를 결정하는 핵심요소이며 인적자원을 효과적으로 효율적으로 관리하는 것은 비영리조직 관리자들의 중요한 책임임을 알 수 있었다. 이에 다양한 인적자원의 구성원을 감안하여 각자의 역할과 권한 등을 명확하게 이해하고 역동적인 관계를 파악하여 시너지 효과를 낼 수 있도록 독려하고 이끌어 가야 할 것이다.

일반적으로 NGO는 개발문제·인권문제·환경문제·평화문제 등 전 지구적 차원의 문제 해결을 위해 비정부·비영리적 입장에서 시민들이 자발적으로 만든 조직을 말한다. NGO의 조건은 비당파적, 비종교적, 공익적이며 자발적, 자율적이어야 한다.

NGO의 유형은 사회적 쟁점을 어떻게 프로그램화하고 조직화하며 전략화하느냐에 따라 다양하게 나뉠 수 있다. 뿐만 아니라 사회발전 단계에 따라서도 변하며, 국가별 정치·경제적 상황, 문화·역사적 배경, 민주주의 발달 정도에 따라서도 상이해진다. NGO는 공익과 사익이 충돌할 때 조정하고 타협하고, 국가·시장과 개인 부문을 매개로 하는 중간적 위치에서 직면한 사회문제를 해결하고자 한다. NGO의 책임은 사회 공공선, 즉 소극적으로 사회 전체의 이익, 적극적으로는 사회적 평등과 정의를 추구하고 실현하는 것으로 한다. 한국에서 NGO가 활발하게 나타나기 시작한 것은 1987년 6월 항쟁 이후부터이다. 1999년 9월 2만여 개로 추산되며, 2008년 현재 3만여 개로 추정된다. 활동 분야는 시민사회 24.9%, 사회서비스 18.8%, 문화 15.5%, 경제 13.0%, 환경 5.7%이다. 지역분포를 살펴보면 65%가 수도권에 위치하고 있다. 한편 우리나라 NGO는 회원 수가 500명 이하가 57%를 차지하고 있어 소규모의 NGO가 절반 이상으로 나타났다. NGO 수입은 회비 및 후원금 41.2%, 정부지원 14.8%, 수익사업 12.0%, 기업협찬 8.5%, 공공기금 6.8%로 나타났다.

NGO와 정부 간 협력의 필요성은 정부실패와 시장실패를 넘어서려는 '제3자 정부론', '자원 의존론', '시민-정부 매개론' 등으로 설명된다. **제3자 정부론**은 국가실패와 시장실패를 넘어서는 새로운 조절 주체를 필요하게 되었는데, 이 조절 주체가 제3자 정부라 불리는 NGO이다. **자원 의존론**은 공공 부문과 민간 부문이 자원교환과 상호협력을 통해 자원과 역량을 공유할 때 불확실성은 최소화되고, 효율성도 증대된다고 설명한다. **정부-시민 매개론**은 NGO-정부 협력을 정부와 시민을 매개로 하고 통합하는 결사민주주의를 실천하는 방식이다.

NGO-정부 간 협력은 크게 다섯 가지 유형으로 나누어 볼 수 있다. **NGO우위형**은 정부의 합법적 승인하에서 NGO가 자율적으로 사회적 서비스를 공급하는 협력방식, **NGO주도-정부보조형**은 정부의 업무를 위임·위탁받아 NGO가 자율적으로 수행하는 방식, **NGO-정부대등형**은 대등한 파트너십을 맺어 협력을 도모하는 것으로, 정보와 인력을 교류하고 공조하여 제3섹터를 만들어 협력하는 방식, **정부주도-NGO보조형**은 정부의 정책결정을 NGO가 자문하거나 심의하는 방식으로 참여하면서 NGO와 정부 간 협력하는 방식, **정부우위형**은 정부의 법제도적 틀 내에서 협력하는 방식으로 관변단체와 같이 NGO가 정부에 완전히 예속되어 수동적 협력하는 방식 등이 있다.

NGO의 참여는 정책단계별로 볼 때 정책의제설정 및 결정, 정책집행, 정책평가 3단계로 나누어진다. **정책의제설정 및 결정과정**에서 NGO의 참여는 정책제언, 정보제공, 정부견제 등 시민의 요구를 정책에 투입하는 것이다. **정책집행과정**에서 NGO의 참여는 행정의 서비스 공급을 대행·위탁 관리하는 운영방식과 자원봉사하는 방식으로 이루어진다. **정책평가단계**에서 NGO는 정책집행과정을 감시하고 평가하면서 잘못된 부분을 수정토록 요구하거나, 성과를 평가하여 정책방향을 재설정하도록 요구하는 방식으로 참여한다.

NGO와 정부 간 대표적인 협력방식은 공동생산이다. 이는 정부가 가지고 있는 법제도적 자원·재정력·인력과 NGO가 가지고 있는 창의력·시민 동원력·자발성·전문성 등을 결합해 사회적 공익을 달성. 공동생산의 담아내는 방식은 제3섹터가 전형으로 미국형과 일본형이 있다. 미국형은 공공 부문에 가까운 것으로 공익적 활동을 하는 단체를 가리키는 반면, 일본형은 관이 아닌 민간 부문에 가까운 것으로 민관 공동출자업체를 가리킨다.

NGO와 정부가 파트너십을 형성하기 위해서는 2개 이상의 섹터가 참여해야 하고, 자원은 공동의 활동을 위해 제공해야 하며, 참여집단은 활동결과에 책임을 공유해야 하고, 활동목적이 공공성을 전제하는 비영리성·공익성을 띠어야 하며, 공동목적의식을 가져야 하며, 상대방을 존중하여야 할 것이다.

파트너십이 갖는 장단점을 살펴보면, 정부는 NGO와 협력함으로써 서비스 전달의 효율성 제고, 행정의 민주성 증대 등의 장점이 있고, NGO는 정부와 협력함으로써 정책과정에 접근성과 조직의 다원성을 확보할 수 있다. 그러나 정부는 조직의 비효율성을 노출할 수 있으며, 반면 NGO는 관료적 통제를 받거나 시민적 자율성과 도덕성을 약화시킬 수 있다.

지역 NGO별 주요 활동 분야를 살펴보면 사회복지 분야가 가장 많고, 이어 환경, 교육, 청소년 분야로 나타나고 있다. 지역 NGO의 문제점으로는 지역주민 및 회원의 참여 부족이 지적되고 있어, 지역 내 기반이 취약한 것으로 나타났고, 지역 NGO를 알지 못하거나 관심이 없는 것으로 나타났다. 또 일부 NGO활동가들에 의해 정치적으로 왜곡되거나, NGO가 관료화되어 지역사회에 군림하는 이익집단이 되어 있다. 한편 지방자치단체들은 지역 NGO와 관변단체, 이익단체를 구별하지 않고 일괄 사회단체로 간주하고 있어 협력적 관계 형성에 저해요인이 되고 있다.

지역 NGO가 행정에 참여는 정책결정 초기단계, 즉 입안 및 결정단계에 집중되고 있는 것으로 나타나고 있다. 참여방법은 제도적으로 보장되어 민관협력에 의한 방법이 최근의 유형으로 제도화되고 있다. 문제점으로는 정책에 관련된 정보를 공개하지 않거나 접근을 어렵게 하여 파트너십 형성을 어렵게 하고 있다. 다수의 공무원과 시민단체는 NGO의 의견이 지역정책에 결정에 큰 영향을 미치지 못하고 있다고 생각하고 있어 지역 NGO의 전문성 부족과 지방정부의 지역 NGO의 정책참여 기피 및 제도미비가 지적되고 있다.

각 지방자치단체와 지역 NGO들이 가장 필요로 하는 협력사업으로 환경보전사업과 교육·청소년사업을 들고 있으며, 문화제, 예술제 등의 시민축제와 단기간의 환경교육사업 등에서 활발히 이루어지고 있다. 협력사업 추진의 가장 큰 문제점은 예산부족과 사업에 대한 이해부족이 지적되고 있다.

14. NGO와 지방자치단체 간 파트너십 활성화를 위한 방안

1) 진정한 파트너십을 위한 조건

진정한 파트너십을 위한 NGO와 정부 간의 관계는 대등하면서 자유로운 입장에서 공통된 목적을 위해 협동할 수 있어야 한다. NGO －정부의 관계는 생산적이며 창조적으로 접점을 찾아야 하고, NGO의 사회적 지위와 역할에 관한 법제도가 국가적 차원에서 이루어져야 하고, 파트너십을 촉진하고 실현하기 위해서는 정책참여와 협력사업 등이 구체적으로 반영되어야 할 것이다.

2) 정책 참여의 파트너십 확충방안

정책의제 및 결정과정에서 NGO가 참여해야 할 범주는 정부의 행정업무 전체를 대상으로 할 수 있지만, 특히 주민들의 생활과 관련하여 쟁점이 될 수 있는 것을 우선으로 하되, 이를 위해서는 주민참여를 유도하는 법적 근거를 갖추어야 한다(예, 주민참여법). 법령에 정해지지 않은 분야라도 시민들의 주요 관심사항이고 사회적으로 논란이 될 경우, NGO 등 공동으로 발의하고 입안하는 '공동입안제'를 도입하야야 할 것이다. 서울녹색시민위원회는 비록 심의·자문기구지만 정부-시민 간 합의를 존중하는 방식으로 운영되어야 할 것이다.

3) 협력사업의 파트너십 확충방안

NGO와 정부 간 파트너십을 활성화하기 위해서는 참여범위와 조건, 책임과 혜택 등이 명확히 제시되어야 하고, 참여자의 선정이 공개적이며 경쟁적으로 이루어져야 한다. 또 정부는 지원팀을 만들고 전담자를 배치하며, NGO 파트너를 위한 사무공간, 전문인력, 재정적 지원을 제공해 주어야 한다. 협력사업의 재원은 정부출연, 공모방식을 통한 지원, 시민모금, 기업기부 등과 같은 다양한 방식으로 조성하고, 재정지원은 기금 형성에 공개적으로 참여할 수 있는 제3기금 혹은 재단을 통한 보조로 전환되어야 한다.

4) 민관 파트너십 강화를 위한 방안: 민관협력센터의 건립과 운영

지역 NGO와 지방정부 간 파트너십을 관장하는 종합기구로서 '민관협력센터'를 설립하여 NGO에 대한 행정정보 제공, 협력과정에서 발생하는 문제에 대한 조정, 지원사업의 결정과 대상선정, NGO 간 교류 및 협력 지원, 재정관리, 관계자들의 교육 등을 담당하도록 한다. 협력센터 운영을 위한 재정은 제3기금을 기반으로 운영되어야 할 것이며, 관리와 운영은 조례 제정을 통해 투명하고, 객관적으로 만들어야 할 것이다.

15. 한국에 있어서 비정부기구의 역할

NGO의 의미를 좁게 해석해서 그 보편성과 기본조건을 고려하여 역할유형 분류에 관한 기존 연구를 고찰하여 보면, 기존의 연구에서는 한국 NGO의 특성과 역할을 대부분 반정부적·정치적·집단적·비제도적인 것인데 이는 과거 독재시절의 영향을 많이 받고 있는 듯하다. 하지만 오늘날의 NGO의 역할범위는 다양화되고 광범위해졌다.

1) NGO의 역할유형 분류

기존의 선행연구들을 고찰한 결과 NGO의 유형, 역할, 기능, 활동방식 등의 주제하에 다양한 분류들이 이루어지고 있으나, 여기에서는 대외적 역할과 대내적 역할로 나누어 보고자 한다.

대외적 역할

① 쟁점발굴자: 동강댐 건설의 생태계 파괴 가능성에 대한 문제제기 등 사회적으로 드러나지 않는 사회문제를 이슈화시켜 사회의 표면에 드러나게 하는 기능을 한다.

② 혁신자(개혁선도자): 낙천·낙선운동, 재벌개혁 등 사회로부터 획득한 자원을 활용하여 쟁점을 발굴하고 대변하는 역할을 한다.

③ 견제자(비판·감시자): 행정정보 공개나 의회·정부 모니터링,

위원회 참여 등을 통하여 견제하는 역할을 한다(NGO의 고유한 역할이라고 할 수 있다).

④ 정책참여자: 행정부의 각종 위원회에 공식·비공식적으로 참여하여 정책의 입안에서부터 집행에 이르기까지 정책과정에 영향력을 행사하는 역할을 한다.

⑤ 중재·중개자: 쓰레기 매립지 선정 등 분쟁 시 갈등을 완화하고 의견을 조정하는 등 중재자로서의 역할을 수행한다.

대내적 역할

① 서비스 공급자(주체자): 영리단체나 정부에서 생산되지 않는 가정폭력상담소 운영 등 프로그램을 운영하여 다양한 계층에 서비스를 공급하는 역할을 한다.

② 대변자: 호주제 폐지운동이나 빈민구제 등 소외계층이나 권익을 보호받지 못하는 시민들의 대변인으로서의 역할을 한다.

③ 이익 표출자: 여성단체나 장애인단체 등을 비롯한 단체들은 회원이나 단체의 목적을 위해서 이익을 추구하는 활동을 하기도 한다.

④ 계몽자: 각종 학술행사나 교육 등을 통하여 시민의식 전환 등 계몽자적 역할을 수행하고 있다.

2) NGO의 역할유형에 관한 분석틀과 조사설계

분석틀

① 분석범주: NGO의 역할유형

쟁점발굴자·서비스 공급자·대변자·혁신자·견제자·정책결정참
여자·중재, 중개자·이익 표출자·계몽자 역할 등
② 분석내용: 역할유형별로 달성 정도, 역할 인식 정도 및 역할
기대수준, 정부와의 관련 정도를 분석
③ 분석기준: 공간적 활동범위를 독립변수로 설정하여 서울의 전
국조직, 광주의 지역조직 중 정치·경제 개혁단체, 사회·복지·여성
·환경단체의 응답결과를 비교·분석
④ 분석결과: 각 역할 수행의 현 위치와 그 달성 정도가 미진한역
할들, 지역과 활동 분야에 따른 차이를 고려하여 각각의 특성과 문
제점, 보완사항을 찾고 앞으로의 NGO 역할 수행에 대한 미래상을
그려보는 데 의의가 있다.

조사설계 및 분석방법을 활용한다.
응답자 특성 등을 생략할 수도 있다.

3)한국 NGO의 역할유형

(1) NGO의 역할유형별 역할 달성 정도

① 총괄적인 분석
쟁점발굴자＞계몽자＞정책결정참여자＞견제자＞서비스 공급자＞혁
신자＞대변자＞
중재·중개자＞이익 표출자 순으로 역할을 달성하고 있는 것으로

나타났다.

쟁점발굴자 역할이 높게 나타난 것은 정부의 정책의제 형성에 NGO의 투입기능이 클 수 있음을 나타내며, 정부의 소극적인 자세를 보완하는 기능을 하는 것이다.

② 전국조직과 지역조직 간의 인식차이

전국조직은 정부에 대한 견제와 정책참여의 역할에 관심을 갖고 있고, 지역조직은 시민서비스와 교육, 캠페인 등 시민과 직접 접촉하는 역할에 중점을 두고 있다.

③ 단체유형별 인식차이 분석

정치·경제·개혁 분야는 쟁점발굴자, 견제자, 혁신자적 역할, 사회·복지·여성 분야는 계몽자적 역할, 환경 분야는 쟁점발굴자 역할 달성에 대해 높게 나타난다.

(2) NGO의 역할인식 및 역할기대

① 총괄적인 분석

견제자와 쟁점발굴자로서의 역할을 상대적으로 중요하게 인식하는 반면 이익 표출자, 중재·중개자로서의 역할은 상대적으로 덜 중요하게 생각하고 있다.

앞으로는 정책결정참여자, 쟁점발굴자, 견제자로서의 역할을 더욱 강화해야 할 것으로 나타난다.

② 전국조직과 지역조직 간의 인식차이: 차이점이 거의 없는 것으로 나타났다.

③ 단체유형별 인식차이 분석

정치·경제·개혁 분야와 환경 분야는 쟁점발굴자, 견제자 역할을, 사회·복지·여성 분야는 서비스 공급자, 견제자, 정책결정자적 역할을 강조함. 공통적으로 혁신자적 역할에 대한 평가는 부진하다고 인식하고 있다.

(3) 역할유형별 NGO와 정부의 관련성 정도

① 총괄적인 분석

쟁점발굴자, 견제자, 혁신자로서의 역할을 수행할 때 상대적으로 정부와의 관계가 높다고 인식하고 있다. 이는 정부의 정책, 재정지원 의존도가 높은 분야일수록 정부와의 관련성이 높다고 인식하고 있음을 반영하는 것이다.

② 전국조직과 지역조직 간의 인식차이

계몽자적 역할은 정부의 공모사업을 통해 수행하는 경우가 많아 정부와 관련성이 강하다고 인식하고 있다. 이 경우 지역조직이 계몽자적 역할을 더 많이 하여야 한다.

③ 단체유형별 인식차이 분석

분야별로 계몽자적 역할유형에 있어 인식차이가 많이 나고 있다.

4) 비영리조직의 사명

사명의 역할

① 조직의 정체성과 조직구성원의 정체성을 내재화하는 역할을 하

여야 한다.

② 조직의 활동범위의 경계를 정해 주는 역할을 하여야 한다.

③ 조직활동 참여에 대한 동기부여의 역할을 하여야 한다.

④ 동일한 가치소유자를 결집시키는 역할(결속력)을 하여야 한다.

⑤ 평가척도로서의 역할을 하여야 한다.

조직화	계획과정을 조직하는 것 전략적 계획 수립의 필요성 확인, 계획과정수립팀 구성, 자원개발
조직·환경 분석	조직내부분석: 내부 상황을 판단할 수 있는 각종 자료 수집(재무구조, 연혁, 조직도, 인력현황, 프로그램 등) 외부환경분석: SWOT 분석 (strong, weakness, opportunities, threats)
방향 설정 및 계획 수립	최선의 방향 결정, 전략적 계획의 초안 작성
계획의 수정과 채택	조직의 주요 구성원이 참여한 가운데 초안이 작성되어야 하고, 최종적으로 이사회의 승인을 거쳐 채택한다.
계획 실행	실행, 정기적 모니터, 수정, 업데이트

16. NGO와 NPO에 대한 의미

민간 비영리단체(Non-Profit Organization)의 약자인 NPO는 영리를 목적으로 하지 않고 사회 각 분야에서 자발적으로 활동하는 각종 시민단체를 의미한다. 비영리 부분에는 시민단체뿐만 아니라 다양한 사회서비스기관, 공익재단, 학교와 비영리 의료법인, 학술 및 전문가단체, 각종 종교기관, 노동조합과 사업자단체, 동창회와 그 외의 임의단체 등이 모두 포함된다.

특히 NPO는 그 의미와 활동이 광의적 활동이라고 보면 된다.

1) 유럽의 국가와 시민사회

유럽의 근대화 과정은 경제적 축적자유와 정치적 민주주의로 근대시민사회를 형성하였다. 이 중에서 NPO의 역할이 비정부기구 역할이 되기도 하였다.

- 18~19세기의 시민혁명을 거쳐 국가의 이중적 기능(시장의 자본축적지원과 시민사회의 정당성 인정) 확립 및 복지국가 탄생
- 1960년대 현대시민사회의 정체성 위기 및 소외문제로 국가가 변화요구에 부응하지 못하여 인종, 평화, 여성, 환경운동 등 새로운 사회운동이 발생하고, 더구나 1970년대 경제쇠퇴에 따른 복지국가의 한계 표출을 거쳐, 1980년대 신자유주의적 해법으로 사회적 합의 조

정과정에서 사회적 취약계층이 양산되었다. 이에 따라 시민사회는 참여와 자치(자발성)-자발적 봉사(비영리성)가 새로운 시각에서 조명되고, 개발도상국가의 기아 및 재난문제 해결을 선진국 시민사회가 지원해야 한다는 의식이 확산되었다.

2) 영국의 Voluntary Sector
(자발성 강조, 미국식 개념의 NPO와 유사)

- 역사적으로 귀족 및 부유층의 공익신탁을 통해 박애사업으로 추진(자원봉사 일반화)
- 빈곤구제, 종교 및 교육 진흥과 같은 공익성 목적(charity 자격 부여 및 활동 인정)
- 주요 활동단체(옥스팜→빈민구제, 빅이슈→노숙자보호, 엠네스티→인권옹호)

3) 독일의 NPO(공공의 목적 중시)

- NPO를 국가 부문 및 시장과 구분되는 별도의 조직체로 명시적 구분이 안 됨
- 민법체계 속에서 공공목적 운영 형태(사단, 유한회사 및 병원, 재단)
- 두 개의 법률체계(민법과 공법) 속에서 민간단체의 지위와 권리가 상대적으로 잘 정리된 것처럼 보이나 공공-민간조직의 경계

가 불분명

4) 프랑스의 Social Economy(사회적 연대성 강조)

- NPO정의의 특징은 매우 넓은 범위를 포괄하며 중심개념은 '공동의 목적을 달성하기 위해 함께 협력'한다는 연대성 강조
- NPO조직형태를 사회적 경제 부문으로 구분(협동조합, 상조회, 협회)
- 특히 실업대책에 있어 사회적 고용창출 중심을 민간자원 참여로 정책적 주목을 받고 있음(일명 Third system, 제3섹터)

5) 미국의 NPO

- 사회복지 분야의 정부 역할 축소 대신 민간 비영리 부문을 장려, 정부의 기능을 위임, 위탁함으로써 NPO 부문의 역할이 다른 나라보다 강하다.
- NPO의 정의 및 범위는 '비배당원칙', 즉 활동에서 발생하는 이익을 설립자나 출연자 등에 분배하지 않고 전부 목적활동에 투자하는 민간법인으로 공공이익 대변조직과 회원의 이익을 위한 조직으로 구분된다.
- 재원충당은 사업활동수입, 정부보조 및 민간기부금 순으로 운영하며 NPO를 지탱하는 핵심원동력은 자원봉사자들이 주축을 이루고 있다.

※ 미국의 경우 NPO 부문의 활동지원 및 강화를 위해 네트워크조
직(Independent Sector) 운용을 한다.

6) 일본의 NPO

- 근대적 의미의 시민사회는 없었으며, 1960년대 후반부터 공해나
  도시개발에 따른 소음, 진동문제 등의 해결을 위해 국민운동으
  로 분출되고 있다.
- 반공해, 반개발 국민운동이 지역사회에서 진보적인 지방정부를
  구성하는 운동(혁신자치체 운동)으로 1970년대까지 이어진다.
- 1980년대 일본식 지역운동이라 할 수 있는 마치즈쿠리(살기 좋
  은 마을 만들기)라는 주민참여 운동이 다양한 분야에서 사회운
  동으로 전개되고 있다.
- 위와 같은 정형화된 운동은 도시계획부터 문화, 생태환경 등 여
  러 분야에서 시민참여와 행정과의 파트너십을 통칭하는 일본 특
  유의 운동으로 자리잡게 되었다.
  (생활 주변의 요구중심→생활의 질 향상, 사회적 공정성 등을
  지향하는 운동으로 확산)
- 최근의 NPO는 종래의 저항적, 요구형 주민운동에서 시민의 지
  지와 참여에 바탕을 둔 사회운동으로 확산, 즉 정부와의 관계
  (대립이나 협력)를 가장 중심에 두고 시민사회문제를 사고함으
  로써, 시민사회 자체의 창의적 역량과 참여에 중점을 두는 운동
  으로 전환되고 있다.

(1)일본의 NPO 현황

- 일본의 NPO 개념과 범위는 광의로는 학교 및 사회복지법인, 주민회 등을 포괄하지만 좁게는 NPO법에 의해 정해지는 특정비영리활동법인만을 의미하며, 대체적으로 다른 선진국에 비해 전반적 활동은 미약하나 분야별로 특히 교육 및 연구 분야는 여타 국가에 비해 많다는 특징을 갖고 있다.
- NPO 단체활동 중 사회복지가 약 40%를 차지하며, 수입은 회비가 가장 큰 비중을 차지하고 있으나 정부보조금 비율은 여타 선진국에 비해 낮은 편이다.

(2)일본 NPO의 현안과 전망(NPO법 제정)

- 최근 NPO법(특정비영리활동촉진법)의 제정시행으로 NPO를 비공식적 영역에서 공식성(법인격)을 부여하면서 필요한 지원체제가 가능토록 한다.
- NPO법은 각 분야 간의 벽을 허물고 하나의 시민활동(특정비영리활동)의 법인제도로 정부의 통제로부터 자유로워질 수 있고, NPO의 상호 교류와 정보공유 등의 활성화에 기여한다. 특히 종전의 단순운동 차원에서 다양한 지역사회활동을 공식화, 사회화함으로써 시민사회의 참여수준이 단계적으로 향상되고 있는 추세이다.
- NPO활동을 지원하되, 그 자주성이나 자발성을 훼손하지 않으면서 재정적 지원인 세제우대조치 필요(공식력은 부여되었으나 사

회적 지원책 미실시)하다.

- 행정이나 기업과의 대등한 파트너십 확립이 되어야 한다.
- 정보 공개나 정책결정에 대한 참가를 제도적으로 보장하는 체계 확립이 되어야 한다.

7) 개발도상국가의 NGO

(1)개발도상국의 국가와 시민사회

- 대부분 식민지상태로 정치적, 경제적으로 선진 자본국의 국가가 경험한 본원적 축적단계가 없어 국가가 과대 성장한 국가-시장 -시민사회의 총괄적 관계로 특징짓고 있다.
- 권력독점, 부정부패, 민주적 정당 부재, 경제력이 낮아 공공재원에 의한 사회복지정책 실천곤란 등으로 개도국의 NGO는 저항적인 정치적 시민운동의 성격이 강하다.
- 따라서 개도국의 NGO는 정치적으로 정부와 배제 또는 유착관계로 양분되어 왔으며, 외부의 자금지원 역시 상대적으로 안정된 NGO와 그렇지 않은 경우로 대비되어 왔다.
- NGO 특징 및 문제점
  - 인권보호나 여론조성목적 NGO보다는, 개발 및 인도적인 지원과 관련된 NGO가 주류를 이루고 있으며
  - 외국원조를 받는 의존적 NGO활동이 많고 유엔 등 다자간 기구들이 민주주의와 경제발전에 NGO의 막대한 잠재력 인식 확

대가 필요하다.

- 정치적 경향성이 크기 때문에 개도국에서의 NGO활동이 국가에 의해 수용되기 어렵다(잠재적으로 정치적 위험요소로 봄)
- 국가기능의 과대성장이 사회적 불균형 상태에서 발전되어 국가와의 관계 설정에 갈등이 있을 가능성이 있다.
- 취약한 물적 토대로 인해 기금원을 둘러싼 유착 또는 배제의 문제를 야기한다.
- 선진국이 민간 부문을 통해 NGO에 대해 직접지원증가로 정부의 비효율성을 가속화시킨다.

- 자조활동을 통한 빈곤탈출(COPAC)
- 주거권 확보(ACHR)
- 빈곤감시 및 대책(Social Watch)
- 인권과 정치적 자유(국제사면위원회)
- NGO와 UN의 활동 및 조직 연결 지원(CONGO)
- NGO들 간의 정보 공유 및 협력(NGONET)
- NGO라는 통칭 속에서 세계적으로 다양한 NGO의 형태가 나타나 NGO라는 이름만으로는 그 속에 내재된 사회적 역학 관계나 특징들을 충분히 설명하기 어렵고 일부는 이념 추구 및 정치세력화하는 양상이 있어 혼란스러운 면도 없지 않으나 20세기 후반에 들어 비정부조직의 확산과 역할 증대가 전 세계적인 추세로 나타나고 있고 전통적인 국가 및 정부의 기능과 역할을 근본적으로 대체하면서 비정부조직은 이른바 '제3의 섹터'로 자리매김하고 있다.
- 세계화의 변화와 함께 비정부조직들도 전 지구적인 현상이 되어

개별국가뿐만 아니라 전 지구적인 네트워크를 통해 각종 이슈들과 정책들에 막대한 영향력을 주고 있으며 지구적인 통치(global governance) 개념으로 인권, 빈곤, 주거, 여성, 노인 및 환경 등의 전 지구적인 이슈들을 쟁점화시키고 직접적인 실천으로까지 연결시키는 세계 시민사회와 비정부조직들의 세계화 경향이 확립되어 가고 있다.

(2) 우리나라 시민단체의 활동방향

우리나라의 시민사회와 비정부기구의 활동방향은 다음과 같이 몇 가지로 설명할 수 있다.

첫째, 권력에 대한 견제

둘째, 사회복지 보완

셋째, 갈등 조정

넷째, 사회교육

위 4가지 활동방향은 비단 NGO뿐만 아니고 여러 시민단체들도 다소 차이는 있겠지만 대개 이 같은 방향으로 활동하고 있다 하겠다. 우리 사회에 공익을 대변하는 시민단체의 대거 탄생으로 외형상으로는 선진화가 이루어진 것처럼 보이지만 실질적으로 전근대성, 비민주성, 후진성이 혼재하고 있다 하겠다. 그러나 다행히 80년대 말기부터 시민단체의 자율적 활동이 활성화되면서 민주·복지·교육 등의 분야별 사회제도가 제자리를 잡아가는 데 도움이 되고 있다.

권력에 대한 견제

사회의 발전을 위하여 해결하여야 하는 급선무는 정치 및 행정권력에 대한 민주통제와 이로 인한 능률성을 높이는 데 있다. 신보수주의나 신자유주의에 따라 대두된 행정의 감축관리나 능률화 위주의 NPM(New Public Adminstration)을 그대로 받아들이는 것이 보편성이 있는 것으로 오해하고 있다. 물론, 이를 전면 부정하는 것이 아니라 우리 사회발전에 접목되고 도움이 되는 내용을 선별적으로 수용하여야 한다는 것이다.

사회복지 보완

우리나라에서 사회복지사업이 신장되기 시작한 것은 87년도 민주화가 급속히 진전되던 때와 그 시기를 같이하고 있다. 사회보장제도 기본 틀이 마련되어 있음에도 미흡한 점이 한두 가지가 아니다. 이러한 사회제도의 미흡한 부분을 보완하기 위하여 시민단체가 다양한 활동을 하고 있다.

갈등 조정

산업화의 진전으로 말미암아 사회가 세분화, 전문화됨에 따라 이해관계의 갈등이 끊임없이 발생하면서 이들 대부분은 당사자 간의 해결이 용이하지 않아 제3자의 조정을 필요로 하고 있다. 정부가 갈등 조정에 개입할 때에 시간과 돈이 많이 소요될 뿐만 아니라 여러 가지 면에서 우위를 가지고 있는 정부는 당사자와 대등한 입장에서 문제를 해결하지 못하는 점이 있다. 따라서 시민단체가 대등한 입장에서 이를 조정하고 해결하는 것이 한결 좋다고 할 수 있다.

교 육

통계상의 학력은 높은 교육을 받은 것으로 나타나고 있음에도 교육 질적 면에서 문제가 있다. 시민사회의 발전과 민권신장은 좋은 교육을 통해서 해결해야 할 과제이다. 이를테면 개혁에 도움이 되는 대안을 제안하고 공동체 구성원으로서의 각자의 의무를 준수하며, 갈등은 참여와 토론을 통하여 합리적인 해결방안 마련을 위한 교육이 지속적으로 전개되어야 한다.

시민단체가 막강한 권력을 가진 정치·행정권에 영향력을 행사하여 일정한 성과를 올리기 위해서는, 우선 자타가 공인하는 권위가 필요하다.

이는 단체의 회원 수, 재정자립, 중립성, 자율성이 어우러지면서 정치·행정에 대한 문제점을 비판하고 그 개선안도 민의, 공익성, 전문성에 입각하여 마련되어야 한다. 또한 시민단체 임원진은 시회문제의 감지능력, 누구와도 의견을 교환할 수 있는 능력, 그리고 신속·정확한 결정과 판단력 등으로 구성원을 지지하고 획득하는 능력을 지녀야 한다. 그리고 타 시민단체는 물론 학계 및 언론과도 협조와 유대관계를 구축하여 정부에 대한 영향력을 행사할 수 있는 적절한 방법 모색 등이 필요하다. 시민단체의 성과를 향상시키기 위해서는 시민단체의 도움을 받아 사회문제점을 고치면 민주정치의 행정이 발전되고 이를 통해서 얻어지는 수혜는 시민뿐만 아니라 정부라는 점도 알고 시민단체의 요청을 호의적인 태도로 받아들여야 한다. 또한 시민단체활동을 건강하게 조장하고 적극적인 지원을 위한 노력에도 최선을 다해야 한다.

정치, 행정의 선진화는 정부와 정치하는 사람들의 노력만으로 어렵다. 그나마도 현재 우리의 정치사회는 국민에게 믿음을 주지 못하고 표류하고 있는 실정이다.

이때, NGO, 즉 시민단체도 재정적으로 독립할 수 있는 방안을 강구하고 교양과 전문성을 갖춘 능력 있는 사람들이 시민단체에서 일할 수 있는 여건을 조성해야 한다. 따라서 사회발전을 위해서는 시민단체 상호간에 의견을 교환하고 정부 및 국회와도 매개체 역할을 할 수 있어야 하며 정부와 개인의 힘만으로 될 수 없는 노동·복지·여성·실업 등 사회 각 분야에서 일어나는 갈등을 조정하고 아픔을 치유하는 역할을 제대로 해 나갈 때 시민단체는 박수갈채를 받을 것이며 우리 사회도 바르게 될 것이다.

Ⅳ.
우리가 해야 할 NGO와 민주주의

contents

1. 의식의 변화를 일으키는 역할을 해야 한다

내가 바뀌면 누군가도 바뀐다. 현대의 양자 물리학은 두 입자가 몇 백만 킬로미터 떨어져 있다고 해도 하나가 영향을 받으면 다른 하나도 동시에 영향을 받게 된다는 것을 밝혀내었다. 물체를 구성하는 전자가 입자와 파동 모두의 성질을 띠고 있기 때문이다. 1930년대 영국에서는 새 몇 마리가 배달된 우윳병에서 뚜껑을 여는 방법을 알아냈다. 그 직후 유럽 전역의 새들이 갑자기 우윳병 뚜껑을 열기 시작했다. 이것이 전달된 속도를 생각하면, 영국의 새들이 바다를 건너서 다른 나라의 새들에게 이 방법을 가르쳐 주었으리라는 가정은 전혀 불가능했다. 이와 비슷한 사례로 '101마리 원숭이 현상'이 있다. 일본에는 화산 활동으로 생긴 섬이 많다. 어느 날 한 섬의 원숭이가 고구마를 바닷물에 씻어 먹는 방법을 발견했다. 소금물이 배어 더 맛있게 된 것이다. 그러자 그 섬의 원숭이들은 그 방법을 따라하게 되었다. 101번째 원숭이가 새 기술을 배운 직후, 일본 해역에 퍼져 있는 다른 섬들의 원숭이들도 고구마를 바닷물에 씻어 먹었다. 원숭이들이 바다를 헤엄쳐 건너 다른 섬들의 원숭이에게 그 방법을 가르쳐 주었을 리는 전무하다. 멀리 떨어진 지식을 즉시 공유할 수 있는 이런 현상을 루퍼트 쉘드레이트는 형태공명이라고 이름 붙였다. 이것은 인간에게도 가능하다. 충분히 많은 수의 사람들이 뭔가 새로운 것을 깨달으면, 갑자기 비약이 일어나 (물이 100도씨에 다다르면 기체로 변하듯이 이런 분기점이 되는 기준을 임계질량이라고 한다. 지구상의 의식이 바뀌는 임계질량은 대략 1억이라고 한다) 인간의 형태장이 공명하면서 모두가 그 새로운 정보를 알게 된다는 것이다. 유행어가 전국으로 퍼져 나가는 것과 뚜렷한 조직이 없는데도 문화가 급격히 바뀌는 양상처럼 이것의 사례는 무수히 많다. 우리가 하는 말과 행동 하나하나가 지구상에 영향을 미친다는 것은 충분히 근거가 있다.

2. 자선활동을 통한 사회를 변화시켜야 한다

그렇다면 어디에서 시작할까? 예수는 선행을 행할 때 다른 사람이 모르도록 해야 한다고 가르쳤다. 이것은 어려운 일이다. 그럴 기회를 찾아서 항상 눈을 뜨고 살펴야 하기 때문이다. 사람들은 흔히들 세상이 맞닥뜨리고 있는 그 많은 문제들의 엄청남에 압도된 나머지 좌절감을 느낀다. 작은 선행 정도가 어떻게 세상을 바꾸겠냐면서 일찌감치 포기해 버리거나 무관심해지곤 한다. 하지만 조그만 자선행동에는 문화적이고 영적인 엄청난 힘이 담겨 있다. 이런 행동은 예상 밖으로 큰 반향을 일으키며 '형태공명' 과정을 거쳐 사방으로 퍼져 나간다. 문화 전염이 이루어지는 것이다. 다시 말하지만, 우리는 유행이 퍼지고 우스갯소리가 전파되고, 의식이 공유되는 과정에서 이런 현상을 수도 없이 찾을 수 있다. 그렇다면 전 세계에서 몇 백만 건의 작은 선행들이 이루어진다면 그것이 지구와 인류를 구할 수도 있다. 벌레 한 마리 혹은 잡초 한 포기일지라도 생명을 구할 때 우리는 '생명 구제'라는 메시지를 공중으로 퍼뜨리는 셈이 된다. 조그만 자선행위는 개인이 이 세상을 바꾸기 위해 실천할 수 있는 가장 강력한 활동의 하나다.

3. 기도와 명상을 통한 자기 자신과 주위를 변화시켜야 한다

꾸준한 자선행위 이외에 효과적인 방법으로 기도와 명상이 있다. 하버드 대학에서 과학적으로 실험한 바에 따르면 기도하는 사람과 치유받는 사람이 서로를 모르고 만난 적도 없으며 전혀 다른 세계에 있는 경우에도 기도는 질병치유 속도를 가속화시켰다. 또한 초월명상가들은 다양한 실험을 통해 명상하는 사람 수가 일정 수치에 도달하면 그 도시의 범죄율이 갑자기 떨어진다는 사실을 여러 차례 입증했다. 우리들이 기도를 하든 명상을 통해서든 모든 실체의 근원(창조주나 신이라고 해도 좋다)과 직접 연결된다면 이 세상을 바꾸는 데 있어 얼마나 강력한 힘을 발휘할 수 있을지 상상해 보자. 세상 문제들이 아무리 엄청나 보여도 분명히 우리는 영향을 미칠 수 있다.

4. 현재에 머무르며 변화 주도형으로 살아야 한다

우리 머릿속은 언제나 이런저런 소리로 복잡하다. 우리의 정신은 과거를 떠돌며 후회하거나 미래를 계획하느라 지금 이 순간을 음미하지 못한다. 아름다운 풍경 앞에서 한순간 머릿속이 텅 빈듯 하면서 마음이 평화로워졌던 경험은 누구에게나 있을 것이다. 그 순간 우리는 '현재'에 있다. 이제 숨을 깊이 들이마시고 내쉰다. 주변을 섬세하게 둘러본다. 내 몸과 주변 사물을 느낀다. 만약 한순간만이라도 생각을 멈추고 그렇게 한다면 우리는 '현재'에 있는 것이다. 수시로 자연 속으로 들어가 주변의 동식물들을 느껴 보고 그들에게 말을 걸고 그들과 교류해 본다. 모든 생명을 신성한 것으로 바라보는 마음이 의식 변화의 시작이다. 개인의 변화에서 가장 중요한 부분은, 우리 주변은 물론이고 어디에나 존재하는 신성을 충분히 자각하고 인식하면서 깨어 있는 것이다. 이런 태도가 지구를 변화시키고 밝은 미래의 씨앗을 뿌릴 수 있도록 이끌어 줄 것이다.

5. 지구를 살리는 작은 실천을 하여야 한다

실천은 쉽고 간단하게 한다. 전 인류적인 문제를 혼자서 다 풀어낼 수는 없다. 아니 그럴 필요도 없다. 그런 문제에 압도당하지 말고 단, 자신의 작은 실천 행동 하나하나가 꾸준히 실행되었을 때 큰 힘을 발휘하게 될 것이라는 희망을 갖고 하자. 우리가 성공을 믿고, 이해하고, 그렇게 되리라는 의지를 갖느냐에 따라 결과는 달라질 수 있다. 여러 활동들이 활발히 이루어지고 있는 운동단체들을 둘러보고 환경연합이나 환경 관련 커뮤니티에 가입해 보자. 활동범위가 구체적이고 분명한 곳을 고른다. 안 그러면 아무것도 제대로 못 해내거나 단순한 친모 동아리로 흐지부지될 수 있다. 그러나 더 중요한 것은 자신이 적극적인 태도여야 한다는 것이다. 독일의 경우 93년 당시만 해도 400만 명이 환경단체에 가입해 있다. 우리나라와 비교할 때 이것은 엄청난 수이다. 이들은 환경에 대한 의식이 높고 활동도 적극적이다. 구체적인 사안별-건강, 소음, 자연보호, 교통, 공간, 대기, 수질 등으로 모인 다양한 환경단체가 조직되어 있다.

환경모임 구성과 활동지침은 대니서의 저서 『행동하는 세대』라는 책을 통하여 이해하면 좋을 듯하다. 그리고 구체적인 방법들은 '작은 실천이 세상을 바꾼다.'에서 힌트를 얻으면 될 것이다.

1) 환경 동아리 활동

1. 기준을 지금으로부터 1년 또는 3년으로 잡고 그동안 안 본 책, 안 입은 옷, 안 들은 테이프 등은 필요한 사람에게 주거나 단체에 기증하거나 판다. 자원을 재활용하는 것은 지구 자원의 낭비를 막는다. 삶을 간편하게 하며 쓸데없는 지출을 줄여준다. 이것은 의외로 효과가 큰 방법이다. 물건에 대한 욕심이 적어지고 건강상 활력이 넘치게 한다.

2. 환경보호와 동물보호를 위해 채식을 해 본다. 동아리 차원에서는 고기 파티가 아니라 채식 파티를 해 보는 것은 어떨까? (참고: 양재역 근처에 SM 채식 뷔페가 있으며 인사동에 사찰 음식 전문점이 있다.)

3. 학교 강의실에 수북이 쌓이는 빈 캔과 종이컵들. 이것들을 힘 닿는 대로 모아서 깨끗이 씻은 후 예술작품으로 승화시킨다. 예를 들면 거대한 기린 상을 만들어서 축제 때 전시를 한다. 경각심도 일깨우고 환경 미화도 되고 일석이조. 아니면 빈 캔과 종이컵을 함부로 버리지 않도록 캠페인을 벌인다.

4. 동아리 활동에 필요한 포스터나 팸플릿 만들 때 재생지를 이용한다. 이것은 다른 동아리에 권유해 봄 직하다.

5. 지구 느끼기 명상, 지구에 기운 주기 명상

6. 외부 활동－환경 화장품인 아베다 또는 바디샵 제품을 기증받아 조금 싸게 팔고 그 수익은 활동 기금으로 쓴다.

7. 외부 활동－환경 연합의 모피 추방 캠페인에 참가한다.

8. 외부 활동-화장품 회사들에 재활용 용기를 생산하고 소비자로부터 적극 수거하도록 요청한다. 서명 운동 내지는 로비 활동?

9. 축제 때 야채 버거를 판다. 일명 콩고기 버거.

10. 학교에 생명의 나무심기 운동.

11. 텃밭 가꾸기 또는 주말 농장이나 농활에 참가하기. 직접 땀 흘려 먹을거리를 만드는 체험을 한다.

12. 외부 활동-포스트잇을 재생지로 생산하면 어떨까? 회사에 로비

13. 집에 화초를 두고 사랑을 듬뿍 주며 키운다. 마음이 부드러워지며 식물 역시 살아 있다는 것을 실감하게 된다. 실험적으로 두 개를 두고 하나는 사랑하고 다른 하나는 미워하면서 키우면 효과 극대화. 그 결과를 서로 충분히 이야기하며 나눈다.

14. 우리는 날마다 어떤 의식을 한다. 일어나면 커피를 마시고 학교에 가고 들어와서 텔레비전을 켜고 잠을 잔다. 이처럼 하루하루 생활을 구분해 주는 순간에 의미 있는 의식을 행하면 좀 더 삶이 풍요로워진다. 현대판 의식과 행사를 고안한다.-산책과 기도, 함께 손잡고 노래 부르기, 나눔 하기 등등. 이것은 물론 가정에서도 행하면 좋은 방법이다.

15. 출판계에 재활용지 사용을 건의한다. 특히 잡지와 신문의 발행 부수가 많으니까 이 분야에 문제제기를 한다.

16. 석유는 고갈되어 간다. 대체 에너지 개발에도 막대한 석유가 필요하다. 우리는 이제 남아 있는 석유를 대체에너지 개발에 사용해야 한다. 지구를 변화시키고 또한 앞으로 다가올 힘든 시기에 살아남기 위해, 우리는 더 이상 전력회사를 비롯한 대기업에 의존하지 않는 방법을 배워야 한다. 자원 보존은 우리 모두가 예전과는 전혀

다른 방식으로 지금 당장 시작할 수 있는 실천 가운데 하나이며, 그
것은 지구가 파괴되는 속도를 늦출 것이다.

2) 지구를 살리는 작은 실천-가정

1. 머리 감을 때 서너 번에 한 번꼴로는 환경 친화 샴푸를 쓰기.
광고를 안 해서 그렇지 시중에 나와 있다. 공동 구매를 해 보도록.

2. 작은 물건을 살 때는 비닐 봉투를 안 받기. 어머니들이 장 볼
때는 장바구니 들고 가기. 포장을 간단히 하는 습관을 기른다.

3. 시중에 나와 있는 가전 에너지 절약 기구를 쓴다.

4. 주방에서 합성 세제 대신 재생 비누와 밀가루를 쓰도록 한다.
기름기는 물에 흘려보내지 말고 종이로 닦아내면 수질 오염을 줄인다.

5. 빨래할 때 합성 세제를 줄이고 세탁비누를 쓴다.

6. 가정에서 분리수거를 철저히 한다.

7. 겨울철에 실내에서 옷을 따뜻하게 입어 난방비를 줄인다.

8. 가전제품을 안 쓸 때는 플러그를 뽑아 둔다.

9. 패스트푸드점에서 햄버거를 먹는 양을 줄여 간다. 아예 안 먹
을수록 바람직하다. 이미 축산업으로 인한 공해가 엄청나다. 축산 폐
수와 배설물 때문이다. 남미에서는 패스트푸드점에 제공할 소를 기
르기 위해 초원을 만들고자 나무를 벤다. 밀림 파괴의 주요 원인 중
하나로 지구상에 산소가 부족해지는 심각한 문제이다. 즉 고기를 많
이 먹으면 그만큼 공해가 심각해진다.

10. TV 시청을 줄인다. 아예 플러그를 뽑아두는 편이 바람직하다.

정신건강을 위해 가끔씩 TV나 신문을 금해 본다. 정보 단식, 얼마나 홀가분하고 자유로운지 체험해 보기 바란다. TV는 소비주의 문화를 조장한다. 특정 물건을 구입하면 인생이 그만큼 행복해진다는 메시지에 사람들이 세뇌당하고 있다. 그래서 사람들은 딱히 필요하지도 않는 물건을 구매하고, 그만큼 지구 자원을 낭비하게 된다. TV를 없애면 집안이 조용해지고, 가족들이 마음의 중심을 잡고 안정되며 광고나 드라마가 그리는 허구의 세계가 아니라 진정한 세계를 바라보기 시작한다.

11. 에어컨보다는 선풍기를 쓴다. 에어컨은 전력 소모가 크며 프레온 가스를 생성시킨다.

12. 염색을 즐기는 사람이라면 횟수를 줄여 본다. 염색약의 독한 성분은 수질 오염의 원인이 된다.

13. 자동차가 있는 집은 10부제를 지키도록 부모님을 설득시킨다. 같은 직장에 나가는 이웃끼리 교대로 서로 태워주는 방법도 있다.

14. 정말 필요한 경우가 아니라면 자동차 구입은 자제. 자동차가 없으면 편한 점을 상기한다.

공해 줄이지, 기름값, 주차비 아끼지, 유지비 안 들지, 세금 안 내지. ^^

15. 운전하기 10분 전에 시동을 걸어 놓아야 한다고 믿는 사람들이 있다. 전혀 근거가 없으며, 공연히 기름만 낭비하는 셈이다. (공시동인가?) 출발할 때 시동을 거는 습관을 기르도록 부모님을 설득할 수도……

16. 냉장고는 공연히 여러 번 여닫지 않는다. 그리고 한 번 열 때 오래도록 열어두지 않도록 한다.

3) 지구를 살리는 작은 실천 — 나

1. 자기 몸을 소중히 한다. 몸을 깨끗이 하고 물을 충분히 마시며 운동을 한다. 운동을 하면 몸의 에너지가 활성화되고 이 에너지는 긍정적인 감정으로 전환된다. 그러면 자신에 대한 느낌도 더 좋아지고 생활에 활력이 생기게 된다. 사람들의 분노, 짜증, 슬픔의 에너지가 지구를 괴롭히고 있다고 한다. 그런 부담을 덜어주는 것이다.

2. 자연치유력을 높인다. 의료비를 절약하는 효과가 있다. 그에 앞서 내 건강을 약물에 의지하지 않고 지키는 것이 조그만 환경운동의 시작이 될 수 있다. 내 몸이 환경의 한 요소로서 건강한 자연 치유력을 회복하면 지구상에 생명의 자연스런 흐름을 더해 주는 의미가 있다.

예) 간단한 마사지나 지압을 배운다.

예) 열이 나면 무국을 끓여 고춧가루를 타서 마신다. 민간요법임. 그리고 따뜻한 방 안에서 이불을 덮고 땀을 낸다. 발을 뜨거운 물에 담그는 (43도 정도) 각탕을 한다. 40분 정도 이러면 웬만한 감기는 낫고 여러 질환도 예방한다. 이때 물을 충분히 마시면 43도의 물을 거뜬히 견디어 낼 수 있다. 발을 통해 체내 노폐물이 빠지므로 물은 버린다. 땀을 푹 낸 후 따뜻한 방에서 1시간 정도 휴식을 한다. 저항력이 엄청나게 높아진다.

3. 자신을 사랑하고 그 가치를 충분히 인정해 준다. 자기수용과 사랑이 따르면 다이어트도 더 효과적이 된다.

황폐한 마음을 가진 사람들은 지구를 돌볼 마음의 여유가 없다.

4. 자본주의 사회가 아직 지탱하는 이상 돈을 무시할 수는 없는 법. 돈을 사랑하고 새로운 경제논리를 만들어 간다. 지구를 착취하는 방식이 아닌 새로운 수입원을 개발한다. 문화 상품을 개발하고 주력하는 것도 한 방법이다.

개인적인 환경운동을 희생이 아닌 성장의 기회, 나를 위한 활동으로 만들자.

긍정적인 마음으로 즐겁게 하면 사는 것이 수월해지고 더 나은 결과를 창출할 수 있을 것이다. 예를 들면 자동차를 그만 타라고 하면 대부분의 사람에게는 그것이 금욕 생활이 되어 버린다. 그런데 금욕 생활은 괴롭고 오래 못 간다. 환경운동과 지구 살리기 운동은 금욕 생활하자는 이야기가 아니다. 희생하자는 말도 아니다. 생명공동체에 대해 확실한 인식이 있으면 저절로 자발적인 실천을 하게 된다. 그렇게 되면 욕구 자체가 사라져서 금욕의 수준이 아니게 된다.

숫자가 많든 적든 간에 인간들의 상호 작용 속에는 시너지 효과라는 게 있다. 특정한 방식으로 생각하거나 믿는 사람이 많을수록, 그런 방식으로 생각하거나 믿는 사람이 더욱 많아지는 것이다. 따라서 자선행위가 많을수록, 자비롭게 행동하려는 사람 역시 많아지고, 더 많은 사람이 평화와 신성을 추구할수록, 평화와 신성은 더 많이 이루어진다. 제도권 자체 내에서 자신의 역할을 충실히 하되 현대사회제도의 불합리한 점을 꿰뚫어 보자. 제도는 사람이 만든 것이므로 사람이 바뀌면 제도가 바뀐다. 그리고 그 전에 제도의 성격을 바꿀 수도 있다. 바디샵과 아베다는 기업활동과 환경운동을 잘 접목시킨 사례이다. 아베다는 실제로 환경운동가가 세운 기업이며 소비자에게 고소득층이 쓰는 값비싼 고급 화장품으로 각인되어 있다. 바디샵은 인권, 환경 캠페인을 활발히 벌인다. 현대의 기업 주도 문화는 이윤 추구를 위해 지구 환경을 남용하고 있다. 이 기업들 역시 공해 물질을 배출하기는 하지만 환경운동과 기업활동이 시너지 효과를 창출하는 새로운 현실을 창조했다. 현실에 대한 관념은 변할 수 있고 또 변해 왔다. 두 세대 전만 해도 지구상 대부분의 사람들은 군주제와 신분계급제를 당연한 것으로 받아들였다. 지금은 그렇지 않다. 미국에서는 1935년만 해도 인종차별주의자들이 주류였으나 지금은 비주류로 밀려났다. 우리나라는 일본에 문화를 전달하는 입장이었으나 지금은 반대로 되었다. 결국 상황은 언제나 바뀔 수 있고 역전이 가능하다는 말이다.

우리의 작은 실천이 지구를 살릴 수 있다. 이러한 일도 비정부단체에서 참여하면 사회를 보다 좋은 지역으로 만들 수 있다.

6. 시민사회에서의 NGO의 역할

　시민사회와 비정부기관 중에 수자원 개발에 대해서 간단히 알아보도록 하겠다. 수자원 개발은 환경보존문제와 불가분의 관계에 있다. 최근 수자원정책 집행과 관련하여 이 문제가 정부와 NGO 간 새로운 쟁점으로 떠오르고 있으며, 시화호 담수문제, 위천공단 건설과 낙동강 오염문제, 동강댐 건설, 그리고 최근에는 한탄강댐 건설문제 등을 그 사례로 들 수 있다. 정부의 장기적 물 수급 전망과 홍수 대책의 하나로 계획된 동강댐 건설계획이 1997년 계획 고시 후 보상 추진 중 환경운동연합 등 NGO의 반대로 2000년 6월 정부는 동 계획의 백지화를 발표하게 되었었다.

　동강댐 건설계획 백지화 과정은 정부정책의 집행과정에서 정부와 NGO 간의 합의에 의한 갈등관계 극복이라기보다는 정치적 고려에 의한 수자원정책의 중도 폐기 사례로 볼 수 있으며 동강댐 건설계획 백지화 과정에 있어 정부와 NGO 간 갈등관계 사례분석을 통해 정부정책 집행에 어떠한 영향을 미치는가를 분석하고 아울러 정부와 NGO 간 갈등이 합리적으로 해결되기 위한 전제조건이 무엇인지를 탐색하여 우리나라 수자원정책 집행과정에서 되풀이되고 있는 정부와 NGO 갈등관계의 장기적 해법을 위한 방안을 알아보고자 한다. 사회문제들은 여러 가지가 있겠지만 그중에서 수자원 문제를 보면, 시화호 담수화에 따른 오염문제, 동강댐 건설 백지화, 위천공단 건설과 낙동강 오염문제, 그리고 최근 쟁점화되고 있는 한탄강 건설 등이 있다.

이 모든 부문들은 수자원정책 집행과정에 있어 수자원 개발과 환경보존의 문제와 관련하여 정부와 NGO 간 첨예한 대립을 보이고 있는 것들이었다. 댐 건설계획 수립, 건설추진, NGO의 반대와 이에 따른 정부정책 수정, 그리고 동강댐 건설계획 백지화라는 일련의 수자원정책 형성 및 집행과정에 있어 정부와 NGO 관계를 분석하여 보면 정부와 NGO가 각각 어떤 시각으로 서로를 바라보고 있으며, 수자원정책 집행과정에 있어 정부와 NGO 간 갈등이 합리적으로 해결되기 위한 전제조건이 무엇인가를 알 수가 있다.

NGO, 즉 '비정부기구(Non-Governmental Organizations)'이 개념을 글자 그대로 말한다면 정부(국가)가 존재하는 곳에는 NGO가 어디든지 존재할 수 있다. 그러나 단순하게 정부가 아닌 모든 조직이나 기구를 NGO라고 부르는 데에는 한계가 있다. 좁은 의미로 NGO를 정의하면 다음과 같은 성격을 지닌 기구로 한정된다. NGO는 비당파적(non-partisan)·비종교적(non-religious)·공익적(puvlic)·자발적(vloluntary)이며 또한 자율적(self-governing)이어야 한다. 이러한 NGO의 명칭은 국가마다 조금씩 상이한데 미국은 NPO(Non-Profit Organization, 비영리단체), 영국은 자발적 섹터(noluntary sector), 유럽은 비영리, 비정부, 제3섹터 등으로 사용되고 있다.

NGO는 엄밀하게 종교단체나 노동조합 및 노동단체 등을 포함하지 않는다. 그러나 때로는 이러한 단체들도 NGO적 기능을 지니고 있기 때문에 보다 정확하게 개념 정의를 내린다면 사회적 약자와 소수자들의 권리를 위한 운동조직, 참여자들만의 이익을 추가하지 않는 보다 정의롭고 평등하며 인간적인 사회를 추구하는 운동조직으로 규정하는 것이 타당하다. 결국 NGO란 공익을 추구하기 위하여 민간부문이 자발적으로 만들고 운영하는 비영리조직이라고 말할 수 있다.

NGO가 등장하게 된 배경은 다양하게 논의되고 있지만 간략하게 살펴본다면, 정부 및 시장의 실패와 국가권력을 견제하기 위해서 비영리단체의 필요성 등을 들 수 있다. 이러한 원인에서 출발한 비영리단체는 20세기에 들어와서 전 세계적으로 활발한 활동을 하고 있다. 이처럼 비영리단체가 발달하게 된 배경은 다양하지만 일반적으로 국가 역할의 확대에 대한 시민들의 두려움, 비영리단체에 대한 정부의 지원, 사회적 다양성과 민주주의 및 복지국가의 발전을 지적할 수 있다.

사회를 크게 국가, 시장 및 시민사회로 구분하는 경우 NGO는 비당파적·비종교적·공익적이고 자발적·자율적인 조직을 의미한다. 이러한 조직은 일반적으로 정부와의 관계에서 갈등관계, 대립과 경쟁관계 및 협력관계 중에서 한 가지 또는 그 이상의 관계를 유지하고 있다. 즉 사회가 비민주적일수록 갈등관계가 심할 것이고 민주화될수록 경쟁과 협력관계가 좀 더 많은 비중을 차지할 것이다. 현재 이러한 정부와 NGO 간의 관계는 다양하게 연구되고 있는바, 여기서는 정부와 NGO 관계에 관한 모형으로 크라프렛(Craplet, 1997)의 모형을 들 수 있는데, 이 모형은 상호간의 태도와 NGO의 투쟁성 여부에 따라 정부와 NGO 관계를 유형화하고 있다. 즉 크라프렛은 양자의 관계를 NGO에 대한 정부의 태도가 수용적인지 아니면 비수용적인지와 NGO의 조직 유형이 갈등형 또는 합의형에 따라 포섭적 관계(A), 갈등적 관계(B), 협조적 관계(C), 지배적 관계(D)로 구분하고 있다.

갈등형 NGO는 일반적으로 폭력, 시위 또는 저항 등의 과격하고 투쟁적인 활동으로 정부와 갈등을 유발하는 형태이고, 합의형 NGO

는 정부와 상호 협조적인 관계를 유지하면서 활동하는 경우가 많다. 이에 대하여 정부의 NGO에 대한 태도가 수용적이냐 아니면 비수용적이냐 하는 것은 한 국가의 정치, 경제, 사회, 문화, 역사적 차이에 따라 다를 수 있으며, 대체로 권위주위적인 국가일수록 비수용적 태도가 강하다고 할 수 있다. 이상의 관계를 다음 <표 1>과 같이 네 가지 유형으로 도출할 수 있다.

분　　　류		정 부 의 태 도	
		수용적 태도	비수용적태도
NGO의 조직 유형	갈등형	포섭적 관계(A)	갈등적 관계(B)
	합의형	협조적 관계(C)	지배적 관계(D)

먼저 NGO의 조직유형이 갈등형이고 정부의 태도가 수용적인 경우, 이는 포섭적 관계(A)로 조합주의적 국가성격이 강한 유럽에서 시민사회의 갈등적인 이해관계를 정부가 참여하여 조정하는 방식이다. NGO는 보다 전문적이고 다양한 수단을 통해 적극적으로 자기주장을 하고 언론이나 국민적 여론에 의해 다수의 지지를 끌어내려고 함으로써 포섭적 관계를 유도해 내려고 한다.

갈등형과 비수용적 태도가 결합된 갈등적 관계(B)는 초창기의 NGO가 정부에 대해 비판적이고 저항적인 경우에 등장하는 유형이다. 이는 주로 제기하는 목표나 수단들이 정부와는 타협할 수 없는 상황에서 발생되는데, 정부와 NGO 간의 관계에서 가장 빈번하게 나타나는 유형이다. 즉 핵추방 운동이나 각종 개발계획의 취소 요구, 특정 지역의 환경보존운동 등으로 인하여 정부나 기업과 첨예하게 대립하고 있는 상황에서 발생할 수 있다.

또한 협조적 관계(C)는 비정치적이고 비갈등적인 활동을 주로 하는 NGO와 정부 간의 밀착관계라고 할 수 있는데 NGO와 정부 사이에 대립, 갈등 없이 상호 지원이나 후원이 이루어지는 경우에 나타난다. 대표적으로 폐기물재활용운동이나 자연보호운동, 하천살리기운동 등과 같이 다수에게 바람직한 것으로 인정되는 NGO활동에서 나타나는 관계 유형이다. 지배적 관계(D)는 중남미 및 아시아 국가들처럼 권위주의 국가들에서 NGO에 대한 국가의 통제로 인해 NGO가 관변단체화되어 있는 경우에 나타나는 유형인데, NGO의 활동을 정부에 대한 잠재적인 위협으로 간주하여 NGO에 대한 정부의 통제를 강화하고, 정부가 NGO의 실체를 인정하지 않으려 한다. 위와 같이 정부와 NGO 관계의 분석 모형이 우리나라 수자원정책 집행과정에서는 어떤 모습으로 나타나고 있는가를 알아야 한다.

4) 동강댐 백지화 과정에서의 정부와 NGO 관계

(1) 동강댐 건설계획 백지화 개요

동강댐 건설계획은 1990년 여름 한강대홍수 발생 후 한강수계 항구재해대책 및 수자원 확보정책의 일환으로 건설교통부가 제1차 국토종합개발계획에 추진사업으로 선정하고 1992년 건설교통부와 한국수자원공사가 이 계획에 대한 타당성 조사를 실시하면서 본격화되었다. 그 당시 건설교통부의 수자원 장기 종합개발계획에서는 수도권

지역에서 장기적으로 물 부족이 심화될 것이라고 전망하고 있다.

수자원 장기종합개발계획(건교부, 1996)

(단위: 억 톤 / 년)

구 분	1996년	2001년	2006년	2001년
물 수요	112	123	126	132
물 공급	118	121	122	122
과부족	6	△2	△4	△10
댐건설공급(동강댐)	–	3.7	3.7	3.7
건설 후 과부족	6	1.7	△0.3	△6.3

동강댐 건설계획은 건설교통부에서 1996~1997년에 해당 지방자치단체(영월군, 정성군, 평창군)와의 협의 및 주민 공청회를 거쳐, 1992년의 타당성 조사내용을 재검토하고 기본계획 및 기본설계를 수행하여 최종개발규모를 확정하였다. 이에 따르면 동강댐은 댐 높이 98m, 댐 길이 325m, 유효저수량 523백만 톤의 대규모 댐으로서 총 사업비 1조 1천억 원(97년 기준), 1996년부터 2001년까지 6년간에 걸쳐 강원도 영월군 영월읍 거운리(동강)에 완공 예정이었다.

그러나 1996년 10월 이후 강원도 정선지역 주민들은 댐 건설 후의 시가지 수몰대책의 미흡함과 역류가능성을 근거로 댐 건설 반대운동에 나서기 시작하였으며 1997년 건설교통부의 댐 건설 예정지 고시를 계기로 환경운동연합이 나서서 조직적으로 댐 건설 반대운동에 돌입하면서 동강댐 건설계획은 정책 문제화되기 시작하였다.

당시에 동강댐 건설계획을 놓고 정부에서는 한강수계의 장기적 물 부족 문제와 홍수대책 차원에서 반드시 건설되어야 한다는 입장이었는 데 반하여 환경운동연합 등 NGO들은 이 문제를 생태 및 환경보전 차원에서 반대하였다.

댐 건설에 대한 환경운동연합 등 NGO 측의 반대주장으로는,

첫째, 댐 주변에 동굴과 광산이 많아 누수위험이 있을 뿐만 아니라 댐 주변은 석회암 단층대의 지질구조로 지진에 취약하므로 댐의 안정성에 큰 문제가 있고

둘째, 동강댐 건설 예정지는 다양한 생태환경 및 자연경관 보존지역으로서 후손들에게 고스란히 물려주어야 할 자연보호지역이며

셋째, 계획된 대규모 댐보다는 상류계곡에 소규모 댐을 여러 개 건설하면 환경피해가 줄어들고 경제적이며, 산림녹화를 통한 녹색댐 사업이 효과적이며

넷째, 댐 건설보다 상수도의 누수량 절감이 보다 경제적인데, 그 근거로 1997년도 서울시 상수도의 누수량은 약 6억 톤으로 누수만 방지하여도 동강댐 정도의 저수량이 확보되므로 물값 현실화를 통하여 물수요를 감축하면 선진국처럼 더 이상 댐을 건설할 필요가 없다고 주장하였음.

위와 같은 반대주장에 대하여 정부 측의 댐 건설 불가피 주장을 다음과 같이 요약할 수 있다.

첫째, 댐 건설 지점은 수밀성이 양호하고 댐 주변에 동굴과 광산이 있으나 지하수위가 댐 만수위보다 높아 누수위험이 없으며, 동강댐은 지진 내구성이 강한 표면 차수벽형 석괴댐으로 진도 6.6의 내진설계를 하므로 댐의 안정성에는 전혀 문제가 없으며

둘째, 수도권의 장래 용수부족 해결은 물론 충주댐은 유역면적이 소양강댐의 2.5배로 수위가 빨리 올라가므로 남한강과 수도권의 홍수피해를 줄이려면 동강댐은 건설되어야 하고

셋째, 상류에 소규모 댐을 여러 개 건설하면 오히려 비경제적이며 자연환경파괴가 더 많아지고, NGO가 주장하는 녹색댐 사업은 1960년대부터 산림녹화가 이루어져 수자원 측면의 효과는 이미 달성되었으므로 무의미하고

넷째, 우리나라의 노후 수도관 43천㎞를 일시에 교체할 경우 약 4조 원의 예산이 소요되나 그것은 연차적인 교체가 불가피하며, 수돗물의 유수율을 선진국 수준으로 개선하여도 장래의 물부족량이 해소되지 않으므로 물값은 물가에 영향을 주고 물값의 대폭 인상과 이를 통한 수요 감축은 현실적으로 어려움이 있다고 보았다.

이상과 같은 양측의 주장에 대하여 공동조사단 구성과 검증, 그에 따른 정책토론 없이 댐 건설에 대한 정부의 강한 의지 표명에 대하여 환경운동연합 등 NGO 또한 언론이나 주민동원, 물리적 대응을 통해 2000년 6월 동강댐 건설 백지화를 이끌어 냄으로써 정부와 NGO 간 대립, 경쟁은 NGO의 승리로 끝나고 말았다.

4) 동강댐 백지화 과정에서의 정부와 NGO 간 대립 및 경쟁

(1) 동강댐 건설 예정지 고시와 NGO의 대응

1997년 9월 정부가 동강댐 건설 예정지를 고시하자 1997년 11월

6일 환경운동연합은 무분별한 댐 건설을 반대하는 100인 선언문을 발표하며 물 관리대책으로 공급위주 정책보다는 수요관리정책을 대안으로 제시하였다. 아울러 무분별한 댐 건설 반대 주민연대를 결성하거나 현지 주민들과 동강댐 건설 반대집회를 개최하였으며 동강댐 건설 관련 정책토론회를 개최하고 자신들의 주장을 관철하기 위해 강한 대응 전략을 구사하였으며 특히 댐 건설 주변지역에 석회암 동굴이 많아 댐 건설 시 안정성이 심히 우려된다는 파격적인 이슈를 제기함으로써 지역주민에 대한 관심을 집중시키는 홍보전략을 구사하였다. 아울러 환경보전 논리에 우호적인 중앙 언론매체를 통해 대국민 홍보활동도 강화하였다.

(2) NGO활동에 대한 정부의 대응

NGO와 지역주민의 반대에 대해 댐 건설 주체인 한국수자원공사는 이미 성공적으로 건설한 용담댐, 보령댐 등지로 지역주민 대표와 영월군 행정지원단 등을 현지 견학토록 하여 NGO들이 제기하는 안정성 문제에 대해 주민 불안을 해소시키기 위한 다각적인 노력을 기울였다. 아울러 정부는 NGO 중심의 정책토론회에 대한 방어전략으로 1998년 5월 7일 '환경 친화적이고 지속 가능한 동강댐 개발'이라는 전문가 토론회를 개최하고 댐의 효과와 댐 건설의 안전성에 전혀 문제가 없음을 적극 홍보하는 한편, 건교부는 '1999년 2월 18일 다시 댐 건설 강행을 표명하고 그해 다목적 댐 건설에 배정된 5,764억 원의 예산 중 70%를 상반기에 조기 집행'(대한매일신문, 1992. 2. 19.)한다고 밝힘으로써 댐 건설의지를 분명히 하였다

5) 정부와 NGO 간 갈등 해결 과정상의 문제점

댐 건설에 대한 NGO의 전략적 대응이 사회적 지지를 높여감에 따라 정부는 환경운동연합에 대해 합동평가단 구성을 제의하였다. 그 취지는 시행된 조사결과 및 진행 중인 추가조사에 대한 공동검증을 통하여 사업추진에 대한 투명성 확보 및 대국민 신뢰성을 높이고, 전문가들로 구성된 평가단의 객관적인 평가 의견을 수렴하여 정책에 반영하기 위해서였다

이에 따라 환경운동연합, 강원도, 환경부 기관의 추천을 통하여 합동평가단을 구성하려 하였으나 댐 건설 반대의 핵심조직인 환경운동연합은 이를 거부함으로써 별 실효를 거두지 못하게 된다. 그러던 중 2000년 3월 김대중 대통령이 "환경보전의 입장에서 많은 사람들이 걱정하고 있는 일을 굳이 정부가 할 필요가 없다."는 입장을 표명함으로써 동강댐 건설에 있어 정부와 NGO 간 대립은 동년 6월 동강댐 건설 백지화라는 정부정책 철회를 통해 사실상 끝나고 말았다. 따라서 **이와 같은 정부와 NGO 간 갈등 해결과정의 문제점을 다음과 같이 정리해 볼 수 있을 것이다.**

첫째, 동강댐 건설 백지화 과정에 있어 정부와 NGO 간 관계는 장기 물수요 전망과 홍수대책과 같을 사실적 자료에 근거한 정책경쟁과 새로운 합의형성과정보다는 대통령의 정치적 판단에 근거하여 수자원정책이 폐기되었다는 것이다.

댐 건설은 당연히 정책 당국의 수자원에 대한 장기 정책적 측면에서 계획되고 추진되어야 한다. 물론 이 정책의 문제점과 조정을

위한 논의는 필요하다.

그러나 동 계획의 백지화 과정을 보면 정책의 문제점 인정과 이에 대한 수정, 보완이 아닌 "환경보전을 위해 많은 사람이 염려하는 일을 정부가 굳이 할 필요가 없다."는 식의 대통령의 정치적 판단에 의해 정책이 폐기되었음은 향후 정부와 NGO 간의 관계 형성에 바람직하지 않은 선례를 남겼다. 이는 정부가 제시한 장기 물수요 전망과 홍수대책 논리의 허·실에 대하여 환경운동연합 등 NGO와 논리적 논쟁 기회를 상실하는 결과를 초래하였다.

둘째, NGO들이 주장한 석회암 지대에서의 댐 건설의 안정성 문제나 수요관리를 통한 장기 수자원정책의 접근주장이 논리적 우월성과 구체적 검증 없이 단지 지역주민들의 정서적 자극을 통해 자신들의 지지 획득 전략으로 사용하여 일방적 승리를 거두었다는 점이다.

환경운동연합 등 NGO들은 그 후 정부합동조사단에 참여하여 공동조사단 합동성과물이라는 보고서를 제출한 바 있으나 그것은 동강댐 건설 백지화를 전제로 한 것으로 정책형성에 NGO가 적극적으로 참여한 징표로 보기는 어렵다.

셋째, 정부와 NGO 간의 관계 형성이 정책수립과정 초기에 이루어지지 못함으로써 막대한 국가예산 낭비와 정부정책의 신뢰성을 떨어뜨리는 결과를 초래하였다. 동강댐 건설계획 백지화는 이미 결정된 정부정책의 집행과정에서 NGO의 반대로 정책이 폐기된 사례로 보아야 할 것인바, 이는 정부정책의 신뢰성에 큰 상처를 남겼고 댐 조사비, 관리비 등 약 315억 원의 예산낭비를 초래하였다.

6) 동강댐 건설 백지화 과정에서의 정부와 NGO 관계의 특성

먼저 정부의 대NGO 시각을 보면 동강댐 건설 추진과정에 있어 초기에는 정부는 NGO를 대화의 실체로 인정하지 않았다. 즉 NGO가 주민들을 부추겨 정부정책에 대한 무조건적인 반대를 하고 있는 것으로 보고 정부는 지역 주민들의 설득, 포섭 전략을 시도하였으며, 각종 토론회 개최 시 구성원의 결정, 인원수, 토론회 초청 등에 정부가 주도적 역할을 수행하려는 특성을 보임으로써 정부는 NGO에 대해 억압적, 적대적 입장에 서 있었다.

하지만 NGO의 대정부 전략이 점차 성공함에 따라 정부가 정치적 판단을 하게 되고 정책 당국은 NGO를 동등한 협상 대상으로 인정하고 이들과 공동조사를 위한 합동평가단 구성 등을 요청하였지만 거부되었다. 결국 양측은 타협과 합의를 위한 공동조사나 정책토론 없이 국민 여론을 감안한 대통령의 정치적 판단에 의해 NGO의 주장을 전면 수용하는 형태가 되고 말았다.

결과적으로 크라프렛의 정부와 NGO 관계모형에서 갈등형 NGO의 요구를 정부가 자의적 또는 타의적으로 수용하는 경우에 나타나는 형태로 포섭적 관계를 보여준 사례라고 주장할 수도 있으나 이는 정책당국의 정책적 문제점에 대한 인정과 이에 따른 합의·수용보다는 언론이나 국민적 여론동향에 따른 정치적 판단의 성격이 강하다는 점에서 엄밀한 포섭적 관계 이상의 성격을 띠고 있다. 즉 정부의 NGO에 대한 굴복과 이에 따른 정책의 중도폐기로 특수한 포섭적 관계라고 규정하고자 한다.

다음으로 NGO의 대정부 시각을 보면 NGO환경보전이라는 자신들의 주장을 관철하기 위해 정부의 장기적 물 부족과 홍수대책의 필요성 논리에 대한 구체적 문제점 지적이나 대안제시보다는 힘의 확보를 위해 대언론 전략, 대주민 홍보전략을 우선시하고 정부의 토론회 초청이나 공동조사단 제의에 대해 거부하는 등 전략적으로 대응하였으며, 석회암 지대에서의 댐 건설의 위험성이라는 검증되지 않은 이슈 선택 등 자극적인 전략을 구사하였다. 따라서 이 경우 NGO의 대정부 시각은 크라프렛의 모형에서는 갈등적 관계 입장에 서 있는 것으로 볼 수 있다.

즉 동강댐 건설 백지화 과정에서의 정부와 NGO 관계는 수자원정책을 둘러싸고 합의와 타협을 이끌어 내는 상호 보완, 협조의 관계가 아니라 상호 우월적 입장에서 상대방을 억압, 제어시키려는 갈등적 관계에 있었다고 볼 수 있을 것이다.

동강댐 건설 백지화 정책 사례에서 나타난 정부와 NGO 관계는 장기 물수요 전망이나 홍수대책과 같은 사실적 자료에 근거한 정책경쟁과 새로운 합의형성과정보다는 상호 우월적 입장에서 상대방을 억압, 제어시키려는 전근대적 갈등관계에 있었던 것이다.

한편, 이러한 갈등관계는 권위주의 정부에서 자주 나타나는 현상으로 상대방의 주장, 논리에 대한 불신에서 비롯되고 있는바, NGO의 활동을 정부에 대한 잠재적인 위협으로 간주하고 NGO에 대한 정부의 통제를 강화하는 경우에 자주 나타난다.

동강댐 건설 백지화 과정에 있어 정부와 NGO 관계의 사례는 1987년 이전에는 정부와 NGO의 관계가 정부 우월적, 권위적 관계에 있어 왔으나 1987년 이후로는 견제관계 내지 갈등관계로 변해 왔음을 다시 한 번 확인시켜 준 사례라 하겠다.

동강댐 건설계획 백지화 과정에서의 정부와 NGO 관계는 한국의 NGO의 전략 활용에도 시사하는 바가 크다. 정책형성과정에서 제도 기관의 지지뿐만 아니라 광범위한 사회적 지지를 획득하는 전략이 필요함을 보여주었다. 따라서 정부는 NGO에 관련 정보의 사전 공개와 함께 정책형성과정 초기에 NGO를 참여시켜 정책을 형성하고 추진하는 것이 집행의 효과를 보증하는 수단이 될 수 있을 것이다.

이해관계가 첨예하게 대립하는 댐 건설이나 환경문제에 있어 갈등의 조정자로서 혹은 정책의 보완자로서 NGO 역할은 그 어느 때보다 증가하고 있으며, 국민이 원하는 것을 NGO라는 간접적 참여 형태로 투입시킴으로써 정책의 책임성이나 반응성 제고에 효과적이라 할 것이다.

정부와 NGO가 갈등관계를 해소하고 신뢰관계를 형성해 나가기 위해서는 무엇보다도 수자원정책의 경우 하천 유지유량, 수질, 생태계와 같은 핵심 이슈별 객관적 기준을 공동으로 설정하고 이를 바탕으로 합의와 타협을 모색해야 할 것이며, 정부는 NGO 주장에 대해 무조건 배척할 것이 아니라 그들의 합리적 의견에 대해서는 적극 수용하는 자세가 필요하다.

이를테면 위 동강댐 사례에서, NGO단체가 누수량을 절감하면 엄청난 양의 물이 절감된다고 주장하였는데, 우리나라 수돗물 공급량의 30%를 차지하는 서울시의 경우 실제 유수율이 66%에 불과하고 전국 평균을 보아도 72% 정도로서 수돗물의 누수량이 많은 것이 사실이다.

따라서 노후 수도관 교체도 댐 건설 못지않게 수자원정책에 있어 중요한 정책대안이 될 수도 있는 것이다.

　동강댐 백지화 과정에 있어 정부와 NGO 관계는 중앙과 지방의정
책형성에 있어 정부와 NGO와의 관계가 정책의 성공 여부를 판가름
할 수 있음을 보여주었으며, 정책의 민주성을 확대시키고 일반 국민
의 참여와 관심을 증대시키는 데도 중요함을 보여준 사례로 평가된다.

참고문헌

김동춘 외(2001), 『NGO란 무엇인가』, 아르케.

김응락 외(2002), 『시민사회와 행정』, 서울: 형설출판사.

김종래·강제상(2000), "국정관리와 NGO: 환경 NGO와 정부 관계를 중
　　　　심으로", 한국행정학회, 2000년도 하계학술대회 발표논문집.

홍성만(2002), "정부와 NGO의 정책결정과 합의형성과정", 한국행정학보
　　　　제36권 제1호.

오인석(2003), "정부와 NGO와의 관계", 한국정책개발연구원.

2003년도 동계학술대회 발표논문.

7. 바람직한 정부와 비정부기구

1) 정부-NGO 관계

정부와 NGO가 서로 새로운 관계를 모색하는 것은 세계적인 추세이며, 대립과 갈등의 관계에서 관련 부서 신설이나 법규 제정에 의한 재정지원 제도화 등 공조와 파트너십으로 발전되는 동향이 나타나고 있다.

(1) 거버넌스 시대의 정부와 NGO

새로운 거버넌스는 세계화와 분권화, 두 가지의 주요 요인을 배경으로 등장하는데 정부는 새로운 전략 수립과 역량을 키우지 못하고 시장과 시민사회로부터 꾸준한 도전을 받고 있음. 이는 지방으로의 권력 분산과 정보통신기술의 발달 등의 원인에도 기인한다.

(2) 정부 측면: 권위와 신뢰의 위기

정부의 중앙집중적 권위의 상실, 정부정책의 효과성과 효율성의 저하, 이에 따른 공공 및 사부문의 파트너십 네트워크의 중시로 정부(또는 통치)의 위기가 초래됨. 사실상 세계인들 대다수가 공통적으로 정부를 더 이상 신뢰하고 있지 않다고 조사되었다.

(3) NGO 측면: NGO 혁명과 역할 증대

정부와 NGO 관계가 진전된 것은 탈냉전의 도래 및 정보통신의 발달로 NGO의 역할이 양적이나 영향력 면에서 급성장하였기 때문이기도 한다.

2) 정부의 NGO 지원정책

(1) 정부-NGO 관계 유형

코스튼(1998)에 의하면 정부-NGO 관계는 억압, 대항, 경쟁, 용역, 제3자 정부, 협력, 보충, 공조 등 8가지 형태로 분류하고 있음. 정부의 'NGO 사업공모'의 경우는 용역형과 제3자 정부형에 가까운 형태이다.

(2) 정부-NGO 파트너십

정부의 노조와 기업에 못지않은 새로운 정책결정 파트너로 NGO가 부상함으로써 새로운 '거버넌스' 체제의 구축이 정부개혁의 과제로 부각되고 있으며, 미국 등 일부 국가에서는 사회복지, 환경보전 등 수많은 기능을 NGO에 위임·이양하는 파트너십으로의 변화를 추구해 오고 있다.

(3) 정부의 NGO 지원정책

미국이나 영국의 경우 영리섹터의 역할(정부의 역량만으로 해결하기 어려운)을 더욱 중시하는 경향이 있으며, 독일·아일랜드·네덜란드 등 일부 유럽국가에서는 필요한 재정지원(NGO의 자치적 역할 인정)을 보조하는 '보조성의 원칙'을 지켜오고 있다.

3) NGO의 역할과 정부의존 문제

(1) 서비스 전달과 권익주창

공공재화와 서비스 공급에서 정부 역할을 지원하면서 정부정책의 비효율성, 역기능 등의 문제를 수정, 보완, 보충하는 역할을 하고, 권력과 목소리를 가지고 있지 않은 사람들을 위해 권익주창자 역할도 한다.

(2) 정부정책에 대한 기여

정부정책에 대한 책무성, 투명성, 효율성의 제고에 기여하고, 그 밖에 의제설정 역할, 사회문제 해결, 갈등 조정, 입법자문, 정책 제안에도 기여한다.

(3) 정부재정 의존 문제

정부재정에 대한 의존이 높으면 목표를 상실할 가능성이 높고, 비판기능이 축소되며, 일반 시민과 소외층을 위한 권익주창 역할이 약화되어 정체성의 위기를 초래한다.

가 한국의 정부-NGO 관계

2000년에 도입된 비영리민간단체지원법을 통해 사업공모 방식으로 재정지원을 제도화하는 등 NGO의 역할을 인정하고 있으며, 그밖에 위원회 참여, 정책과정에의 참여 등 다양한 방식으로 관계 변화를 모색하고 있다.

나 NGO 사업공모의 특징

NGO에 대한 지원이 아니라 NGO사업(인건비와 운영비는 지원하지 않음)에 대한 재정지원을 하며, 사업비 일부를 NGO가 자체 부담토록 하고 있음. 공모사업의 선정에서 중간평가, 결산 및 최종평가까지 감독과 규제를 받고 있고, 그 결과에 따라 다음 연도 공모사업에 영향을 미치기도 한다.

다 NGO의 정부재정 의존도

참여연대, 경실련 등 일부를 제외하고는 정부재정에 크게 의존하여 자율성을 침해받을 수 있는 개연성이 많음. 바람직한 NGO활동은 회비, 자체수입, 개인 기부 등을 통해 견제와 비판 기능을 하는 자율성을 가진 활동이라 할 수 있다.

라 NGO의 주요 역할과 권익주창

　정부의 입장에서는 NGO가 정부정책에 대한 정당성을 인정해 주는 역할을 한다고 보고 있으며, NGO는 단체 고유의 사업과 관련된 공모사업을 추진함으로써 자체적인 발전 도모와 일반적인 역할, 즉 권익주창과 서비스 전달의 역할을 한다고 인식하고 있다. 추진기관별로 공모사업을 살펴보면 행정자치부와 국정홍보처 사업은 서비스 전달과 권익주창 역할이 혼합되어 있고, 서울시 사업은 지방자치단체의 사업 성격상 사회복지와 서비스 제공 역할이 더 강하였음. 그러나 전반적으로는 소수 전문가와 일부 시민의 참여에 국한된 교육, 토론회, 캠페인, 행사, 연구와 조사에 크게 치우쳐 있어 NGO활동과 역할이 초기 단계에 머물러 있다는 것을 보여주고 있다.

　정부가 국정 혹은 시정에 필요로 하는 사업에 국한시키는 현행 사업공모방식을 NGO가 자유롭게 다양한 사업을 추진할 수 있도록 자율성을 부여해야 하며, 엄밀한 평가를 통해 NGO사업을 개선시키면서 평가과정에 NGO 협의기구의 참여와 평가개발과 같은 전문적인 역할을 부여해야 할 것이다.

8. 비정부기구에서 다루는 문제들

1) 빈곤문제

비정부기구인 NGO에서 다루는 문제들을 간단히 살펴보도록 하겠다. 사회문제를 보는 시각과 앞으로 해결해야 할 문제들을 비정부기구에서 어떻게 해결해야 하는지를 생각해 볼 필요가 있다.

즉 사회문제가 있는 곳에서는 정부조직과 더불어 비정부조직이 해야 할 일들이 많기 때문이다. 그러면 어떤 문제에 관심을 가져야 할까?

문제의 원인

문제에 대한 현행 사회정책 및 프로그램과 문제점

문제에 대한 해결책 및 대안 / 비정부조직의 할일

문제해결을 위한 NGO 차원에서의 전략

빈곤문제

우리나라에서 근대적 의미의 국민의 복리증진과 더불어 잘사는 국가가 되기 위해서는 빈곤문제를 국가 조직과 비정부조직에서 신경을 써야 한다.

복지제도의 기능

인간사회의 주요 제도로서 복지는 상부상조를 그 일차적 기능으로 삼으며, 이 기능은 바로 물질적인 결핍상태인 빈곤과 가장 밀접한 관계를 갖는다. 국가가 해결하는 데는 한계를 가질 수밖에 없다. 그러면 그러한 문제를 비정부조직에서 다루어 보는 것도 발전을 위해 필요한 것이다.

빈곤에 대한 이론적 관점
기능주의적 관점이 있을 수 있고,
갈등론적 관점,
상호 작용이론적 관점을 들 수가 있다. 그러면 이러한 빈곤에 해서 좀 더 구체적으로 알아보겠다.

기능주의적 관점
기능주의적 관점에서 빈곤은 하나의 일탈행동이며, 빈민은 사회에 적응하지 못하고 공헌하지 못하는 행동을 한다고 본다. 그러므로 국가의 책임보다는 개인의 책임이 크다고 보는 것이다.

빈곤문화론
갠스라라는 학자는 빈민들은 그들의 상황에 보다 잘 적응하기 위해 특유한 가치와 태도를 갖게 되는 이른바 '빈곤문화'를 갖게 된다고 주장하였다.

갈등론적 관점
갈등이론가들은 어떤 집단이 사회의 다른 집단과 비교하여 보다 적은 '이것'을 갖게 됨으로써 빈곤이 존재한다고 본다.

갈등론적 관점에서 빈곤

갈등이론가들은 절대적인 빈곤선을 설정하는 것보다는 '이것'으로 빈곤을 규정한다.

상호 작용이론적 관점

상호 작용이론가들에 의하면, 빈민들은 흔히 일반인들이 그들에게 갖는 부정적인 생각들을 그대로 지니게 되어, 빈민들은 '이것'의 대상이 되고 또 그러한 기대에 맞는 행동을 하게 될 수도 있다고 한다.

빈곤에 대한 관점의 차이

빈곤에 관해, 기능주의자들은 절대적 빈곤을, 갈등주의자들은 상대적 빈곤을, 상호 작용주의자들은 '이러한' 빈곤을 강조한다.

절대적 빈곤

절대적 빈곤은 한 개인이나 가구의 소득 또는 지출이 최저생활을 하는 데 필요한 생계비에 미달될 때에 이들을 빈민 혹은 빈민가구로 보는 것이다.

상대적 빈곤

상대적 빈곤은 하위의 일정비율을 빈곤층으로 정의하기도 하고, 전체 가구의 평균소득의 일정비율에 미달하는 소득을 얻는 층을 빈곤층으로 정의하기도 한다.

빈곤선을 중심으로 한 빈곤의 정의의 문제

1. 현물소득을 계측하고 다른 소득과 비교하기 힘들다.

2. 일반적으로 소득조사에서 '이것'은 과소보고하고 '이것'은 과대
   보고하는 경향이 있어 정확한 소득을 파악하기 힘들다.

3. 경제적인 빈곤은 빈곤가구의 특수한 욕구를 반영하지 못한다.

빈곤문화론

빈곤문화론의 창시자인 오스카 루이스는 가난한 사람들은 사회의
지배문화와 질적으로 다른 하위문화에서 살기 때문에 그들의 태도,
가치, 행동 등에서 다르고 이러한 형태는 사회화 과정을 통해 세대
간에 세습한다고 주장하였다.

빈곤문화의 특징

① 빈곤문화는 사회의 주된 제도들에 참여 혹은 동화하는 것을
   막아 사회에 지배적인 가치의 수용을 거부한다.

② 빈곤문화에서의 가족관계는 특이하여 모 중심적인 가족이 선호
   되거나 아동으로서의 기간이 짧아 어린 나이에 성관계를 경험
   하거나 합법적인 결혼 없이 동거 형태의 혼인생활이 흔하고
   또한 쉽게 헤어진다.

③ 빈곤문화는 또한 절망감, 의존심, 열등감 등을 배양하여 쉽게
   체념하고 운명주의자가 되며 출세에 대한 동기가 매우 약하고,
   충동을 억제하지 못하여 현재 중심적인 생활을 영위하게 한다.

④ 빈곤문화론에서 빈곤의 원인으로 가장 근원적인 것은 빈곤가정
   의 아동양육 형태이다.

빈곤문화론에서 빈곤의 대책

- 부적절한 부모에 대한 심리치료, 교육, 상담 등을 통하여 부적
  절한 아동양육방법을 고치는 것을 들 수가 있다.
- 아동들에 대한 조기교육, 예를 들면 미국의 헤드 스타트 프로그
  램 같은 것을 통하여 부모의 나쁜 양육으로부터 분리시키는 것
  이다.
- 정규학교교육을 통하여 빈곤아동들이 그들 부모의 아동양육방법
  을 배우지 않도록 훈련시키는 것이다.

기능주의적 관점에서 빈곤의 원인

기능주의자인 데이비스와 무어에 따르면, 한 사회의 계급구조에서
한 개인의 위치는 그가 전체 사회의 기능에 얼마나 중요한 공헌을
하느냐에 달려 있다고 한다. 자기가 수행하는 특정 과업에 주어지는
보상의 양은 일의 중요성, 그 과업을 수행할 재능을 가진 사람의 희
소성, 그 과업의 '난이성'의 정도와 수련기간 등에 의해 결정된다고
한다.

빈민들이 수행하는 기능적인 면

① 빈민들은 다른 사람이 원하지 않는 불쾌한 일들을 한다.
② 그들의 활동을 통해 보다 잘사는 사람들을 돕는다.
③ 빈민들에게 서비스를 제공하는 사회복지사 같은 직업인들에게
   일거리를 준다.
④ 그들에게 판매될 수 있는 저질의 상품을 산다.
⑤ 그들은 사회의 다수집단에 의해 지탄받는 일탈의 본보기가 되

어 주고, 그럼으로써 지배적인 규범을 지지하게 된다.

⑥ 그들은 보다 불행한 사람을 도와주어야 한다는 '기독교인의 의무'를 실천할 기회를 다른 사람들에게 제공한다.

⑦ 그들은 좋은 교육과 좋은 일에 대한 경쟁에서 배제되기 때문에 다른 사람들의 진출을 용이하게 한다.

⑧ 그들은 기념비의 건설, 예술품의 제작에 싼 노동력을 제공함으로써 문화적인 활동에 공헌을 한다.

⑨ 그들은 흔히 부유한 사람들이 즐기는 문 활동 같은 것을 창조한다.

⑩ 그들은 어떤 정치집단에 상징적인 적대세력이 되고 또 다른 집단에는 지지세력이 되기도 한다.

⑪ 그들은 종종 변화에 따른 비용을 감수(예를 들면, 기술적인 발전으로부터 오는 높은 수준의 실업상태의 희생자가 된다)한다.

상호 작용주의 관점

상호 작용주의 관점은 가난한 사람들이 가난한 하위문화권에서 외부와의 유대가 강하지 않은 상태에서 장기간 살게 되면, 외부와 하위문화권이 자신을 바라보는 시각을 내면화하여 가난한 사람의 태도와 행동을 하게 되고 가난에서 벗어나지 못하게 된다고 주장한다.

농촌 빈곤의 원인

① 부양의무자의 사망, 노령, 불구, 질병 등과 같은 비자발적인 개인적 원인

② 경작규모의 영세성

도시빈곤의 원인

1. 생활능력이 없거나 생계에 미치지 못하는 저소득을 갖는 생활
   보호가구들
2. 1960~1970년대에 도시로 이입해 온 영세농민 출신 이입민들
3. 영호남 지역격차 및 경제적 편중
4. 낮은 중산층에 속해 있던 가구가 가구주의 사망, 가구원의 질
   병, 사업의 실패, 실직 등 불의의 사고로 인해 빚을 지게 되거
   나 가세가 기울어 살고 있던 집을 팔거나 전세금을 빼내 영세
   민으로 전락한 가구들

빈곤인구를 계측하는 방법

① 빈곤선에 의한 규모
② 공공부조 대상자 규모
③ 계급, 계층론적 관점에서의 규모
④ 빈민운동론적인 접근에 의한 규모

빈곤인구의 현황 - 공공부조

우리나라는 외환위기 이후 기존의 생활보호법을 국민기초생활보장
법으로 개정하고 범주적 공공부조가 아닌 '일반적 공공부조' 제도로
서의 틀을 갖추었다. 국민기초생활보장법에서 대상자의 책정기준은
수급권자의 연령, 가구규모, 거주지역, 기타 생활여건 등을 근거로
하고 있다.

빈민운동론적 접근

운동권에서는 노동자, 농민, 도시빈민 등을 '기층민중'이라 하여 이들을 사회변혁의 주체 세력으로 부각시키고 있다. 그러나 이들 전부를 빈곤인구라고 규정하기에는 어려움이 있다.

빈곤대책의 유형

기회의 평등을 위한 대책

노동능력이 있는 빈민을 위한 노동시장정책

조세정책

소득보장정책

기회의 평등을 위한 대책

기회의 평등을 위한 대책은 미래의 빈곤을 예방하고 시기적으로는 노동시장에 참여하기 이전에 주로 이루어지며, 구체적인 급여 형태는 주로 현물, 서비스 그리고 기회를 제공하는 데 초점을 맞춘다. 이러한 대책은 기본적으로 가난한 가정의 아동들에게 초점을 맞추어 빈곤의 악순환을 끊기 위한 방법이다.

가족계획사업

① 가난한 사람들의 아이들 숫자를 줄임으로써 아동양육에 필요한 경비를 줄여서 빈곤으로부터 벗어날 가능성을 높이는 것

② 자녀의 수가 적음으로 해서 보호자들의 근로소득을 높이는 것

③ 적은 수의 자녀에게 교육, 건강, 애정 등의 기회를 줌으로써 아동의 장래의 빈곤가능성을 줄이는 것

④ 모자보건을 통해 가족의 건강을 높일 수 있음

노동시장정책의 유형
훈련과 재훈련 프로그램
고용을 위한 프로그램
피고용자에 대한 임금보조 프로그램
최저임금제도

조세정책
일반적으로 공공부조가 빈곤층의 소득을 빈곤선 위로 끌어올리는 능동적인 정책이라면, 조세정책은 빈곤선 이하의 소득은 면세가 되도록 하고 또한 빈곤선 바로 위에 있는 빈곤층의 소득에 대해서는 그것이 과세 후 빈곤선 이하로 떨어지지 않도록 하는 수동적 정책이라고 할 수 있다.

조세정책의 유형
소득세의 면세점을 조정하는 방법
사회보장세의 최저소득한도를 조정하는 방법
간접세의 면세

소득보장정책
사회보험-빈곤을 예방하려는 대책
공공부조-빈곤에 대한 사후대책
사회복지서비스-빈곤으로 인한 심리사회적 측면에 대한 대책

2) 청소년 비행 문제

청소년은 궁극적으로는 사회문제의 피해자로서 보호, 치료, 선도의 대상으로 인식되기도 하지만 현상학적으로는 사회문제를 일으키는 행위의 주체로서 인식된다.

청소년 관련 입법의 태도를 보면, 과거 미성년자보호법은 사회적 피해자로서 청소년을 요보호대상으로 규정하면서도 동시에 비행의 주체로서 청소년에게 음주, 흡연, 싸움 등 불량행위에 대한 금지행위를 규정하였었다. 그러나 1997년에 이 법이 폐지되고 청소년보호법이 제정되면서 청소년 보호에 초점을 두게 되었다.

청소년의 정의 - 연령
민법 - 20세 미만 미성년자
아동복지법 - 18세 미만
청소년기본법 - 9세 이상 24세 이하
소년법 - 12세 이상 20세 미만
청소년보호법 포함 청소년 규제에 관련된 모든 법률 - 만 19세 미만

청소년기 발달과업
- 신체적: 키와 몸무게 신장, 성적 기관 발달
- 인지적: 자기중심적 사고에서 벗어남, 비판적 인식 성장, 다양한 관계와 역할에 대해 사고
- 사회관계적: 또래집단에 적극적으로 참여, 이성관계 새롭게 인식

- 가족으로부터 독립, 미래 직업 및 진로에 대해 고민, 성역할과
  자아정체감 확립

사회화

현대의 청소년들은 청소년기를 학교교육 속에서 보낸다. 여기에서
교육이란 곧 '사회화'를 말하는 것이며 이 과정을 통해 청소년들은
성인사회에 근접하는 기능을 소유하게 되지만 성인사회에 참여하는
것은 허용되지 않는다. 그런데 산업화가 고도화되고 지속적으로 변
동하면서 교육 연한은 증가하고 있다.

청소년 비행의 유형
약물남용
가출문제
학교폭력
성문제
집단 따돌림

약물남용의 문제
중요한 임무를 제대로 수행하지 못함
신체에 고통과 해악이 따름
법적인 문제를 일으킴
대인관계에 문제를 야기하는 상태

청소년 약물남용이 성인 약물남용과 다른 점

① 성인보다 더 다양한 약물을 사용한다.

② 성인보다 개인의 심리내적인 이유로 약물을 사용한다.

③ 성인들의 증상기준으로는 청소년들의 약물사용 수준을 결정하기 어렵다.

④ 청소년이 약물중독자가 되는 과정이 성인보다 짧다.

⑤ 약물남용으로 인한 감정적인 정체가 더 빠르게 진행된다.

⑥ 성인보다 더 많이 또래집단의 유혹에 노출되어 있다.

집단 따돌림

두 명 이상이 집단을 이루어 특정인을 그가 속한 집단 속에서 소외시켜 구성원으로서의 역할 수행에 제약을 가하거나 인격적으로 무시 혹은 음해하는 언어적, 신체적 일체의 행위를 말한다. 이러한 현상은 대화 거부, 약점 들추기, 모함, 공개적 비난, 시비 걸기, 위협, 창피 주기, 괴롭히기 등 교묘하고도 다양한 방법들이 구사되고 있다.

비행

비행이란 사회 또는 집단에서 규정하는 규범이나 규칙을 위반하는 일체의 행위를 말하거나, 좁게는 소년법정에서 소송대상이 되는 행위를 말한다. 여기에서 규범 또는 규칙이란 법률만을 말하는 것이 아니라 도덕, 윤리, 관습, 에티켓 등 사회적으로 준수해야 바람직한 것으로 규범화된 제반 가치를 말하는 것이다. 그러므로 범죄는 사회규범 중에서 법, 특히 형사법을 위반한 경우에 해당되는 것이다.

소년범에서의 소년비행

- 범죄행위: 형사책임이 면제되는 14세 이상 20세 미만의 청소년
  이 저지른 형벌법령에 위배되는 행위
- 촉법행위: 형벌법령에 위배되는 행위이기는 하지만 그 행위 주
  체가 12세 이상 14세 미만이어서 형사책임이 없는 경우
- 우범행위: 보호자의 정당한 감독에 복종하지 않는 성벽이 있거
  나, 정당한 이유 없이 가정에서 이탈하거나, 범죄성이 있는 부
  도덕한 자와 교제하거나 금전낭비, 부녀유혹, 불건전한 오락 등
  을 하는 경우

청소년 비행에 대한 관점

- 절대주의적 관점: 인간의 행동을 선과 악이라는 두 가지 범주로
  분류. 비행이란 신성하게 받아들여지는 선한 사회질서를 위반하
  는 모든 악한 행위
- 법적 관점: 도덕이나 관습, 종교적 신념에 어긋나는 행위일지라
  도 국가기관이 사회통제 목적상 법으로 금지하는 규범에서 일탈
  한 행동이 아니라면 비행으로 볼 수 없다.
- 상대주의적 관점: 인간의 모든 행위는 행위자가 속한 문화적 집
  단의 판단에 따라 달리 평가된다는 점을 강조.

비행을 보는 패러다임

- 실증주의적 패러다임: 자연과학적 방법 사용. 비행이란 사회구조
  가 개인에 대한 통제력이 결핍될 때 발생하는 것으로 본다. 성
  악설.

- 해석적 패러다임: 추상적인 사회구조나 체계보다 행위자인 인간을 분석의 중심에 두고 행위자들의 주관과 상호 작용이 어떻게 사회를 이루어 나가는가 하는 데 중점을 둔다. 비행은 청소년 개인과 사회적 조건 및 상황들 사이의 상호 작용에 의해 형성된다고 봄.
- 비판적 패러다임: 사회에서 나타나는 갈등현상에 초점을 둠. 비행이란 지배집단이나 계급이 정해 놓은 규범을 어기는 경우를 말한다.

비행 원인론
아노미 이론
사회해체론
접촉차이 이론
하위문화론

머튼의 아노미 이론 - 적응양식
① 동조
② 혁신: 문화적 목표가 수용되고 반면에 수단들은 유용하지 못하여 거부되는 상황
③ 의례: 개인이 문화적인 성공목표를 보지 못하고 오히려 두려워하여 정당한 수단들에 동조되어 비굴하게 수용하는 경우
④ 도피: 수단과 목적을 모두 거부하고 사회로부터 탈락하여 다른 세계에서 냉담하게 살아가는 형태
⑤ 반항: 기존의 목표와 수단을 수용하지 못하고 새로운 목표와

수단으로 대치하는 경우

접촉차이 이론

이 이론에 따르면, 사람이 범죄자나 비행자가 되는 것은 법규범 위반에 대해 우호적인 생각이 많기 때문이라는 것이다. 이것은 정상적인 학습과정에서 배워지는 것이며 그 학습내용은 범죄의 기술과 동기, 태도 등이며 이러한 학습과정은 친밀한 타인과의 접촉에서 발생한다는 것이다.

하위문화론

하위문화들이 문제의 원인으로 작용하는 것인지 아니면 문제의 결과 그러한 하위문화들이 형성되었는지 그 인과관계의 입증은 어렵다. 오히려 문제를 가진 집단과 계층에게 열등 낙인을 부과하려는 중산층의 이데올로기가 내포되어 있는 이론이 바로 하위문화론이라 할 수 있다.

하위문화론 - 코헨

그의 주장에 의하면, 사회계급을 실존하는 것이고 각 계급은 하위문화를 갖는다고 본다. 이 이론은 1950년대에서 1960년대 가장 흔히 발견할 수 있었던 청소년들의 갱을 주목하였다. 하류계급 청소년들은 중류계급에 의해 지배되는 학교에 적응하지 못하여 갱조직을 형성한다는 것이다.

비행의 형성과정(과정론)

① 낙인이론: 일탈과 비행은 그것을 보는 사람의 관점에 의해 형
  성되는 것
② 현상학 또는 민중생활방법론적 이론: 후자는 어떠한 행위가 비
  행이라고 규정하는 것보다는 사람들이 어떠한 행위를 비행이라
  고 규정하는 과정과 방법을 찾는 데 주력
③ 신갈등이론: 비행 또는 범죄가 사회의 권위자 집단에 의해 규
  정된다는 것. 낙인이론을 보다 집단적인 수준으로 확대한 이론
④ 비판범죄론: 일탈이나 비행 또는 범죄를 규정하는 자가 무엇을
  대표하며 그들이 옹호하는 권익은 무엇이고, 그들의 행위가 자
  본주의 사회의 기존 성격을 어떻게 강화시키는가를 밝히는 데 중
  점을 둔다.

청소년보호법

청소년에게 유해한 매체물과 약물 등이 청소년에게 유통되는 것과 청소년이 유해한 업소에 출입하는 것 등을 규제하고, 청소년을 청소년 폭력, 학대 등 청소년 유해행위를 포함한 각종 유해한 환경으로부터 보호, 구제함으로써 청소년이 건전한 인격체로 성장할 수 있도록 하는 목적을 가지고 있다.

풍속영업의 규제에 관한 법률

청소년보호법이 청소년의 비행이나 폭력 등에 의한 희생을 막기 위해 국가가 직접적으로 청소년과 청소년의 환경에 대해서 직접적으로 개입하는 것을 규정한 법이라면, 풍속영업의 규제에 관한 법률이나

사행행위 등 규제 및 처벌 특례법 등은 성인사회의 각종 풍속영업이나 사행행위 영업을 규제함으로써 청소년들의 접근과 비행을 예방하려는 법으로서 청소년보호법에 비해서 간접적인 방법의 예방법이다.

사후 대책
소년법
소년원법
보호관찰
갱생보호

보호관찰
이것은 범죄인에게 자유를 박탈하지 않고 통상적인 사회생활을 영위하게 하면서 일정한 담당자의 지도, 감독 등을 통하여 그의 갱생 및 복귀를 기하고 다른 한편 범죄인의 개선교육을 통한 재범의 방지와 사회의 안전을 기하려는 제도로서 보호관찰법에 의해 시행되고 있다.

소년법에 의한 보호처분
1. 보호자 또는 보호자를 대신하여 소년을 보호할 수 있는 자에게 감호를 위탁하는 것
2. 보호관찰관의 단기 보호관찰을 받게 하는 것
3. 보호관찰관의 보호관찰을 받게 하는 것
4. 아동복지법상의 아동복지시설 기타 소년보호시설에 감호를 위탁하는 것

5. 병원, 요양소에 위탁하는 것
6. 단기로 소년원에 송치하는 것
7. 소년원에 송치하는 것

여기에서 2와 3의 경우 사회봉사명령 또는 수강명령을 동시에 명령할 수 있다.

감별

이것은 보호소년 등이 신체, 성격, 소질, 환경, 학력 및 경력과 그 상호 관계를 규명하여 보호소년 등의 교정에 관한 최선의 방침을 수립하기 위한 과정이다.

갱생보호

이것은 소년교도소에서 출소하거나 소년원에서 퇴원 또는 가퇴원한 자, 소년법상의 보호처분을 받은 자 등에 대해 그들이 자립, 갱생하여 건전한 사회인으로 복귀할 수 있도록 지도하여 성행을 교정하고, 물질적인 지원을 제공하여 자립기반을 마련하여 주는 제도이다.

문제해결 및 대안: 사회복지 차원의 전략
실증적 패러다임: 청소년운용 프로그램
해석론적 패러다임: 탈시설화
비판적 패러다임: 급진적 사회개혁

청소년복지의 개념
① 잔여적 청소년복지: 빈곤청소년, 소년소녀가장, 비행청소년 등

한정적인 집단의 청소년들을 대상으로 일시적이고 보충적으로
이루어지는 것. 사후대책
② 제도적 청소년복지: 모든 청소년들을 대상으로 각종 사회적 위
험으로부터 그들을 보호하고 삶의 질을 향상시키기 위한 항상
적인 제도로서의 복지. 예방

제도적 청소년복지
비행청소년의 발생을 예방하기 위한 사회복지적 전략
가정을 강화하는 방향-가족복지정책 확립
학교교육에서 인간성의 회복-학교사회사업
경제적 불평등의 완화-복지국가적 정책

보완적 청소년복지: 교정복지
전문적으로 이루어져야 한다.
교정의 개별화가 필요하다.
교정의 사회화가 필요하다.-탈시설화

3) 성폭력 문제

O, X 퀴즈
-현행 성폭력특별법에는 아내에 대한 성폭력도 포함되어 있다.
-공식통계에 의하면, 우리나라의 강간 발생률은 미국, 스웨덴에
이어 세계 3위로 나타나고 있다.

－성폭력의 가해자는 주로 모르는 사람인 경우가 많다.

성폭력의 정의

성폭력이란 '이것' 없이 강제적으로 성적 행위를 하거나 성적 행위를 하도록 강요, 위압하는 행위 및 성행위를 유발시키는 선정적 언어로 유인하는 행위라고 정의할 수 있다.

'이 사람들'은 성폭력에 사회적, 신체적으로 우월한 지위를 이용한 남성이 여성에 대한 성적 자기결정권을 침해하는 행위뿐만 아니라 동성 간에 이루어지는 어느 일방의 성적 자기결정권의 침해, 그리고 양성의 교섭관계가 상시적으로 있는 가정 내에서의 어느 일방에 대하여 행해지는 가정 내 폭력현상도 포함하고 있다.

성폭력의 유형(한국여성개발원)

'이것'(가슴, 엉덩이, 성기부위를 접촉하거나 집적거리기, 키스, 음란한 행위)

성기 노출(피해자 또는 가해자의 성기를 노출시킴)

강간 미수(강간을 시도하였거나 성립이 안 된 경우)

강간(윤간, 강도강간, 근친강간 포함)

성적 가혹행위(가해자의 성적 만족을 위해 상대방에게 신체적 상해를 입힘)

음란물 보이기 및 음란물 제작에 이용

음란 전화

대상에 따른 성폭력 유형

아동 성학대: 만 14세 미만의 아동에 대한 성폭행.

이들에 대한 성폭력

상시 성관계에 있는 자에 대한 성폭력: 아내에 대한 성적 학대와 아내 강간

직장 내 성폭력

이것

성폭력 피해 경험률은 57.3%만 단 1회의 성폭력을 당한 것으로 응답한 반면, 나머지는 2회 이상의 성폭력 피해를 경험하였다고 답변하여 '이것'을 반증하고 있다. 이것은 성폭력 피해아동이나 여성이 계속적인 자기혐오와 낮은 존중감으로 인해 차후의 성폭력에 대해서도 방어능력을 상실하였기 때문이라고 볼 수 있다.

성폭력 피해의 영향

- 심리적 영향: 공포와 남자 기피증, 심한 우울과 좌절 불안, 가해자에 대한 적개심, 복수심
- '이러한' 영향: 임신, 상해, 성병감염의 위험에 노출
- 사회경제적 영향: 주위에 알리겠다는 가해자의 협박과 돈 요구에 의해 연속적인 성폭력. 직장 내 성폭력일 경우 가해자의 협박이나 사내의 소문에 의해 피해 여성이 오히려 직장을 잃게 되기도 한다.

성폭력에 대한 이론

매닝은 강간에 대한 태도를 전통적 견해와 비전통적 견해로 구분하여, 전통적 견해란 강간을 이들의 책임으로 돌리는 태도라고 하였다.

성폭력 이론의 발전

1960년대까지 미시적 수준에서 사회심리학-정신병리론
1960년대 이후 중간 수준에서 사회구조적 이론-'이 이론'
1970년대 거시적 차원-여성주의적 관점

사회심리적 접근

사회학습이론, 인성이론, 정신병리론 등 사회심리적 접근에서는 성폭력 행위를 설명하는 데 있어 이것에 초점을 둔다.

사회병리론

사회병리론에서는 성폭력의 동기나, 가해자의 성적 충동 혹은 공격적 충동에 기반을 두어 가해자의 유형을 분류하고 있다. 이러한 입장은 성폭력의 사회성을 중시하지 않고 개별 가해자의 일탈적 행동에 초점을 두어 성폭력의 원인을 설명하는 경향이 있다. 사회병리론에서는 강간범의 인성적 특성에 따라 분노형, '이것'형, 가학형으로 분류하고 있다.

사회구조적 접근

사회구조적 접근에는 생태학적 이론, 아노미이론, 폭력하위문화론, 차별적 기회론 등이 있는데, 이 이론들은 사회구조와 조직 또는 폭력을 저지르게 되는 사회과정에 역점을 두는 접근이다. 이 중에서 이 이론은 성폭력 문제에 대한 연구를 진전시켰는데, 성폭력 가해자의 대부분이 흑인이며 빈민이라는 사회적 특성을 나타낸다는 것을 발견하고 이에 근거하여 이 이론을 주장하였다.

여성주의적 접근

여성주의적 관점에서는 성폭력 문제를 가해자보다는 피해자에게 관심을 가지고 보며, 성폭력을 이러한 사회에서 여성에 대한 남성의 지배와 통제를 유지하기 위한 수단으로 파악하고 있다. 여성주의는 그 이념적 경향에 따라 개인주의, 급진주의, 마르크스주의, 사회주의 등 여러 이론적 입장을 보이고 있다.

급진주의의 쟁점

성성이나 '이것은 남성성의 주요 구성요소라고 간주되는 폭력성과 밀접하게 상호 관련되어 있다. 강간과 정상적인 이성 간의 성관계에는 질적인 측면에서는 공통성이 존재하고 단지 양적인 차이만 존재한다. 남성은 여성에게 보호자인 동시에 약탈자인 모순을 내포하고 있다.

남성성의 보완으로서 사회적으로 구축된 여성성은 여성의 자기결정 능력을 저하시킬 뿐만 아니라 실제로 남성의 공격에 대해 육체적, 심리적 취약성을 증가시키고 있다. 강간은 성적 행위라기보다는 정치적 행위, 즉 여성에 대한 남성의 집단적 지배를 상징하는 테러리즘에 가까운 행위이며 현행법이나 사법체계가 여성을 지지, 보호해 주지 못하고 있다.

이 개념

'이것'은 여성의 이성애적 경험은 동의 아니면 강간 둘 중의 하나가 아니라 선택에서 압력, 강제, 힘으로 나아가는 연속선상에 존재한다는 것이다. 즉 성과 관련된 서로 다른 사건들의 기저에는 기본적인 공통성이 있다는 것이다. 따라서 이들 급진적 여성주의자들은 정상적인 이성애도 역시 가부장제적인 남성지배의 일환이라고 간주하고 있다.

급진주의 여성주의자에 따르면

성폭력을 포함한 모든 여성억압 문제를 해결하기 위한 근본적인 방법은 남녀분리를 통한 여성만의 공동체를 형성하고 임신과 출산이라는 모성의 거부, 애정에서 이것으로 나아가는 것이다.

사회주의 여성주의

사회주의 여성주의는 마르크스주의 여성주의에서 급진주의의 성에 기초한 가부장제라는 개념을 부분적으로 수용하여 수정한 형태라고 할 수 있다. 즉 사회주의 여성주의는 마르크스주의의 '이것'에 관한 분석과 급진주의의 가부장제 개념을 결합한 형태라고 볼 수 있다.

성폭력에 대한 대책 － 성교육

성교육은 성생리에 관한 내용뿐만 아니라 성도덕이나 남녀 간의 평등한 상호 관계에 대한 교육도 포함되어야 한다. 그러나 우리나라 성교육은 그 내용도 미비할 뿐만 아니라 기본적으로 '이것'에 대한 의식이 부족하다.

이 문제는 나올 줄 알았죠?

성폭력 피해여성들을 위한 전화 서비스 여성 '몇 번': 보건복지부에서 1998년 1월부터 시행하고 있는 전국적 연락망으로 긴급한 위기상황에 있는 여성들의 문제를 초기 진단하고 위기 상담하며 피해자를 관련 기관에 연계하는 기능을 하고 있다.

해결책 및 대안 ─ 왜곡된 성의식의 변화
─ 성과 관련된 세 가지 차별적 편견
─ 성욕에 관한 차별적 편견: 전통적으로 남성의 성욕은 억제하기 힘들고 발산적이라는 의식이 성폭력을 정당화하고, 오히려 성폭력 피해자인 여성의 몸가짐이나 태도를 비난하게 한다.
─ 성역할에 관한 차별적 편견: 여성은 수동적이고 순종적이며, 남성은 공격적이고 능동적이라는 남녀에 대한 통념적인 이분법적 성역할 의식 ─ 남성의 성적 공격성이 자연스러운 것으로 간주된다.
─ '이것'에 관한 차별적 편견: 여성에게는 정절을 강조, 남성에게는 많은 처를 거느리는 것이 인정됨.

성폭력 문제에 대한 정책적 접근
성폭력상담소와 보호시설의 확충 및 재정적 지원이 필요하다.
성폭력 피해아동을 위한 이것이 필요하다.
성폭력 서비스 관련 전문가를 위한 훈련 프로그램의 확충이 필요하다.
의료, 사법, 사회복지 서비스 간의 연계 및 조정이 필요하다.

성폭력 문제에 대한 임상적 접근

- 성폭력 피해자: 이러한 성격을 띠며 각 단계별로 구체적 서비스
  와 연계하여 개인 혹은 집단상황에서 다양한 치료적 접근을 하게
  된다.
- 성폭력 피해자의 가족: 가족치료적 접근. 가능한 한 모든 가족
  구성원이 치료과정에 참여할 수 있도록 유도해야 하며, 성폭력
  으로 받은 정신적 충격에 대한 치료내용과 성폭력 및 성폭력
  피해자에 대한 올바른 인식을 하도록 하여 피해자가 가족 내에
  서 재적응하는 데에 적극적 도움이 되어야 한다.
- 가해자: 성폭력 재발 방지, 성폭력 가해자가 정상적인 사회생활
  을 할 수 있게 하기 위해 치료적 접근이 필요하며 이를 가능하
  게 하는 제도적 지원이 요청된다.

4) 범죄문제

최근에 관심을 끌고 있는 세 가지 유형의 범죄
강력범죄
이들의 범죄
피해자 없는 범죄

오늘날 범죄는 날이 갈수록 일반적으로
흉포화
'이것'

조직화
저연령화의 양상을 띠고 있다.

(1) 범죄의 유형

경찰통계
- 강력범: 살인, 강도, 강간, 방화
- 폭력범: 상해, 폭행, 체포, 감금, 협박, 약취, 유인, 손괴, 폭력행위 등 처벌에 관한 법률 위반
- 절도범

검찰통계
- 강력범죄: 살인, 강도, 방화, 강간, 폭행, 상해, 협박, 공갈, 약취, 유인
- '이런' 범죄: 절도, 장물, 사기횡령, 배임, 손괴

이것

범죄란 다른 사회문제와는 달리 법과 밀접히 관련될 수밖에 없다. 법과 관련하여 범죄를 정의하면, 범죄란 법을 어기는 행위이다. 더욱 엄격하게는 처벌조항이 있는 법규를 위반하는 행위로 정의할 수 있다. 이른바 이것에 따른 범죄의 정의이다.

범죄 개념의 변화
- 실증주의: 범죄개념의 과학화를 위하여 보편적 기준을 제시. 범

죄를 규정하는 보편적 기준은 이것이다. 즉 집단의 이것을 어기는 행위가 바로 범죄인 것이다.
- 개혁주의: 사회적 해악 및 법적 제재라는 추상적 개념에 근거하여 범죄를 규정할 것을 주장. 화이트칼라 범죄 등이 속하게 됨.
- 전통적 법적: 형벌만이 정당한 범죄의 개념을 제공한다고 주장.
- 인간주의: 도덕적 기준을 인정하는 실재적 정의를 대안으로 제시.

범죄문제에 대한 사회학적 접근
- 기능주의: 모든 사회는 특유한 유형의 범죄를 낳고, 이에 대응하는 독특한 방법을 갖는다. 범죄는 사회의 질서에 위협이 되는 행위라 주장한다. 사회해체론, 제도형성이론
- 갈등주의: 이 주의-범죄는 계급 또는 집단 간의 힘의 차이에서 비롯되는 것. 가치갈등주의-범죄를 특정 집단의 가치와 양립될 수 없는 특정 행동으로 규정.
- 상호 작용주의: 범죄를 일으키는 원인보다는 범죄에 대한 사회적 반응에 초점을 둔다. 낙인이론

우리나라 범죄의 특성
- 인구 10만 명당 범죄발생률은 서구 산업국가의 약 1/5에 불과하다.
- 1965년 이래 총 범죄는 약 2.5배 증가하였고 폭력범죄는 약 4배 증가한 반면 재산범죄는 거의 비슷한 수준을 보이고 있다.
- 전체 범죄 중 '이 범죄'가 차지하는 비율이 매우 높다.
- 폭력범죄 중 특히 강도, 강간, 폭행 등의 강력범죄가 급증하였으며 강도 중에서도 강도강간, 강도살인 등의 흉악범이 급증하

였고 인신매매사범도 급증하였다.
- 강간을 제외한 살인과 강도는 다른 나라에 비해 매우 적은 발생률을 보이고 있다.
- 청소년 비행의 경우 성인범죄에 비하여 범죄율은 감소하였으나 강력범죄 중 청소년 범죄가 차지하는 비중은 매우 높다.
- 마약류 범죄의 경우 히로뽕 사범이 최근에 급증하였으며 청소년에게까지 확산되고 있다.

소홀히 다룬 범죄유형
- 화이트칼라 범죄: 존경받는 높은 지위에 있는 사람들이 그들의 직업과 관련하여 저지르는 범죄.
- 피해자 없는 범죄: 행위의 당사자 이외에는 아무에게도 영향을 미치지 않는 범죄. 도박, 약물중독, 알코올 중독, 매춘, 도박, 동성애 등.
- '이 범죄'

화이트칼라 범죄가 진짜 범죄라고 주장하는 이유(서덜랜드)
- 국가와 국민에게 막대한 재정적 손실을 끼친다.
- 사회성원들 간에 불신감을 조장하여 '이' 현상을 유발한다.
- 특히 기업가들의 불법행위는 정부 공무원들과 결탁하여 이루어지는 범죄이므로 국가의 행정기관을 부패시켜 오염된 관료문화를 만연시킨다.

화이트칼라 범죄의 특징
'이러한' 성격

엄격한 형사처벌의 한계

피해자의 피해의식 부족

범죄인의 죄의식 결여

사회구조의 해체 등

피해자 없는 범죄

- 특징: 피해자들이 고도의 수요가 있지만 불법적인 상품이나 서
  비스의 소비에 기꺼이 참여한다는 점
- 당사자 이외에는 아무도 피해를 입지 않는데, 사회는 왜 이를
  범죄로 규정할까? 답은?
- 피해자 없는 범죄를 금지하는 법은 빈번하지 않게, 일관되지 않
  게 집행되어 왔기 때문에 이 법에 의하여 차별을 받는다고 느
  끼는 사람들은 이 법을 덜 존중하게 된다. 따라서 이러한 법을
  어기는 사람들은 스스로 범죄자로 생각하지 않는다.

컴퓨터 범죄

개념: 광의-컴퓨터 자체를 행위의 객체로 하는 모든 유형의 범죄.
협의-컴퓨터의 기능적 취약성을 이용하여 컴퓨터와 관련한 정보처
리과정에 컴퓨터의 부정한 사용 형태로 인간이 불법적으로 개입하는
범죄행위.

특징: 범죄자가 대개 젊은 층이며 고도의 전문기술을 이용하여 범
죄가 이루어짐. 초범의 이것이 비교적 약하고 범행의 계속성, 자동
성, 폐쇄성, 익명성, 불가시성 등으로 인하여 범행에 상당하는 컴퓨
터의 전문기술이 없이는 범죄의 발견 및 입증이 어렵다.

범죄문제의 원인
- 초창기 범죄원인론: 악령론, 고전파 / 신고전파 이론, 마르크스레닌주의 이론
- 생리학적, 정신특질적 범죄원인론: 골상학, 생물학적 / 구조적 이론, 정신결함론, 형태학적 이론
- 심리학적 범죄원인론: 정신분석학, 정신역동문제 해결 이론, 욕구좌절 - 공격 이론, 자백 이론
- 사회학적 범죄원인론: 접촉차이론, 아노미론, 일탈 하위문화론, 통제론, 낙인론, 비판범죄론

초창기 범죄원인론
- 악령론: 범죄를 저지르는 사람은 악령에 사로잡힌 사람이라는 주장.
- 고전파 / 신고전파 이론: 쾌락주의 심리학에 기반. 고전파 - 사람들은 예상되는 쾌락과 고통을 저울질하여 범죄행동을 할지 여부를 결정한다. 신고전파 - 아이들과 미친 사람들은 쾌락과 고통을 계산하지 못하므로 처벌하지 말아야 한다는 주장.
- 마르크스레닌주의 이론: 모든 범죄는 '이것'과 사람들 사이의 심각한 경쟁에서 비롯된다고 가정. 신마르크스주의자에 따르면 계급 없는 사회에 도달하면 범죄는 사라진다고 한다.

생리학적, 정신특질적 범죄원인론
- 골상학: 범죄는 두개골의 크기와 모양에 관련되어 있다는 주장. 두개골의 외형에 영향을 받는 뇌의 모양은 범죄행동을 예측하는

데 충분하다는 주장.

- 생물학적 / 구조적 이론: 범인은 생리학적 신체구조에 있어, 현대인이 아닌 원시인이나 하등동물에 가까운, 현대인으로의 진화과정에서 퇴화된 인간이라는 주장.

- '이' 이론: 범죄행동은 도덕성이나 자기통제 능력을 획득하거나 법의 의미를 인식하는 데 충분하지 못하다고 단정된 정신박약의 결과라는 주장.

- 형태학적 이론: 심리학적 구조와 신체적인 구조 사이에는 근본적인 관계가 있다고 주장하는 이론. 셸던 - 외배엽성, 내배엽성, 중배엽성으로 사람을 분류하고 중배엽성은 보통 이상의 범죄성향을 가진다고 주장.

심리학적 범죄원인론

- 정신분석학: 초자아와 자아의 제지력이 너무 약해 이것의 본능적이고 반사회적인 압력을 저지하지 못할 때 범죄행동이 발생한다고 주장.

- 정신역동문제 해결 이론: 퍼스낼리티의 적응문제에 대처하는 한 방편으로서 범죄행동이 나타난다는 주장. 문제는 일반적으로 퍼스낼리티의 다양한 구성요소(소원, 추동, 공포, 갈망, 윤리강령 등)들 사이의 갈등으로 보인다.

- 욕구좌절 - 공격 이론: 욕구좌절이 공격을 유발한다는 주장. 폭력은 욕구좌절 상황에서 비롯된 긴장을 이완하기 위한 방편이다.

- 자백 이론: 범죄행위의 원인은 범죄를 저지르기 전이나 저지르는 동안에 범죄자가 하는 말을 검토함으로써 밝혀질 수 있다는 주장.

사회학적 범죄원인론

접촉차이론

아노미론

일탈 하위문화론

통제론: 사람들은 왜 범죄를 저지르지 않는가라는 질문에 대한 답을 제시. 모든 사람들은 자연스럽게 범죄를 저지르게 되므로 사회로부터 법을 어기지 않도록 통제받는다는 것. 범죄를 막는 세 가지 통제요소는 사회화 과정에서 비롯된 내적 통제, 가족 등 소집단에의 강한 유착, 체포와 구금에 대한 두려움이다.

낙인론

'이' 이론: 범죄의 원인은 사유재산제, 자유경쟁, 이윤추구 등 자본주의 체제 자체의 모순에서 찾을 수 있다는 주장.

범죄문제에 대한 대책 및 프로그램

정부의 범죄 대책: 교정시설, 수용자 처우, 사회 내 처우, 범죄피해자의 구제

민간 차원의 범죄 대책

소극적 대책: 조심하기

적극적 대책: 자발적 방범조직을 결성하여 범죄에 대항하는 것

현행 프로그램의 효과성

현행 정책과 프로그램의 문제점

교정시설

범죄자를 수용하여 교정, 교화하는 시설

교도소, 소년교도소, 구치소, '이곳', 치료감호소, 소년원 등

교도소, 소년교도소 및 구치소: 징역형, 금고형, 노역장 유치 및 구류형을 받은 자와 미결 구금자를 주로 수용

'이곳': 사회보호법에 의한 보호감호처분을 받은 사람을 수용

수용자 처우

분류처우제도, 누진처우제도, 개방처우제도 등의 각종 처우제도

생활지도교육, 재소자 정신교육, 학과교육 등 각종 교육활동

종교위원제도, 교도작업 및 직업훈련 등

'이것'

수형자의 자율성과 책임성에 대한 신뢰를 기초로 구금을 확보하기 위한 물리적, 유형적 시설의 조치를 완화하는 제도. 좁게는 개방시설에서의 처우만을 의미하지만 넓게는 외부 통근제나 귀휴제 등의 이른바 중간처우를 포함하는 의미로 사용된다. 우리나라는 1962년부터 귀휴제를 실시해 왔으며, 1988년 말에 개방교도소를 개소하였다. 외부 통근제도도 1988년 말부터 시행해 오고 있다.

각 수형자가 지니고 있는 문제점을 명백히 밝히기 위하여 분류심사를 하고 이 결과에 따라 분류된 수형자 집단별로 개별적인 처우계획을 수립하여 시행하는 제도. 수형자를 A(개선 가능자), B(개선 곤란자), C(개선 극난자), D(기타 심사대상 제외)급으로 분류하고 이를 다시 각급별로 가, 나, 다, 라의 4개 유형으로 세분한다.

누진처우

수형자의 개선 정도에 따라 처우를 개선해 나감으로써 수형자의 자기개선 노력을 유도해 내고자 하는 제도로서 1, 2, 3, 4급으로 분류한다.

사회 내 처우

- '이것': 형기만료 전에 석방하여 사회복귀의 기회를 부여하는 제도. 이렇게 된 소년수형자, 가퇴원한 소년원 수용자 및 가출소된 피보호 감호자에 대하여서는 보호관찰이 실시된다.
- 가출소
- 보호관찰: 유죄가 인정된 범죄자에 대하여 교정시설에 수용하는 대신 일정한 기간을 정하여 사회 내에서 정상적인 자유활동을 허용한 상태에서 보호관찰관의 지도감독과 원호를 받게 하는 제도.
- 갱생보호: 형의 선고유예, 집행유예, 가석방 또는 형기만료 등으로 출소한 자에 대하여 자립의지를 고취하고, 경제적 자립기반을 조성하여 건전한 사회복귀를 촉진함으로써 재범을 방지하기 위하여 실시한다. 한국갱생보호공단에서 담당.

범죄피해자의 구제

상해, 중상해, 상해치사, 폭행치사상, 과실치사상, 절도와 강도, 사기와 공갈, 횡령과 배임의 죄에 관하여 유죄판결을 선고할 경우, 법원은 직권 또는 피해자의 신청에 의하여 피고사건의 범죄행위로 인하여 발생한 직접적인 물적 피해 및 치료비 배상을 명할 수 있고, 위의 특정 범죄 및 그 밖의 죄에 대한 피고사건에 있어 피고인과

피해자 사이의 합의된 손해배상액에 대하여서도 그 지급을 명할 수
있다.

범죄문제에 대한 해결책 및 대안
거시적 차원의 대안
절대 빈곤의 해결과 사회의 불평등 감소
행형제도의 개선: 인간 중심의 교정－전환, 비시설 수용, 사회재통합
형사법체계의 개선
미시적 차원의 대안
범죄 예방 교육
범죄피해자에 대한 서비스
사회복지사의 개입
교정시설에서의 교육과 직업훈련의 강화

행형제도의 개선: 인간 중심의 교정
－전환: 어떠한 형태로든지 범죄자를 형사사법체계의 공식적인 절
　차를 피해서 처리하는 것으로 경찰단계에서부터 교정단계에 이르
　기까지 모든 형사사법기관에서 가능한 대안이다. 재범 예방 목적
－비시설 수용: 재판단계에서 가능한 한 비시설 수용적 처분을 하
　거나 교정단계에서 이미 시설에 수용된 재소자에게 각종 전환제
　도를 이용하여 비시설 수용적 처분을 하는 방법으로 범죄자의
　시설 수용을 제한하는 것. 제지와 예방효과.
－'이것': 단순히 범죄자를 교화, 개선하여 사회에 복귀시킨다는
　교정의 목표를 넘어서 범죄자와 사회가 다시 통합될 수 있게

해 주려는 교정단계에서의 노력을 말한다. 가석방 등.

구체적 방안
재판 전 단계: 제3자 중재, 선도조건부 또는 선행조건부 기소유예
재판단계: 배상 명령 / 벌금형, 지역사회봉사 명령, 수강명령, 반구금
재판 후 교정단계: 사회와 교도소와의 중간형태 시설

형사법체계의 개선
- 권위주의 체제를 유지·강화시키는 데 기여했던 각종 악법의 청
  산작업
- 특별형법 규정의 지나친 확대와 남용현상을 막아야 한다.
- 우리 형법은 매우 중형주의적 입장을 취하고 있는데 그에 대한
  근본적인 재검토가 요구된다.

5) 가족문제

가족문제의 유형 - 조흥식
- 가족의 경제적 부양 문제: 빈곤문제, 가족구조상 취업여성의 증
  가, 가족 간의 빈부 차이에 의한 이것 등에 의한 문제
- 가족의 보호기능과 가족공동체로서의 사회화와 정서적 지지의
  기능수행이 약화되는 데서 오는 문제
- 가족의 통제기능이 약화되거나 상실되는 데서 오는 가족관계와
  가치관의 문제. 부부불화, 고부관계, 배우자 부정, 아내학대와

아동학대 등의 가정폭력 문제 등

−결손가정의 문제: 가족 구성원의 심리적, 경제적 소외문제와 아동과 청소년의 정서적 장애, 가출, 비행 등의 문제

가족문제의 정의와 현황
가족 규모와 유형의 변화
여성 취업률의 증가
이혼율의 증가
가정 내 이러한 현상의 증가

가족 규모와 유형의 변화
−가족 규모의 축소: 원인은? 이것과 핵가족화, 출산력 저하, 가족 계획사업의 영향, 단독가구의 증가
−가족 형태의 다양화: 1세대 가족은 증가, 2세대 가족은 감소하지만 반수 이상, 3세대와 4세대 가족은 감소, 이러한 가족 증가. 단독가구의 증가.

여성 취업률의 증가
−여성의 취업률 증가 → 아동양육과 노인, 장애인 간호와 보호를 맡아 온 여성 역할의 변화.
　　가족에게 전적인 책임을 기대할 수 없는 보육대상 영유아와 보호대상 노인과 장애인의 인구가 증가하는 것으로 이해할 수 있음.
−여성 역할의 변화에도 불구하고, 가족성원들은 여성에게 아내로

서 혹은 어머니로서의 전통적인 역할을 기대함으로써 이것이 일어날 수 있다. → 자녀양육, 가사분담, 집안의 주요 문제에 대한 결정권 등.

이혼율 증가
- 이혼율 변화(표 7-4, p.205.)
- 이혼의 원인: 여성-성격차이, 배우자의 외도, 애정 없음, 경제 파탄, 신체적 폭력, 시부모와 시댁 가족의 간섭 및 학대 등. 남성-아내 역할 불충실, 성격차이, 낭비, 배우자의 외도, 배우자의 가출.
- 이혼의 영향: 정서적 혹은 자존감의 타격. 자녀양육과 가사 과업을 혼자 수행하는 데서 오는 실제적 어려움. 여성이 자녀를 양육하는 경우 이러한 어려움. 자녀들은 가사 결정에 적극적으로 참여하거나 부모 과업의 일부를 수행함으로써 책임감을 갖게 되지만, 때로는 학업수행에 뒤떨어지거나 정서장애나 비행의 문제를 나타내기도 한다.

가정 내 사회병리적 현상의 증가
- 가정폭력: 배우자학대, 아동학대, 노인과 장애인에 대한 학대.
- 빈곤가정에서 더 비율이 높음. 배우자 폭력은 성역할에 대한 전통적이고 비평등적인 견해를 가진 배우자가 상대 배우자에게 폭력을 사용할 확률이 훨씬 높은 것으로 지적됨.
- 가족성원들의 '이것'-청소년 비행, 범죄, 약물중독 등.

가족문제의 원인
-기능주의: 가족의 전통적인 기능이 약화됨에 따라 가족성원들의
　결속이 약화되고 가족의 원활한 기능이 위협되었기 때문에 가족
　성원들은 대안적으로 일탈행동 혹은 비행을 보이거나 가족해체
　로 나타나는 가족문제가 일어난다고 주장.
-갈등주의: 가족 내의 갈등은 가족관계에서 생겨나는 자연스러운 부
　산물이며, 가족문제는 가족 내의 갈등이 표출된 것으로 이해한다.
-상호 작용주의: 변화하는 가족에 대한 해석 혹은 이것에 가족문
　제의 원인이 있다고 설명. 정상가족과 비정상가족.

기능주의 보충
설리반과 탐슨: 가족의 전통적 기능
성 행동과 자녀 생산의 규제
사회화와 교육: 전문기관에 의해 대행
사회적 지위 부여
경제활동: 소비기능 강화
'이것'
애정과 교제

가족문제에 대한 이론별 대처방법
-기능주의: 가족의 기능을 강화시키는 사회정책과 프로그램
-갈등주의: 가족 내의 갈등을 비정상적으로 보거나 회피하기보다
　는 갈등을 해결하는 방법으로 접근. 이혼은 부부간의 갈등을 해
　결하는 하나의 방법이며, 갈등을 해결하는 다른 방법으로는 설

득과 협상에 의하여 상호 수용에 도달하는 것.
- 상호 작용주의: 이러한 가족 혹은 일탈행동에 대한 정의를 변화
  시켜야 한다.

(2)가족문제에 대한 현행 사회정책 및 프로그램

현행 가족정책과 프로그램, 서비스의 문제점
- 가족 전체를 통합적으로 지원하는 포괄적이고 종합적인 가족정
  책이 없다.
- '이 원칙': 예방적 제도적 방법이 아닌 가족의 자생적 능력에 크
  게 의존하거나 문제가 심각해진 뒤 소극적으로 대처
- 저소득층 가족의 경제적 부양기능에 대한 지원이 현실적이지 못함.
- 다양한 가족 형태를 적극적으로 인정하려는 태도가 매우 약함.
- 가족문제에 개입하는 가족상담 혹은 치료 서비스에 대한 사회적
  욕구에 비해 서비스의 수준이 체계적이거나 전문적이지 못하다.

가족문제에 대한 해결책 및 대안
가족복지법의 제정
대통령 직속의 가족정책심의기구 설치
가족 기능의 와해 전 보완적 서비스 제공
금전적 서비스는 국가가, 비금전적 서비스는 가족과 국가가 상호
보완적으로 책임
가족 기능을 보완하는 서비스의 제공
가족은 이것이라는 전제의 도입

가족정책 프로그램의 급여대상의 확대와 급여수준의 향상

한 부모 가족에 대한 지원
경제적: 생계비 보조, 교육비 보조, 의료비 보조, 직업훈련 및 취업알선, 저리대출
상담 서비스
가정봉사원 서비스 등 이것
탁아 등 아동보호 서비스
자녀교육을 위한 교육, 한 부모 교육 등의 교육 프로그램 제공

6) 성차별 문제

성차별은 이러한 사회를 지탱해 나가는 장치로서 사회화 과정을 통해 남녀 모두에게 내면화되었고 남성 위주의 사회, 문화체제를 유지시키고 여성을 종속시키고 억압하는 체제를 형성해 왔다. 1960년대 여성해방운동 이후 사회문제로 인식되어 본격적으로 거론되었다.

(1) 성차별의 정의 및 현황

성차별의 현황
문화적 차별
교육적 차별
경제활동 및 고용의 측면에서 성차별

법적, 정치적 차별

성차별의 정의
- 남녀의 생물학적 성을 기초로 하여 특정 성에 대해 사회적으로 부과된 편견이나 차별을 의미한다.
- 원시 농경사회에서 성립되기 시작하여 그 자체로서 독립적인 구조로 존재해 왔으며, 남성이 여성의 삶에 대해 통제와 권위를 유지하려는 통합적 체계라고 할 수 있다.
- 가부장제 이데올로기는 남녀의 성별분업을 공고하게 하고, 여성의 성을 통제하기 위한 순결을 강조하고, 여성을 열등화하고, 연장자의 권력을 합리화하며, 부계혈통을 전제로 하는 특성을 나타내고 있다.

성차별의 정의
- 생물학적 성(sex): 염색체 배합 형태, 생리적, 신체적 특징 등 태어날 때 가지고 태어나는 이러한 지위
- 사회적 성(gender): 후천적인 것으로, 태어난 이후에 사회문화적 환경요인에 의해 획득되는 남성적 혹은 여성적이라는 개념

성차별의 정의
- 성차별이란 남녀 간의 불평등한 제도를 정당화하고 지지하는 이데올로기 체계라고 규정할 수 있고 성차별은 이론과 주장을 갖춘 하나의 이데올로기로서, 남성과 여성의 사회적 행동과 정치적 활동을 조정하는 동시에 방향을 제시해 주는 기능을 한다.

- 결과적으로 성차별 현상은 사회 내에서의 성 이것으로 연결된
  다. 여성은 남에 비해 경제적으로나 사회적으로 더 낮은 지위를
  점하고 있음으로 남성과 여성 사이에 위계질서가 형성되고 여성
  이 받고 있는 차별적 대우가 제도화되어 나타난다.

성차별의 현황
- 문화적 차별: 출생 시 성을 선택, 성역할의 사회화－여아는 온
  순하고 의존적으로, 남아는 공격적이고 독립적으로(성 고정관념)
- 교육적 차별: 교육기회의 불평등(대학 취학률)
- 경제활동 및 고용의 측면에서의 성차별: 경제활동 참가율, 노동
  시장에의 차별적 참여, 남녀 간의 현격한 임금격차
- 법적, 정치적 차별: 이 제도, 여성들의 정치참여

성차별에 관한 이론
- 기능주의: 전통적 성역할이 사회에 기능적으로 작용하고 이것이
  기존 사회질서의 유지에 위협이 될 때 사회문제화한다고 본다.
  따라서 전통적인 성역할의 붕괴는 가족의 기능에 위협적일 때
  사회문제화한다는 것.
- 갈등주의: 특정 집단(여성)이 공정한 몫을 받지 못한다고 느끼고
  이들 여성 집단이 성차별 문제를 공적인 쟁점으로 부각할 힘을
  가질 때 사회문제화 한다.
- 상호 작용주의: 남녀 간에 성역할에 관한 합의가 부족할 때 성
  역할 문제가 사회문제화한다.

성차별에 관한 이론 - 여성주의 이론
자유주의 여성주의
급진주의 여성주의
마르크스주의 여성주의
사회주의 여성주의
'이러한' 여성주의(제3세계 여성들의 경험을 중심으로)
포스트모더니즘 입장에서 본 여성주의(기존 가치체계의 해체를 주장)
 여성에게 불이익을 초래하거나 여성의 가치를 낮게 평가하는 현존의 사고에 도전하여 여성의 정치적, 경제적, 사회적 평등을 달성하는 데 관심을 갖는 규범적 이론

자유주의 여성주의
- 자유주의 사상에 기반
- 남녀 간의 본성을 동일하다고 가정하며, 남녀 모두 합리적, 이기적, 경쟁적인 존재라고 주장.
- 사회구조에 대한 인식: 자유시장체제가 사회질서의 기반이 되며, 능력에 따른 불평등은 자연스러운 것으로 간주.
- 성차별의 원인: 참정권의 쟁취와 교육 및 취업에서의 기회평등의 달성 등을 성평등을 위한 전략으로 주장.
- 국가에 대한 견해: 국가가 성차별적 제도 개선을 위해 긍정적인 역할을 수행한다고 보나, 개인의 가정생활과 사적 영역에까지 개입하는 것에는 반대한다.

급진주의 여성주의

- 성불평등의 원인: 남녀 간의 기본적인 생물학적 차이, 즉 여성
의 임신과 출산 그리고 이에 따른 남성에 대한 여성의 의존, 즉
남녀 간의 근본적인 차이가 있다는 것을 인정하나, 여성이 사랑,
보호 등의 가치 있는 본성을 더욱 가지고 있다고 본다.
- 성불평등의 기원: 제도화된 가부장제.
- 여성적 가치에 기반을 둔 사회질서의 재조직화를 통해 사회는
바람직한 방향으로 나아갈 수 있다고 보고 '이것'을 달성하기
위한 실제 전략으로서 임신과 출산이라는 모성의 거부, 애정에
서 레즈비어니즘 등을 주장.

마르크스주의 여성주의

- 사회주의 여성주의와의 경계가 모호함.
- 가정: 인간본성이 욕구에 따라, 또한 이 욕구가 어떻게 충족되
느냐에 따라 변한다고 가정.
- 여성문제를 이것의 결과로 봄. 즉 성차별의 문제를 남녀 간의
문제가 아니라 자본가 계급과 노동자 계급 간의 기본적 모순의
결과로서 파악.
- 여성해방을 위해서는 사적 소유의 폐지와 여성의 생산에의 참여
가 전제되어야만 하며, 궁극적으로 자본주의 체제가 타파되어야
여성을 포함한 모든 노동자가 해방될 수 있다고 주장.
- 국가가 자본과 결합하여 여성의 저임금 노동을 강요하는 여성억
압의 장으로 기능하고 있다고 주장.

사회주의 여성주의
- 마르크스주의의 계급에 관한 분석과 이 주의의 가부장제 개념을
  결합한 형태.
- 남녀 간의 차이는 가부장제에 뿌리를 둔 성체계의 산물이며, 여
  성억압의 원인이 자본주의와 가부장제의 결합에 있는 것으로 간주
  한다.
- 공통점: 첫째, 성불평등을 야기하는 남녀 간의 제도화된 권력관
  계의 중요성에 초점을 두었다는 점, 둘째, 자본주의 사회에서
  각기 다른 계급의 여성들이 겪는 억압의 차이를 인정.
- 자본주의 국가를 남성의 이익을 대변하는 가부장제 국가로 규정
  하고 있어, 여성문제에 관한 국가의 역할에 대해 부정적이다.

현행 사회복지정책의 성차별적 성격
'이러한' 여성을 대상으로 하는 정책
근로여성을 대상으로 하는 정책
일반여성에게 차별적 영향을 주는 기타 사회복지정책

(2) 여성복지정책의 유형

성차별 문제의 해결을 위한 사회복지적 차원에서의 전략

현행 사회복지정책의 확대 실시
- 사회보험
- 공공부조

-사회복지서비스의 확충
-여성이 가족 내에서 아동, 남성, 노인, 환자, 장애인 등을 돌보
  는 역할을 근본적으로 변화시킬 수 있는 장치가 필요하다.
-노인 및 장애인에 대한 보호업무의 이것
-와병노인 보호 등의 사회복지 서비스 확충

7) 약물남용

약물남용의 정의 및 약물남용 현황
약물남용의 정의
약물의 속성과 종류
약물의 속성
약물의 종류와 그 특성
우리나라 약물남용의 현황과 양상
우리나라 약물남용 문제의 전개과정
최근의 약물남용 양상
사회문제로서의 약물남용

(1) 사회문제로서 약물남용에 대한 3가지 관점: 기능주의, 갈등주의, 상호 작용주의

약물남용의 정의
-약물남용: 일정 기간 동안 의사의 처방 없이 자신의 정신적 쾌

락을 추구하기 위해 약물을 사용하는 것.
- 약물중독: 약물에 대한 신체적인 반응을 지칭.
- 약물의존: 약물에 대한 신체적, 정신적 의존상태를 나타내는 용어. 최근 많이 사용됨.
- 물질남용: 약물이 아닌 이것(예: 신나, 부탄가스 등)의 남용현상을 지칭할 때 적합한 용어.

약물남용

- 헤로인과 같은 불법약물이나 신경안정제와 같은 합법약물을 의학적 지도감독 없이 사용하는 행위.
- '이것': 합법약물에 대한 지식이 없이 약물을 사용하는 것.
- 의학적 정의: 특정 물질을 규칙적으로 그리고 과다하게 사용함으로써 개인의 건강이 손상되고, 대인관계가 위협받으며, 그 과정에서 사회 자체가 마비되는 상태로 간주된다. 이 정의의 단점 — 실제 규칙적으로 과다하게 약물을 사용하면서도 건강에 손상을 입지 않고 대인관계도 원만하게 유지하는 복용자의 경우 약물남용으로 정의할 수 없다.

약물중독

- 아편이나 신경안정제 또는 알코올과 같은 약물에 대한 신체적인 반응을 지칭.
- 세 가지 차원을 갖는다.
  첫째: 해당 약물의 복용량을 증가시키고 싶어 하는 신체의 욕구.
  둘째: 특정 약물의 사용이 여의치 않을 때 예측가능한 신체적 반응.

셋째: 특정 약물에 대한 심리적 욕구.
-약물중독은 이러한 세 가지 차원을 갖고 있는 상태를 지칭하는데, 때로는 약물의 사용으로 인한 통제력의 상실을 의미하기도 한다.

약물의 속성과 종류
-'이러한' 약물의 정의: 약물이란 뇌 또는 신경계에 직접 영향을 주는 어떤 습관성 물질을 의미한다. 약물이란 인간의 생리적 기능, 기분, 지각 또는 의식에 영향을 주며, 오용가능성을 지니고, 복용자나 사회에 유해한 결과를 가져올 수 있는 어떤 화학물질로 정의된다.
-여기에는 마약뿐만 아니라 많은 사회에서 문화적으로 허용되는 약물인 니코틴이나 알코올까지도 포함된다.

약물의 속성
-완전히 그리고 본질적으로 나쁜 약물은 없다.
-향정신성 약물은 모두 복합적 효과를 지니고 있다.
-특정 약물의 효과는 사용자가 복용하는 양에 따라 달라진다.
-향정신성 약물의 효과는 사용자의 이것, 기대 그리고 복용 시 정신상태에 따라 영향을 받게 된다.

사회문제로서 약물남용을 가져올 수 있는 약물
마약
신경안정제
흥분제

환각제

대마초

술

담배

기타 흡입제(톨루엔, 아세톤, 헥산, 가솔린, 신나, 부탄 등)

우리나라 약물남용 문제의 전개과정

-항상 특정 약물남용 문제가 발생한 이후에 약물남용을 규제하기
 위한 법률이 제정되거나 보완됨으로써 약물남용에 관한 법적 통
 제가 예방에 있다기보다는 사후통제에 있음을 보여주고 있다.

-다양한 약물이 존재하면서 이들 간에 대체효과를 보여주고 있다.

-우리나라의 약물남용 문제는 국제적인 약물유통구조 속에서 고
 찰하지 않으면 그 내막을 파악할 수 없을 만큼 국제적인 차원
 의 시각을 욕구한다.

-약물사용자층이 과거의 소수 중독자 집단으로부터 거의 전 국민
 으로 확산되어 가고 있다.

최근의 약물남용 양상

약물사용자의 증가

'이들' 약물남용자의 증가

병의원과 약국을 통한 대용약물의 사용 증가

사회문제로서의 약물남용

약물남용은 개인의 건강과 사회의 안녕을 저해한다.

약물남용은 인간을 위태롭게 하고, 직장에서의 근로활동에 지장을
초래할 위험이 많다.

약물의 유통을 둘러싸고 범죄와 탈세 등 사회와 경제에 미치는
악영향이 적지 않다.

약물남용은 종종 사회구성원의 안전에 위협을 가하기 때문에 사회
문제로 정의된다.

사회문제로서 약물남용에 대한 3가지 관점

- 기능주의: 단순히 어떤 약물의 존재 자체가 사회문제는 아니며,
  사회의 순조로운 기능에 곤란을 가져오는 특정 물질의 선택적
  이용과 그 물질의 이용을 둘러싼 조건들이 사회문제. 따라서 특
  정 조건에서 약물의 이용은 사회 내에서의 균형을 교란한다. 약
  물의 사용으로 사회의 유지에 필수적인 과업의 달성과 바람직한
  목표의 성취에 기여할 수 있는 사람들의 능력에 지장을 초래한
  다면 그것이 사회문제를 형성한다.
- 갈등주의: 약물사용은 일부 집단에서 약물의 사용이 한정된 자
  원을 둘러싸고 경쟁하고, 그 목적을 달성하는 능력에 지장을 초
  래한다고 느낄 때 사회문제가 된다. 약물사용이 사회문제로 정
  의되는 정도는 어떤 집단이 영향을 받는가에 달려 있다.
- 상호 작용주의: 약물이 사용되는 것과 약물사용에 연계된 공유
  된 의미들이 특정 물질의 사용에 대한 매우 상이한 태도와 반
  응을 가져온다.

약물남용의 원인

- 기능주의-사회해체론: 급격한 사회변동의 과정에서 나타나는 사회해체가 약물남용의 원인. 사회는 일련의 기대 또는 규칙에 의해 조직된 것인데, 이러한 기대나 규칙이 기능하지 못할 때 사회의 해체가 나타난다. 사회해체 방식-무규범 상태
- 갈등주의: 지배집단의 이해관계를 중심으로 설명.
- 상호 작용주의: 사회적인 의미와 공유된 가치들에 대한 사회적인 합의에 도전을 제기하는 상황의 출현이 약물남용 문제의 원인. 약물남용을 부정적으로 바라보는 사회구성원 다수의 상황정의와 어긋나는 약물남용자의 출현이 사회문제의 출발이 된다.

미시이론의 관점에서 약물남용의 원인 - 알코올

유전학적 설명: 인간의 기질과 행위를 통제하는 인자가 유전된다고 주장.

심리학: 약물남용은 정신적, 정서적 문제나 욕구에 대처하는 하나의 증상으로 설명된다. 알코올 중독은 긴장과 불안에 대한 하나의 대처방법이다.

'이 이론': 긴장, 불안 또는 우울한 상태의 개인이 어떤 계기로 음주를 하게 되고, 음주의 결과 긴장과 불안을 완화하였거나 쾌락을 경험하게 되면, 유사한 문제 상황에서 다시 술에 손대게 된다. 이러한 과정을 반복함으로써 개인생활의 일부로서 음주가 자리잡게 되는데 그것이 바로 알코올 중독이다.

규범이론: 특정한 약물의 사용에 대해 사회 전체 또는 일부 사회집단으로부터 지지받거나 용인되거나 심지어 격려되는 상황이 약물

남용의 원인이 된다.

약물남용의 원인 설명에 있어 고려사항
－특정의 약물을 상습적으로 사용한 결과 약물사용을 중단(통제)
  할 수 없게 되는 생리적인 과정을 수반하는 약물 자체의 끄는
  요인이 약물남용 원인을 설명하는 데 반드시 고려되어야 한다는
  점. 대다수의 약물들은 내성과 금단증상을 지니고 있다.
－개인 또는 집단을 약물남용으로 몰아가는 요인들이 고려되어야
  한다. 청소년－빈민지역문화, 빈곤가정, 건전한 여가선용 시설의
  미비 등.

문제에 대한 현행 사회정책 및 프로그램
－법적 통제: 약물남용자를 사회질서의 파괴자로 보고 엄벌에 처
  한다든가 격리수용하는 등의 대책으로 주로 검찰을 비롯한 사법
  기관에서 이루어진다.
공공정책과 프로그램: 보건복지부 정책
민간정책과 프로그램: 예방교육과 홍보

약물남용문제에 대한 해결방안
약물 공급 측면에서의 대책
‘이러한’ 측면에서의 대책
치료, 재활 또는 사회생활유지 대책
마약류 중독자 치료 관련 법령의 개정
약물중독자 입원치료 프로그램 확대

교정시설 내에서의 중독자의 치료와 재활

정신보건정책으로서의 치료, 재활 대책

약물남용자 치료모델 개발

약물 공급 측면에서의 대책

- 기존 통제관리기관의 인력과 장비를 보강하는 것
- 마약류 관계입법의 정비
- 규제하는 입법을 통해 약물유통 관련 범죄자금을 통제해야 한다.
- 마약류의 불법거래와 관련된 이동수단 등의 재산과 불법거래의
  이익금을 국가가 몰수하여 마약수사 활동비로 활용하는 것.
- 의료기관을 통해 유출되는 약물에 대한 지도관리를 엄격히 하여
  약물남용자들이 의료기관에서 약물을 조달하지 못하도록 해야
  한다.

(2) 약물남용자 치료모델 개발

* 의학적 모델

가. 영양요법: 약물남용자의 영양학적 불균형을 치료하기 위해 결
   핍된 신진대사 등 영양학적 욕구를 충족시켜 주는 것.

나. 대용약물인 이것을 제공함으로써 약물중독자의 생존을 도모하
   는 요법.

다. 영국 모델: 영국에서는 약물중독자는 치료받아야 할 환자로서
   정부의 유관 사무소에 등록하여 의사의 치료서비스를 받는다.
   이들이 사용했던 마약을 의사로부터 처방받아 복용한다. 의사

는 처방하는 마약의 양을 점차 줄여간다.

* 약물남용자 치료모델 개발

사회적 모델: 사회와 환경이 변화주도체. 약물남용자의 사회적 역기능이 치료될 문제. 재활과 대결이 주요한 치료과정.

가. 지역사회 자원활용: AA 등.

나. 집단지도방법론을 활용하여 집단과정을 통해 약물남용자의 사고방식과 행동상의 변화를 도모하는 것.

심리적 모델: 변화 주체는 자아. 이상행동을 치료하고, 자아를 인식하며, 특정의 행동을 수정함으로써 약물남용자의 행동을 정상화하고, 긍정적인 자아상을 갖도록 하는 것 – 행동수정요법(혐오요법), 역할극 등.

8) 환한 미소 깃들이기

가. 개요
- 웃는 얼굴에서 긍정적인 마음이 나옴을 알고 웃음을 생활화하려고 노력한다.
- 웃기 콘테스트를 통해 자신의 웃음이 타인에게도 기쁨을 주는 일임을 깨닫는다.

나. 주요 내용
- 웃음이 암에 탁월한 효과가 있음을 알기

- 얼굴의 의미와 밝은 얼굴을 창조하려는 적극적인 의지 선택하기
- 요일별 웃음표어를 통해 웃음을 생활화하려는 의지 갖기
- 미소 콘테스트

다. 유의사항
- 얼굴이 자신의 내면을 표현하는 것임을 알고 밝은 얼굴을 위해
  웃음을 생활화할 수 있도록 한다.

라. 기대효과
- 분노의 감정 대신 여유를 갖고 웃을 수 있는 자신의 감정조절
  능력이 향상된다.
- 개개인의 마음이 점차 긍정적으로 변해 간다.

마. 프로그램

1) 얼굴의 의미
(1) 개요: 얼굴에 대한 의미를 설명함으로써 밝은 얼굴로 생활할
수 있는 긍정적 선택의 계기를 마련하여야 한다.
(2) 진행방법
- 다양한 얼굴표정을 표현해 보자(웃음, 분노, 슬픔 등).
- 얼굴의 의미를 알고 웃는 얼굴로 생활하는 태도의 중요성을 안다.

2) 요일별 웃음 표어 알기
(1) 개요: 요일별 웃음 표어를 통해 매일매일 웃음을 생활화하는

의지를 가지자.

⑵ 진행방법

-제시된 요일별 표어를 돌아가면서 읽는다.

-'매일 웃을래요'를 작성해 본다.

<u>요일별 표어</u>

월: 원래 웃는 날	금: 금방 웃고 또 웃는 날
화: 화사하게 웃는 날	토: 토실토실 웃는 날
수: 수수하게 웃는 날	일: 일단 웃고 또 웃는 날
목: 목숨 걸고 웃는 날	

3) 미소 콘테스트

⑴ 개요: 미소 콘테스트를 통해 자신의 밝은 웃음이 타인에게도 기쁨을 주는 일임을 깨닫는다.

⑵ 준비: 얼굴 근육을 풀자.

(눈, 코, 입 등을 크게 움직이고 손가락 마디로 얼굴 전체를 두드려 준다.)

⑶ 각자 마음껏 웃어보자.

9. 행정학과 NGO의 관계성

행정학을 알면 비정부국제기구에 대한 사항도 알 수 있다. 우선 행정학에 대해서 간단한 이론적 백그라운드를 설명해 보도록 하겠다. 앞에서 언급한 NGO 전반적인 이론들과 대비시켜 이해해 보도록 하자.

행정학: 사회과학의 한 분과학문.
즉 사회현상의 일부인 행정현상을 대상으로 연구하는 학문.

사회과학이 인간과 인간의 관계를 중심으로 개인, 집단, 사회, 국가 단위에서 발생하는 모든 현상을 대상으로 하듯이 행정학은 공공 부문에서 발생하는 제반 현상을 대상으로 한다. 따라서 행정학을 공부한다는 것은 공공성을 특징으로 하는 행정현상에 관한 지식(knowledge), 가치(values), 기술(skills)을 습득하는 것이다. 행정현상에 대한 이해를 통해서 사회현상을 더욱 심도 있게 이해하는 것이며, 나아가 더 나은 공동체의 삶을 지향하는 것이다.

1) 행정학을 공부하는 구체적인 동기

(1) 좋은 정부와 좋은 행정의 구현

행정학을 공부하는 일차적인 목적은 좋은 정부(good government)를 구현하여 국민의 삶의 질을 높이기 위해서임. 행정은 우리 생활 곳곳에 영향을 미치는 무소부재(無所不在)한 현상이다. 따라서 좋은 정부와 좋은 행정이 구현될 때 우리의 삶의 질이 높아질 수 있다. 행정학을 공부하는 일차적인 이유는 교양인으로서, 깨어 있는 시민으로서 좋은 정부와 좋은 행정을 구현하기 위해서다. 이것은 시민으로서의 권리이자 의무에 속한다.

(2) 문제해결능력의 향상

행정학을 공부하는 중요한 동기는 문제해결능력을 향상시키기 위해서이다. 공공문제들(public affairs)은 문제의 성격이 복잡할 뿐만 아니라 해결하기가 곤란한 경우가 많다. 여러 집단의 이해관계가 얽혀 있고, 추구하는 목표도 다양하며, 필요한 인적·물적 자원은 부족한 경우가 대부분이다. 이러한 문제들을 해결하기 위해서는 문제의 정의, 대안의 모색 및 결과의 예측, 자원의 동원 및 관리에 필요한 능력이 요구된다. 특히 인간 협동의 기술이 매우 중요하다. 왈도(Waldo)는 이러한 인간 협동의 기술이 곧 행정 및 행정학의 핵심이라고 본다. 특히 지식정보화 사회에서의 문제해결능력은 전문지식과

수평적 사고, 창조적 아이디어로 무장되는 데어서 함양된다. 또한 새
로운 것에 도전하는 의지, 위험을 떠맡는 주체성, 자원부족을 극복하
는 창조성을 기를 필요가 있다.

(3) 관리자로서의 능력 함양

행정학을 공부하는 또 다른 이유는 직업으로서의 교육을 받기 위
해서이다. 우리 사회에서 공무원은 사회적 영향력 면에서 아주 중요
한 위치에 있다. 공무원으로서 국가와 국민을 위해 봉사하고 싶은
사람은 우선 공직에 진출해야 한다. 그런데 공직 진출의 주된 통로
는 공무원 시험이다. 현재 많은 공무원 시험에 행정학 과목이 들어
있고, 아직 없는 시험에는 행정학 과목이 추가될 필요가 있다.
공직에서 하는 일은 재정경제, 교육, 환경, 문화, 사회복지 등 매
우 다양하다. 공직에 진출하지 않는 경우에도 행정학 공부는 필요하
다. 실제로 행정학과 학생들이 공무원보다는 다른 직업을 택하는 경
우가 더 많다. 기업, 금융기관, 정부투자기관 등에 많이 진출하고 있
다. 이 경우에도 앞에서 논의한 문제해결능력, 관리자로서의 능력을
함양하기 위해 행정학을 공부하게 된다. 특히 정부를 상대로 하는
업무를 맡는 경우에는 행정학 공부가 매우 유용하다. 최근 정부와
기업 또는 정부와 민간단체 간의 상호 작용이 증가하는 추세를 볼
때 정부와 계약을 맺거나 입법 및 규제 과정에 영향력을 발휘하기
위해서는 정부의 정책결정 및 집행 메커니즘을 이해할 필요가 있기
때문이다.

2) 행정의 개념

(1) public administration의 어원

① public(公共)의 고전적 의미

public 용어 - 그리스어 pubes에서 유래

*육체적 감정적 혹은 지적인 성숙을 의미

*자기 자신에 대한 이익의 관점에서 벗어나 다른 사람의 이익을 강조한다는 의미가 내포

그러므로 public의 의미 속에는 다른 사람들과 더불어 행하며, 또한 다른 사람들을 돌본다는 의미가 함축되어 있고, 또한 이러한 행위를 할 수 있는 능력(성숙성)을 가진다는 의미가 내포되어 있다.

② administration 용어 - 라틴어 administrare, 즉 봉사하다(to serve)의 뜻

이것은 행정의 개념으로서는 가장 고전적인 뜻이면서도 핵심적인 국면을 나타내고 있다.

결국 어원적 측면에서 볼 때,

행정이란 우리의 삶과 마찬가지로 궁극적으로는 하나님(부처님)의 영광을 드러내기 위한 활동이며, 이것은 조직이든 행정인이든 각자가 자신을 버림으로써 가능하다 하겠다.

본래 사람은 원시생활을 하면서부터 서로 협동하고 의존하며 상호봉사를 통해 조직 속에서 목표를 달성하여 왔다. 이와 같이 인간사

회의 조직이 목표 지향적인 업무활동을 하였을 때 이를 행정이라 할 수 있다면 행정은 인류문명의 발전과 더불어 존재해 왔고, 특히 산업사회의 대두와 함께 사회적·경제적 문제들이 등장하면서 정부의 행정적 측면이 크게 부각되고 인류사에 새로운 현상으로 등장했다.

그런데 행정은 시간과 공간의 구속을 받는 사회현상이나 정치체계, 문화, 이데올로기에 따라 그 모습이 달라질 수 있다.

3) 행정개념의 다양성

(1) 행정법학적 행정의 개념

국가작용(국가활동)의 성질을 표준으로 입법은 법정립 작용, 사법은 법선언 작용, 행정은 법집행 작용이라 하여 그 성질상의 차이를 인정한다.

* 삼권분립공제설: 행정이란 국가활동 중에서 입법, 사법을 제외한 나머지 활동.
* 국가목적실현설: 행정이란 국가목적(공익)을 실현하는 행위.
* 법함수설(부정설): 국가활동의 성질상의 차이를 부정. 행정이란 법적 활동의 일부.

요컨대, 행정법학적 행정개념은 대체로 권력분립을 전제로 하여, 行政이란 행정부가 국가목적(공익)을 실현하기 위하여 법을 집행하는 활동이라는 점을 강조하고 있다.

(2) 행정학적 행정의 개념(변천과정)

* **광의의 행정개념:** 조직일반에 적용할 수 있는 인간의 협동적 측면에 초점을 두고 있다. 행정이란 고도의 합리성을 수반한 협동적 인간 노력의 한 형태로 정의. 이때의 합리적 행동이란 주어진 공공목표를 달성하기 위해 기회비용을 최소화시키면서 그 목표와 관련된 적정 수단을 정확히 선택하는 계산된 행동을 지칭한다. 따라서 광의의 행정은 공공단체, 기업체, 민간단체 등 모든 조직활동에서 찾아볼 수 있다. 학교행정, 군대행정, 목회행정 등이 그러한 예이다.

* **협의의 행정개념:** 정부관료제를 중심으로 이루어지는 활동을 의미. 엄밀하게는 행정부의 구조 및 공무원의 활동을 포함하는 개념. 행정학에서는 주로 협의의 행정을 일반행정 또는 공행정(公行政)이라 하기도 한다.

이러한 행정의 개념도 시대와 지역을 경계로 변천해 왔다.

* 행정관리설: 행정이란 국가목적을 실현하기 위한 인적 물적 자원의 관리활동
* 정치기능설: 행정이란 통치과정의 일부
* 행정행태설: 행정이란 행정인들의 협동적 합리적 활동
* 발전기능설: 행정이란 사회를 바람직한 방향으로 변화시키고 발전을 유도하는 통치기능(사회발전을 위한 문제해결자)

이와 같은 행정개념의 변천과정에서 제기된 논점은 정치와 행정과의 관계, 행정이 과학이냐 기술이냐의 문제이다. 오늘날의 행정은 정

책집행 외에 정책결정까지도 중요 영역으로 보는 정치행정일원론의 입장, 그리고 행정이란 과학성과 기술성을 동시에 지닌 존재로 파악.

최근의 행정개념: 공공문제의 해결과 이를 위한 정부 외의 공사조직들의 연결망을 강조(거버넌스로서의 행정개념을 의미). 거버넌스(governance) 개념에서는 정부의 일과 민간의 일이 엄격하게 구분되는 것으로 보지 않고, 공공(public)이라는 개념을 통해 양자 모두를 포함하려고 한다.

이러한 관점에서 행정의 개념을 정의내리자면,

行政이란 공익목적을 달성하기 위한 공공문제의 해결 및 공공서비스의 생산 분배와 관련된 정부의 제반 활동과 상호 작용이다.

이러한 행정개념에 포함된 특성은 다음과 같다.

- 규범적으로 행정은 공익을 지향한다. 구체적으로는 공공문제의 해결이라는 공공목적을 달성하는 것이다. 이것은 국방, 치안, 교육, 교통, 환경보호 등의 공공욕구를 충족하여 국민의 삶의 질을 증대하는 것을 말한다.
- 공공서비스의 생산, 공급, 분배와 관련된 모든 활동을 의미한다. 여기에는 정책의 형성 및 집행, 행정기관의 내부 관리, 참여자 간 네트워크의 구축 및 관리를 포함한다.
- 행정의 수행은 정치권력을 배경으로 하지만 공공서비스의 생산 및 공급은 정부가 독점하지 않는다. 준정부기관 또는 민간부문과의 상호 작용 및 협력적 관계를 통해 공공서비스를 생산·공급·분배한다.

-행정은 정치과정과 밀접하게 연계되어 있다. 공공문제의 해결
 및 공공서비스의 생산·분배과정에서 국민의 의견을 존중하고
 국민에 대해 책임을 진다. 이것은 민주주의 정치제도를 전제한
 것이며, 정치행정 일원론의 입장을 반영한 것이다.

4) 행정학 전반의 고전이론

* 관료제이론과 과학적 관리론의 공통점: 조직의 공식적인 목표를
중요시하고 개인의 목표와 조직의 목표는 일치된다고 봄. 조직은 합
리적인 체계로 기계와 같이 설계되면 효율성과 효과성을 높일 수 있
다고 보았다.

(1) 관료제 이론

-관료제: 일반적으로 계층적 조직구조를 갖고 합리적인 지배가
 제도화된 조직형태를 의미 한다.
-자유와 권력을 합리적이고 합법적으로 사용하는 데 가장 효율적
 인 조직으로 여긴다.
-권위: 전통적 권위, 카리스마적 권위, 합법적 권위 분류
-관료제의 주요 특성
 (1) 권위의 위계구조: 상급직위자가 합법적으로 하급직위자를 통
    제한다.
 (2) 규칙과 규정: 통일성과 안정성

(3) 사적 감정 배제: 합리성에 기초한 의사결정에 따라 집행

(4) 분업과 전문화

(5) 경력지향성: 전문적인 능력과 기술을 중요시함.

(6) 능률성 강조

−관료제 특성에 따른 순기능과 역기능

−목표전치: 조직의 규칙과 규정 그 자체가 목적이 되거나 원래 목적이 다른 목적으로 변질되거나 대체되는 현상.

−전문적 관료제: Mintzberg(1979). 전문가 집단의 속성을 인정하고 관료제의 특성을 중화시키는 방안. 전문가의 다양하고 기술적인 업무는 전문적 기준에 따라 규칙성과 표준화를 추구하도록 한다.

(2) 과학적 관리론

−창시자: Taylor(1911).

−조직 내 직원의 업무를 과학적으로 분석하며 이에 관한 지식을 적극적으로 활용한다면 조직의 능률성은 극대화될 수 있다고 봄. 개개인의 업무수행에 관한 일의 형태와 소요시간을 표준화하여 적정 일일작업량 산출, 분업, 개인별 과업 부여와 성과를 임금과 연계시킨다.

−4단계

(1) 목표설정

(2) 직무의 과학적 분석: 시간과 동작 연구

(3) 관리의 원칙수립: 분업. 엄격한 기획과 통제의 관리원칙 수립
(4) 경제적 보상
－평가: 조직구성원을 생산성을 향상시키려는 방법만을 추구하는
　수단으로 봄. 생산조직이 추구하는 목표를 분명히 인식하고 과
　학적이고 체계적인 지식을 활용하여 조직의 효율성과 생산성을
　극대화하려는 관리과학의 효시.

(3) 복지조직에의 적용과 한계

가 관료제이론
－거의 모든 복지조직은 규모에 상관없이 어느 정도 관료화되어
　있다. 현실적용성 인정. 사회복지조직의 활동을 합리화한다는 측
　면에서 유용하다.
－수행 업무는 클라이언트에 따라 매우 개별화되어 있고 특수화되
　어 있기 때문에 일방적으로 적용시키는 데 한계 있음. 반복적이
　고 정형적인 업무가 아닌 조직에서 엄격한 규칙의 적용과 위계
　질서에 의한 업무의 통제는 비효과적.
－사회복지서비스 전달을 경직화
－전문가 집단은 자율적인 의사결정과 자율적인 통제 선호
－사회복지조직에서 과도한 규칙준수에 따른 목표전치와 분업 및
　전문화에 따른 부서할거주의가 나타난다.

나 과학적 관리론
－조직 목표 설정, 업무의 체계적 분화, 특정 업무에 따른 인력

모집, 훈련, 배치

- 한정된 재원을 갖고 다양한 사업과 프로그램을 수행해야 하는 사회복지조직은 비용의 최소화와 낭비요소를 제거하는 노력이 필요하다.
- 근본적으로 추구하는 목표가 다름. 조직구성원을 단지 목표 달성을 위한 수단으로 간주하는 한계를 갖고 있다.
- 사회복지기관의 전문가에 의한 본질적인 업무수행에는 적용되기 힘들고 부수적이고 지원적인 업무의 효율화에는 어느 정도 설득력 있다.

다 종합
- 사회복지조직의 두 가지 특수성: 환경에 의존적, 사회복지조직이 일종의 전문가조직이다.
- 합리성과 효율성 추구는 양질의 서비스 제공과 전문가의 윤리와 철학의 관점에서는 갈등과 모순을 야기한다.

(3) 인간관계이론

가 Hawthorne 공장 연구
- 조직의 목표 달성에는 기술적 요인보다 더욱 중요한 사회적 요인인 직원 간의 인간관계에 보다 큰 관심을 두어야 한다.
- 연구결과
  ① 생산성은 인간관계에 의해 좌우
  ② 조직의 직원은 비공식적인 집단의 성원으로 행동. 비합리적

이고 정서적인 요소

③ 공식적인 부서와는 다른 비공식적인 부서 존재

④ 비경제적인 동기인 심리적, 사회적 욕구에 따라 행동

나 조직인간주의, XY 이론

- McGregor(1960): 조직의 관리자가 직원을 보는 기본적인 시각의 차이에 따라 전혀 다른 관리방법이 고안될 수 있음.

- X이론: 직원은 근본적으로 일을 싫어하고 이기적이며 변화에 저항적 → 엄격한 지시와 통제가 있어야 조직의 효과성이 확보된다.

- Y이론: 직원은 일을 자연스러운 활동으로 받아들이고 자신의 책임하에 스스로 일의 방향을 정하고 창의적으로 활동하며 조직의 목표를 달성함 → 관리자는 직원의 능력과 가능성을 믿고 자율성을 부여하는 민주적 의사결정이 필요하다.

- Herzberg(1966): X이론에 따른 관리방법보다 Y이론에 의한 관리방법이 우수하다는 결론이다.

- Morse & Lorsch(1970): 조직에서 수행되는 과업의 성격에 따라 각 이론의 적용효과성은 달라진다고 본다.

- Netting 등(1993): 사회복지기관에서 사회복지사의 업무는 과업이 명확히 설정될 수 없고 사회복지사의 판단에 크게 의존하므로 Y이론이 더 적합하다.

다 Likert(1967)의 4가지 유형

① 권위적이며 착취적인 체계1: 리더가 부하직원을 불신하고 의사결정과 권력은 상층부에 집중되어 있다. → 조직구성원의 목표

달성에 대한 인식 매우 낮다.
② 권위적이고 온정적인 체계2: 권력이 리더에게 집중되어 있지만 부하직원의 불만을 부분적으로 수용하나 통제해 나가는 조직이다.
③ 자문적 체계3: 계층적 조직구조에서 직원의 의사결정과정에 참여가 허용되고 부분적인 권한위임이 이루어지며 의사소통이 활발한 조직이다.
④ 참여적 체계4: 조직의 리더가 부하직원을 신뢰하고 의사소통이 조직 내에서 자유롭게 일어나고 목표에 대한 모든 조직구성원의 합의가 있으며 의사결정이 분권화되어 있다. → 자기의 책임 하에 모든 업무의 수행과 자율적인 통제가 이루어진다.

** 대부분의 관리자는 체계4가 이론적으로 다른 조직보다 우수하다고 믿고 있으며 다른 조건이 동일하다면 분명히 체계4는 가장 바람직한 조직의 유형이라고 주장한다.

라 사회복지조직 적용 장단점
- 인간관계이론이 사회복지조직에서 크게 각광을 받는 이유
  ① 조직에서 인간을 보는 시각과 사회복지철학과 이념 부합
  ② 조직환경에서 직원의 조직에 대한 태도와 동료직원과의 관계가 직접적으로 클라이언트 관계에 영향을 준다.
- 장점: 사회복지조직의 특수성
  ① 능력과 동기와 자율성이 인정되는 방향으로 사회복지사에 대한 인사관리가 적절히 이루어진다면 조직의 효과성은 극대화될 수 있다.

② 사회복지사의 활동이 전문직이라 인정되기 때문에 자율성을 인정하고 참여를 권장하는 리더십이 더욱 적합하다.

③ 클라이언트의 가치, 독특성, 강점 등을 강조하는 사회복지 실천의 근본적 가치와 조화롭다.

－비판

① 조직의 효과성을 결정하는 목표, 자원, 기술, 구조적인 특성 등을 소홀히 다루는 경향이 있다.

② 조직구성원인 인간을 너무 단순화함: 갈등과 지배의 본질을 간과할 수 없다.

③ 경제적 보상이 전혀 고려되지 않음: 조직 내에서 인간의 정치경제적 과정을 경시하고 있다.

(4) 개방체계이론

가 상황이론(contingency theory)

－전제: 조직화에는 유일한 최선의 방법이 없으며, 조직화는 상황에 따라 결정되어야 한다.

－상황: 조직을 둘러싼 내·외적인 환경

－개방체계: 조직을 개방체계로 보고 상황에 적합한 조직구조와 형태를 유지하는 것이 보다 바람직하는 입장이다.

－이론구성

① 환경으로부터의 요구는 조직 내 구조변화의 형태를 결정한다.

② 조직이 사용하는 기술의 속성이 이 기술을 사용하는 부서의 구조를 결정한다.

- 조직의 목표 달성을 위한 조건
- Lawrence & Lorsch: 환경적인 변화에 의한 요구를 수용하는 방향으로 조직구조를 형성하는 것이다.
- Thompson: 조직의 환경이 변화할 때 조직 내 의사결정은 분권화되고 조직구조는 고도로 분화하는 것이 더 유리하다.
  ① 환경: 안정적인 형태와 변화하는 형태
- 안정적: 구조에서 분권화와 공식화의 정도를 높일 수 있다.
- 불안정: 효과적인 대응을 위해서는 집권화의 정도를 높이고 공식화의 정도를 낮추어 신속한 업무처리가 유리하다.
  ② 기술: 고도로 복잡하고 전문적인 기술과 단순하고 반복적 사용 가능한 기술이다.
- 복잡·전문적 기술: 분권화하는 것이 더욱 적합, 조정의 필요성이 크게 강조된다.
  ③ 크기: 대규모 조직과 소규모 조직
- 대규모 조직: 공식화의 정도는 높여도 된다.
- 소규모 조직: 공식화의 정도를 높여서 계층별 승인과 결재가 요구된다면 비효율적이다.

조직이 환경에 적합해야 효과적이기 때문에 상황적합이론으로 부른다.

- 효과적인 조직은 다양할 수 있으며, 그 조직의 특성과 환경과의 적합성이 조직의 성패를 좌우한다고 본다.
- 사회복지조직관리자가 상황이론을 활용할 경우 고려해야 할 사항
  ① 사회복지조직의 특성과 욕구를 분명히 파악
- 단일계층의 클라이언트에게 일정한 서비스를 반복적이며 지속적

으로 제공하는 활동(예 장애인 생활시설): 정형화되고 기계적인
조직구조와 형태를 활용한다.
- 다양한 클라이언트 집단에 전문적인 서비스를 제공하는 기관(장
애인복지관): 보다 유연한 조직형태가 바람직하다.
  ② 환경적 특성을 잘 이해
- 사회복지조직 적용 유용성이 있다.
- 사회복지조직의 내부적 특성을 잘 설명하고 상황과 환경의 중요
성을 강조한다.
- 클라이언트 집단에 따라 그 조직의 특성이 매우 다르다.
- 한계: 어떠한 상황이나 환경에 어떤 조직이 효과적이라는 일정
한 원칙과 지침을 제공해 주는 데 실패 → 과학적으로 검증하거
나 현실에 적용하는 데 한계를 갖고 있다.

나 정치경제이론(political economy theory)
- 조직과 환경의 상호 작용의 역할관계에 따라 조직의 성패가 좌
우된다는 점을 유달리 강조한다.
- 두 가지 기본적인 자원
  ① 정치적 자원: 합법성과 권력
- 합법성: 조직의 설립기반과 모든 활동의 근거가 되는 중요한 요소
- 권력: 조직의 목표 달성을 위한 적절한 권위와 영향력 행사

  ② 경제적 자원: 생산과 서비스에 요구
- 재원, 클라이언트, 인력과 같은 생산과 서비스를 위한 경제적
자원이 확보되지 않는다면 조직은 정상적으로 가동될 수 없을 것

이다.

- 과업환경(task environment) 중요성 부각
- 과업환경: 조직에 직접적으로 영향을 미치는 환경. 지역사회 내의 다른 조직과 클라이언트 집단이 포함된다.
- 조직이 필요로 하는 중요한 자원을 통제하고 있고 조직을 통해서 자신들의 목적을 실현시키려 한다.
- 자원 의존 이론: 조직은 정치경제적으로 환경에 대해서 반드시 필요한 자원을 확보해야 하므로 의존하고 있다고 본다.
- 기본 전제: 조직이 과업을 수행하기 위해서 필요한 자원을 조직 스스로 내부적으로 마련할 수 없으므로 결국 환경에 의존적일 수밖에 없다.
- 조직의 생존과 발전에 결정적인 역할을 하는 과업환경을 면밀히 분석하여 능동적으로 대처하는 전략을 수립해야 한다.
- 효과적인 전략: 완충과 연계
- 완충: 조직이 과업환경으로부터 야기되는 혼란에서 조직을 보호하기 위하여 조직 내의 구조와 주요 절차를 정비하는 방법. 내부지향적이며 수동적인 환경대응전략
- 연계: 조직이 필요한 주요 자원을 획득하기 위해서 환경의 다른 요소 또는 조직들과 협력 혹은 공조관계를 형성하고 발전시키는 것을 말함. 외부지향적이고 능동적인 조직의 변화전략.
- 완충전략의 구체적인 전술
  (1) 분류(coding): 외부환경으로부터 지속적으로 투입되는 자원의 흐름에 방해가 생겼을 때 또는 새로운 자원 확보에 문제가 발생할 경우 기존의 자원과 투입을 재분류하여 정리하

는 방법.

  (2) 예측(forecasting): 조직의 투입과 산출에 대해서 미리 예측하여 환경적 변화에 적응하는 방안을 강구. 예: 6개월 후 사업 내용과 관련된 소요재원을 미리 예측하여 조달방안을 강구.

  (3) 비축(stockfiling): 환경으로부터 유입되는 자원이 불충분하다고 판단될 때 조직의 주요 자원을 비축하여 긴급한 상황에 사용.

  (4) 평준화(leveling): 조직 내의 특정 부서나 일부 직원이 부담할 충격을 나누어 분담케 함. 예: 조직의 재원조달에 심각한 문제가 발생했을 때 각 부서의 지출규모를 약간씩 줄여 나가는 방법.

- 연계 전략의 전술

  (1) 협력(coorporation): 충분한 수의 클라이언트를 환경으로부터 확보하기 위해서 타 기관과 협력관계를 형성하여 클라이언트를 의뢰받을 수 있는 방안.

  (2) 대체자원 개발: 의료기관이나 사회복지조직에서 흔히 사용하는 전술. 적극적으로 환경의존적인 조직의 위치를 변화시킬 수 있다.

  (3) 서비스나 프로그램의 다변화 전술: 새로운 클라이언트나 자원을 획득할 수 있는 방법.

  (4) 크리밍(creaming): 비교적 성공가능성이 큰 클라이언트를 선별적으로 모집. → 윤리적인 문제 야기

- 사회복지조직 적용
- 사회복지조직이 외부환경에 크게 의존하고 있다는 사실을 강조

하고 환경의존성을 탈피하려는 조직의 적응전략을 사용했을 때
어떤 영향이 나타나는가를 명확히 설명해 준다.
  한국의 사회복지기관의 본질적인 특성을 가장 잘 부각시키고
환경변화를 위한 구체적인 전략과 전술을 적용하는 데에도 적합
하다.
- 클라이언트를 중요한 자원으로 보고 동시에 조직에 영향을 주는
  이해관계 당사자로 파악 → 조직이 어떻게 클라이언트 집단에 반
  응해야 하는지를 예측가능하게 한다.
- 한계: 사회복지조직은 정치경제적 힘과 자원에 의해서 전적으로
  좌우되는 것은 아니며, 그 조직을 이끄는 가치와 이념을 간과한다.

다 인구생태이론(population - ecology theory)
- 조직을 개방체계로 보아 환경과의 상호 작용을 전제로 함. 조직
  의 생존을 결정하는 것은 결국 환경이라는 결정론적 입장이다.
- 분석단위: 전체 조직
- 조직들 간의 인구생태적 역동성과 조직의 생성과 소멸이라는 주
  기성이 나타남. → 적극적으로 변화하는 환경에 적응적인 조직은
  살아남고 그렇지 않은 조직은 도태된다.
- 조직의 생성과 수적 증가: 조직의 필요성 인정 → 상호 경쟁 →
  성공적으로 운영되는 조직은 존속, 그렇지 못한 조직은 사라진다.
- 환경에 적응적인 조직은 다른 조직에 비해 강점을 보유하고 있
  기 때문에 살아남을 수 있다.
  예: 의료산업에서 개인 개업 의원 도태, 산부인과 의원 사라지
      는 현상.

－환경이 변화하고 주기적으로 큰 변동이 있는 경우: 보편적인 서
  비스를 제공하는 조직
－안정된 환경: 특수하고 전문적인 서비스를 제공하는 조직 생존
－비판: 환경에 대해서 구체적인 설명이 없다는 점. 환경의 개념
  이 매우 모호하고 환경에의 조직 간의 권력관계, 갈등, 마찰 등
  중요한 사항을 도외시.
－유용성: 생활시설 중심 → 재가복지. 이용시설로 전환. 사회복지
  관의 활동 확대.

라 제도이론(institutional theory)
－조직 그 자체의 규범과 조직을 둘러싼 사회적 가치와 규범의
  결집체인 제도적 환경이 조직의 특성과 행태를 좌우한다는 점을
  강조한다.
    조직의 위상, 정책, 프로그램, 절차 ← 사회적 여론, 주요 이해
  당사자의 시각, 교육과정에서 인정된 지식, 사회적 지위, 법률과
  법원의 판결 등에 의해 규정된다고 본다.
－사회복지조직의 주요 제도적 환경: 정부, 전문직, 여론
－특정조직의 제도화된 규칙: 동일한 영역에서 활동하는 조직들의
  네트워크나 개별조직들의 성공적인 실천 사례에서도 만들어질 수
  있다.
  예: 정신보건 영역: 권위의 위계질서와 지배가 보편화. 개별조직
      은 가장 권위적이고 강력한 조직의 실천관행을 모방한다.
－개별조직이 새로운 실천관행이나 조직구조를 시험해 본 결과 성
  공적일 때는 그것을 관계화 또는 제도화시킨다.

- 조직의 생존과 관련→합법성의 원천이고 자원획득을 위한 통로
  가 된다.
- 제도적 규칙이 받아들여지는 과정과 방법
  ① 정부나 법률의 규정에 의해서 강제로 받아들여지는 규칙. 법
    률적 규정에 따라 특정 클라이언트를 의무적으로 서비스 대
    상자로 선정해야 하는 이유
  ② 성공적인 조직의 관행과 절차를 모방하여 규칙을 정하는 방
    법. 우수복지기관의 조직체계와 프로그램을 도입
  ③ 전문직의 규범으로 자연스럽게 그 절차를 수용: 과학적으로
    효과성이 입증된 실천모델을 적용하는 이유는 사회복지 실
    천에서 경험적 실천의 중요성이 강조되는 전문직의 요구가
    있기 때문이다.
- 유용성
- 도덕적인 이념이나 가치에 의해서 존립의 정당성이 확보되는 경
  향이 있고 정부와 전문직의 제도적 규범이 강하게 작용하는 조
  직에 적용한다.
- 비판: 제도화 과정을 명확하게 서술하지 않고 제도화된 규칙을
  적용한 결과에 대해서도 설명 없음→구체적인 조직관리의 원칙
  을 도출할 수 없다.
- 한국 사회복지조직 적용 장점
  ① 한국 사회복지기관의 준공공적 특성을 잘 설명.
  ② 전문화 추구과정. 사회복지전문직의 윤리와 강령을 준수하는
    방법으로 실천하고 있다.
  ③ 정당성과 자원을 결정하는 요소가 제도적 환경에 있다는 점

을 반영. 성공적인 조직관리를 위해서는 환경관리가 중요하
다는 점을 시사한다.

(5) 현대조직이론

가 총체적 품질관리(TQM: Total Quality Management)
－조직이 산출하는 서비스의 질을 향상시켜 궁극적으로 소비자 만
　족을 추구하기 위해서 조직문화와 질적 향상을 위한 효과적인
　관리기법을 통합적으로 운영하는 조직관리방법.
－고객의 욕구나 필요에 따라 조직의 목표가 설정된다는 고객 중
　심의 관리가 강조되어 조직운영과 서비스의 지속적인 개선을 통
　해 양질의 서비스를 산출하여 조직의 경쟁력을 증대시키고 이를
　위해 전 조직구성원들이 참여하며 노력하는 경영시스템을 갖추
　는 것이다.
－총체적으로 소비자가 만족할 수 있도록 제품과 서비스를 향상시
　키는 혁신적인 조직관리와 경영기법으로 이해.
－7가지 주요 원리
　① 서비스의 질은 고객 결정
　② 서비스의 질은 서비스의 계획단계부터 고려
　③ 서비스의 변이 가능성을 사전에 방지
　④ 조직의 다양한 직원의 협력적 활동의 결과
　⑤ 투입과 과정에 대한 지속적인 개선노력이 질적 우월성을 가
　　져다준다.
　⑥ 질적 개선은 직원들의 적극적인 참여를 통해서

⑦ 전체 조직의 사명감이 투철해야 질적 개선은 이루어질 수 있다.

- 기법
- 조직 내 퀄리티 서클(quality circle)과 과정향상팀(process impr-
  ovement team) 구성
- 서비스의 과정흐름도표, 파레토 도표, 인과관계도 활용
- 소비자나 고객의 만족도를 높이는 경영철학과 이념 반영, 전체
  조직이 품질향상을 위해서 참여, 협동, 학습조직 등의 조직화
  방안을 추구하면서 효과적인 관리기법을 적극적으로 활용한다.
- 적용: 미국, 캐나다의 아동을 위한 재가복지 및 지역사회서비스,
  보건 및 의료시설, 재활서비스기관, 공공복지서비스기관에 적용
  한다.
- 우리나라 도입 문제점
  ① 사회복지서비스의 효과성과 질을 객관성 있고 타당하게 측
     정할 수 있는 척도 부족: 질적 향상을 판단하는 데 어려움
     이 있다.
  ② 조직 리더의 의지와 직원의 자발적인 참여 선행
  ③ 다양한 관리기법의 활용에 대한 지식과 기술 구비

나 학습조직이론(learning organization theory)
- 임파워먼트 모델: 사회복지조직과 인력을 임파워시켜 클라이언
  트 집단에 효과적인 서비스를 제공하는 방안으로 제시한다.
- 학습조직: 조직구성원이 진정 바라는 결과를 창조할 능력을 확
  장하고, 새롭고 확대된 사고 패턴이 육성되며, 집단적 목표나

열망이 자유롭게 선정되고, 함께 학습하는 방법을 지속적으로 배우는 조직이다.

(1) 개인적 통제감

(2) 정신적 모델: 조직구성원이 상호간의 대화, 성찰, 질문을 통한 지속적인 학습과정에서 최선의 해결책을 강구

(3) 비전 공유: 구성원 제각기 다른 목표와 지향점이 생산적인 학습과정을 통해서 통합된다.

(4) 팀 학습: 팀제로 형성. 팀 구성원들이 자유롭게 의견을 교환한다.

(5) 체계적 사고: 요소 간의 마찰과 대립도 있을 수 있다고 인정, 타협과 협력으로 전체 조직의 목표 달성에 기여한다.

−학습조직: 조직구성원이 지속적인 학습과정을 통해서 조직의 인력, 재정, 구조, 직무성과를 개선해 나가는 혁신적인 조직을 의미. →조직 임파워먼트의 전략이면서 조직변화와 혁신을 위한 전략을 간주한다.

−강조점: 조직학습의 과정과 방법

−학습 발생

　① 조직의 목표와 성과가 일치하여 성공적일 때

　② 조직의 성과와 목표가 불일치하여 시정조치가 이루어질 때

−단선적 학습과 복선적 학습: 시정방법이 전체 조직 운영의 틀을 고치는 방향으로 전개될 때 복선적 학습으로 본다.

−복선적 학습이 이루어지는 조직문화에서 조직학습의 긍정적인 영향

−전술: 부정적 요인을 제거하고 긍정적 요인을 더욱 확대하는 밀고 당기는 전술 필요하다.

- 복지조직 적용 연구
- 공립아동복지기관 개혁: 직원개발의 영역에서 나타난다.
- 조직 외부에 의한 평가를 조직학습의 방법으로 활용한다.
- 조직을 학습조직화하는 것은 매우 어렵고 오랜 시간과 많은 자원을 소요한다.

2) 기업과 행정 / NGO 비정부 국제기구

**시스코 시스템을 통한 비정부기구 활동과 사회공헌,
사업과 사회적 이해관계를 제휴시킨 특별한 예이다.**

○ 사업적 성공에 초점을 두는 기업의 문화와 가치가 어떻게 사회공헌을 더 효과적으로 만드는가?
○ 사업적 성공에 투자하는 사회공헌을 위해 어떻게 기업의 재산을 사용할 수 있을까?
○ 기업의 사업과 사회공헌 전략이 진정으로 제휴할 수 있을까?

기업 사회공헌은 사업과 이해관계를 조화롭게 일치시키기 어려운 분야이다. 인터넷용 네트워킹 분야의 세계 선두 업체인 시스코는 사업과 사회공헌을 어떻게 상호 보강해야 할지에 대한 하나의 답을 제시한다. 시스코의 사회공헌 전략은 현재 또는 미래의 그들의 사업에 영향을 주는 사회문제를 해결하려는 것이다. 또한 그것으로 최고의 지속적인 결과를 얻으려고 한다.

■ 시스코의 사회공헌 혁신

● 시스코의 사회공헌은 소규모로 시작해서, 기술적이고 지적인 회
  사구성원의 능력과 심사숙고한 투자를 사용한 사회공헌 프로그
  램으로 진전시켰다.
● 시스코의 사회공헌은 회사구성원, 주주, 경영자들에게 '당연히
  해야 하는' 일로 간주하고 있다.
● 1997년의 전환점: 경쟁사에 창업회사를 매각하면서 얻은 이익을
  시스코 기금을 창설. 장시적인 사회공헌을 위한 토대를 쌓았다.
● 기부재단의 창설은 시스코의 사회공헌 활동을 혁신적이고 전략
  적으로 바꾸었다. 경기침체와 상관없는 재단의 활동이다.
● 현재 시스코는 충분한 기금을 가진 사회공헌 조직이다.

■ 기업 사회공헌 전략

● 효과적인 사회공헌을 위해서는 계획된 전략이 필요하다.
● 시스코 재단 연간 보고서-"시스코의 사회공헌은 시스코 시스템
  즈의 전반적인 사업 전략을 반영한다. 네트워크란 사람들을 모
  든 면에서 같이 있게 하는 것이다."
● 시스코의 사회공헌 프로그램은 회사의 전체에 걸친 자원을 이
  용: 재단이 기금을 제공하고, 사회투자재단(CIF)이 보충한다.
● 조사 결과-"사람들은 경제적인 이익을 덜 얻지만 지역사회를
  돕는다고 여기는 사업을 할 수도 있다."
● 운영 부서가 사회공헌 활동을 지역사회의 기업적 투자와 결합시

키고 기업 사회공헌팀이 이 같은 노력을 조정한다.
- 사회적 혜택 프로그램은 기업 사회복지조직에서, 회사의 더 큰 경제적 이득은 운영부서에 의해 관리된다.
- 시스코의 사회공헌의 사명: '기본욕구 충족→교육→책임 있는 시민성, 사회의 지속'의 사이클이다.

가 기본욕구 충족시키기
- 사랑의 집짓기 협회(Habitat Humanity)에 돈과 회사구성원의 시간을 보조한다.
- 더하여 인터넷 설치를 위한 전기 배선 혹은 기술센터를 세우기 위해 지역사회와 협력한다.
- 인터넷이 회사를 세계적인 기업으로 만드는 데 도움이 된다고 여김: 개발도상국이나 아직 사무실이 없는 가나와 케냐에도 지원한다.

나 사업과 전문기술의 투자
- 산타 클라라와 산 마테오의 카운티의 세컨드 하비스트 푸드 뱅크의 경우: 시스코는 기본욕구에 대한 사회공헌 활동이 아니라 회사의 핵심기술을 사용한 투자를 한다.
- 2001년 7명의 시스코 회사구성원이 세컨드 하비스트에 참가하였다.
- 세컨드 하비스트는 670개의 기관에서 24백만 파운드의 음식을 기부받고, 매달 159천 명 이상의 저소득자에게 제공: 많은 양의 음식의 수령과 배급의 중요한 관리문제 – 데이터 정리의 어려움,

네트워크 인프라구조와 데스크톱 컴퓨터의 지원 문제.
- 이런 문제를 잘 아는 정보 기술 관리자 고용, 전문기술 제공: 사업과정, 핵심 어플리케이션, 데이터베이스 통합, 인프라구조 업그레이드, 웹 개시하고 있다.
- 컨설팅 서비스 제공: 효율성 향상, 매월 직원 450명의 시간 절약 효과를 보인다.
- 시스코는 비영리 부문의 필요를 이해하는 중요한 경험을 통해 미국의 세컨드 하비스트와 다른 비영리 부문의 상품 시장을 개척.

다 미래의 노동인구 훈련
- 인터넷의 빠른 성장에 따른 훈련된 관리 인력의 부족: 시스코는 고등학교와 지역사회 대학에서 네트워킹 아카데미 프로그램을 시작, 학교에 저가로 프로그램 제공 - 효과적, 프로그램 확장하고 있다.
- 멘로 파크의 기회 산업화 센터 서부지구(Opportunities Industrialization Center West): 복지 수혜자를 위한 비영리 훈련 프로그램 - 고소득 기술 직업 기회 및 시스코 같은 회사에 훈련 인력을 제공한다.
- 시스코에서 OICW에 필요한 성인 복지 수혜자를 위한 프로그램 제작 - 선 마이크로시스템즈에 유사한 프로그램을 제공한다.
- 지역사회에 상당한 영향을 미칠 수 있는 프로그램을 구성한다.

■ 새로운 시장의 진입 및 생성

- 네트워킹 아카데미 프로그램은 온라인을 통해 시스코가 없는 지역에서도 가능: 예) Beth Murora 르완다인, 이디오피아에서 교육-고국에 돌아가서 훈련 프로그램을 제공한다.
- 제한된 입장의 국가를 방문할 경우, 투자 제의: 새로운 시장에 진입할 경우 인정받고 환영받는다.

■ 사업과 사회공헌의 시너지 효과

- 시스코는 기술, 기술적 이해력, 훈련된 인간 능력을 가지고 있고 그런 제품과 서비스를 제공한다.
- 시스코 시스템즈의 전략은 회사의 사업방향과 사회공헌의 기본을 일치시키는 것: 사업과 사회공헌의 제휴 및 상호 교류를 통하여 사회에 공헌하고 이것이 비정부기구의 역할을 하기도 한다.

10. 국제자원활동을 통한 NGO활동

국제적인 자원활동은 지역사회 발전과 국가 발전에 큰 역할을 하며 지역 살리기와 국가 살리기, 지구 살리기에 큰 역할을 하고 있다. 특히 자원 고갈과 국제 질서를 위해 자원활동은 의미가 크다고 볼 수 있다.

1) 자원활동

(1) 동 기

자원활동이란 무엇이라고 생각하는가?

다른 사람들은 왜 자원활동을 하는가?

자원활동이 나의 인생이나 전문성 향상에 도움이 될 수 있는가?

나의 관심 및 전문지식 분야는 무엇인가? 그리고 이것에 적합한 지역과 국가는 어디인가?

특정 분야의 지식이나 경험이 없는 사람으로서 주어진 임무를 수행할 수 있는가?

위에 적합한 조건의 활동을 국내에서는 할 수 없는 것인가?

(2) 목적의식

국제자원활동을 왜 하는가? (동기 의심)

어떻게 활동할 것인가? (자기 역할의 중요도 인식, 활동의 우선순위 정해 보기)

특히 단기 캠프활동의 경우 팀 내에 불협화음이 있더라도 회복할 만한 시간적 여유가 없기 때문에 팀원 각자의 목적과 동기 의식이 성공적인 활동의 척도가 됨. 그러므로 캠프 참여 희망자는 특정 웍캠프 선택 동기와 목적에 대한 에세이 등을 작성하는 것이 도움을 준다.

나의 활동은 누구에게 어떤 도움을 주는가?

그리고 나에게는 어떤 도움을 주는가?

활동에 대한 기대, 활동을 통해 얻을 수 있는 결과에 대해 미리 예측해 본다.

(3) 자기평가

자원활동에 대해 가족들의 반응은 어떠할 것인가?

자원활동자로서 권리와 책임에 대해서 알고 있는가?

활동 때 자기역할을 스스로 개발하고 자율적으로 활동을 수행할 의지와 능력이 있는가?

그룹활동을 위해 필요한 협동심이 있는가?

다른 문화를 이해하고 나의 문화를 나누려는 마음이 있는가?

문화적 충격(culture shock)에 대한 준비

문화적 차이(cultural differences)에 대한 학습

자원활동의 기본적 소양이 무엇이라고 생각하는가? 나는 그것에 대한 마음의 준비가 되어 있는가?

자원활동의 동기나 목적보다도 활동지의 환경이나 시설 등에 신경을 쓰고 있지는 않는가?

팸플릿 또는 소식지 요청, 인터넷 검색, 활동 후 귀국한 선배의 경험담 청취를 하여야 한다.

단체 설립 취지, 활동지역 및 분야, 자원활동자 모집과 선발방법, 프로그램 운영체계, 활동기간 파악, 인터뷰 유무와 그 절차

유사한 프로그램에 대한 정보를 입수하여야 한다.

프로그램의 성공적 수행과 자원활동자의 적응을 위해 정기적인 슈퍼비전 기회가 있는가?

코디네이터의 역할은 무엇인가?

현지 훈련은 있는가? 그 내용은?

자원활동의 테마는 무엇이 있는지 간단히 알아보면 다음과 같다.

conservation of buildings 건물관리

excavation 굴 파기, 땅파기

writing and edition booklets 책(또는 자료집) 편집

manual labor on excavations and restoration 노동작업

intensive conservation work that generally involves heavy physical labor 강한 육체노동

assisting builders with painting 페인트칠을 통한 건물 짓기

forest clearance 삼림벌채

mountain path upkeep 산길유지

weatherization (기후에 맞게) 집 등을 보수

playground supervision 운동장관리

digging 땅파기

planting and weeding 나무 심기, 잡초 뽑기

help rebuild damaged parts 파손부분 보수

construction & maintenance work 공사와 관리

masonry 벽돌공일

providing computer services 컴퓨터서비스

working with youth in a group home 집단거주지(그룹홈)에서 청소년과 함께 일하기

regions hit by catastrophe or economic depression 대참사 지역 돕기

forestation and soil 조림 및 토양 보존

tending sheep and dogs 양과 개 돌보기

building & environment protection 환경보호

preserving historical monuments 역사기념비 보존

carpentry 목수일

plumbing 수도관 같은 것 수리

roof repair 지붕 보수

pavement building 차도공사, 도로포장

reconstructing an old settlement 노후한 주거지역 재개발

counselors for refugee children 피난민 아이들을 위한 상담

assisting disabled people 장애인 돕기

archaeological excavation 고고학 발굴

ranch work 목장일

promoting gardening 원예활동

assistance 원조

fund raising 기금 마련

helping with exhibition and seminars 전시회나 세미나 보조

assisting in a global gift shop 국제상품가게 지원

managing housing complex for low income families 저소득층을 위
한 주택관리

city park in regional 지역에 도심공원 형성

(4) 건 강

지원한 프로젝트 또는 프로그램이 나의 건강상태에 적합한가?

예) 고산지역 활동에 지원할 때 자신의 심폐기능 상태를 고려할 것

캠프활동이 여행을 동반할 경우 체력유지 능력이 있는가?

예) 멀미, 야간기차 여행

활동 중 건강관리에 유념하며, 현지음식에 적응하려는 노력을 하
고, 또는 현지생산 재료로 입에 맞는 음식을 개발   예) 채소초절임
음식, 채식주의자의 경우 특히 단백질 섭취가 가능한 현지음식 발견
(콩이나 유제품 등)

활동지에서 음식선택의 자유가 있는가? (지역사회서비 활동, 특히
대인서비스나 훈련센터 상주활동의 경우 클라이언트의 기호에 입각
한 메뉴가 정해져 있기 때문에 자원활동자는 그 음식을 함께 먹는
경우가 많음)

출발 전 풍토병 예방접종 또는 예방약 복용, 지역환경 변화에 대

한 관심

예) 산불, 전염병, 성병과 에이즈, 일기변화

유사시 비상연락망 구축 (북미지역의 경우 전화번호부 옐로우 페이지를 활용하여 한인 상점, 파견기업, 한인의사 병원, 또는 유럽 한인신문 참고)

건강문제 발생 시에는 귀국 여부를 신속히 판단

활동지에 따라 발생 가능한 위기상황을 예측하고 그에 따른 응급처치법을 세분화하여 훈련, 실습, 평가. 예) 열대 우림지역 생태계 조사활동 중 뱀에 물렸을 때, 사막지역의 난민 캠프활동 시 모래 바람과 일교차에 대응하는 법, 티베트와 같은 고산지역 활동 시 산소 부족 현상 대비

활동지의 음료는 마실 수 있는가? 예) 유럽의 경우 석회수가 많아 식수를 사마시거나 꼭 정수제를 사용하여야 한다.

개인별로 필요한 약품에 대해 잘 알고 준비했는가?

규칙적인 생활(아침운동, 제때 식사) 등으로 생활의 리듬을 타야 한다.

(5) 경 비

자원활동단체 회원 등록비, 프로젝트를 찾는 비용 등이 적정 수준인가? 예) 인터뷰를 포함한 관련 비용 placement fee, 출국 전 비자 취득 비용(비자 신청용)

지원자에게 적합한 프로젝트를 확정 후에 출국하는가? 또는 자신이 원하는 프로젝트 최초 활동시작일까지 생활비를 부담할 경제적

능력이 있는가?

소속기관 및 단체가 지원하는 경비의 내역은 무엇인가?

보험은 개인적으로 가입해야 하는가?

자원활동단체와의 활동계약 기간만료 후 귀국 항공료를 단체가 부담하는가?

비상금은 있는가?   예) 예상과 달리 자원활동을 중도에서 마칠 경우의 항공료 또는 체재비

장기 프로젝트 참여 중 자원활동의 효율적인 수행을 위해 교육과정에 참가할 경우 교육비를 지원받을 수 있는가?

환전이 용이한가?

장기 프로젝트일 경우 활동지에서 은행거래가 가능한가?

(6) 서류 준비

특히 입국심사 및 체류가 까다로운 서유럽이나 미주지역 비자관계 서류 복사물(입국관리 시 제출할 자원활동자 신분증명서, 현지 단체의 초청장 등)

국제 네트워크를 가진 단체의 회원증   예) YWCA 또는 YMCA 회원증, 국제학생증 등

국제학생증은 종로 YMCA 건물 5층에 있는 국제학생여행사(KISES)에 가서 1만 원을 주면 만들어 준다. 사진 2장과 재학증명서나 학생증을 내면 된다.

(7) 지역정보(정치, 경제, 문화, 자연환경, 의식주 생활, 우리나라와의 관계 등)

프로젝트 수행 지역에 관한 정보 습득

예) 의료봉사나 기반이 부족한 단체에서 활동할 경우 현지답사 수준의 사전조사 활동이 필요 (필요 의약품, 장난감 수집 전달 등)

기업의 지역전문가, 종교단체의 해외선교 활동자 네트워크, 국제협력단 자료, 해당국 대사관, 문화원, 관광청 담당자, 국제교류센터, 활동주제에 따라 UN산하기구 한국위원회 활용(UNDP, UNESCO, UNICEF, UNHCR)

할 것과 하지 말아야 될 것을 구분하여 알아둠.

예) 종교에 따른 식생활의 차이, 상이한 예절법, 금기시되는 대화주제(태국과 영국에서의 왕실에 대한 대화, 캐나다에서의 미국의 강한 영향권에 대한 토론, 터키와 그리스 사이의 적대감 등)

국내와 비상연락(팩스사용이나 전화) 가능한 곳을 알아두어야 한다.

현지인의 생활과 관습을 알아두어야 한다.

(8) 자기 색깔 찾기

자기 국가, 인종, 문화에 대한 인식이 필요 (자기 사고방식의 뿌리가 되는 문화적 배경 알기)

한국인의 기예 또는 전래놀이 익히기

예) 한국요리, 전래동화, 악기, 제기차기, 연 만들기 등

한국을 대표해서 가는 것은 아니지만, 현지인들은 자원활동자를

대표적인 한국 사람으로 인식하게 된다. 이에 대한 준비를 해야 한다.

한국에 대한 소책자를 준비한다(민속, 요리, 역사 등에 관한 책).

전통뿐만 아니라 한국의 현대문화에 대한 이해도 필요

가능하다면 태극기에 담긴 의미를 아는 것이 좋고, 애국가가 담긴 테이프를 하나 준비하면 혹시 국가를 대표하는 공식적인 교류행사에 쓰일 수도 있다.

(9) 함께하기 위한 준비

일상적으로 외국의 일에 관심을 가지고 있는가? 세계 문제, 문화, 사람들이 살아가는 모습에 대한 관심을 항상 가지고 있어야 한다.

어떤 대상을 만나도 일정한 정도의 레크리에이션 혹은 게임을 할 수 있는가?

한국에서 유사한 자원활동에 참여한다.

나 개인이나 한국을 구체적으로 소개할 자료는 준비했는가?

예) 가족사진, 한국소개책자, 사진집, 비디오테이프, 음악테이프

파견국과 한국의 문화적 차이 / 공통점 등을 찾아보려는 관심을 갖고 있어야 한다.

자원활동의 분야에 대해 한국 상황은 어떠한가를 알아보고 필요한 기술들이 있으면 준비한다.

활동 분야가 내가 관심 있거나 전문지식이 있는 분야인가?

한국의 전통차를 조금 가져가면 함께 하기 위한 좋은 기회를 만들 수도 있다.

(10) 언어능력

자기 의사 표현이 가능한 정도의 영어 능력 필수. 특히 5인 3개국 이상 모이는 워캠프의 경우 원활한 의사소통은 성공적 활동의 기초이고 팀원과의 정보교류의 유용한 수단이 된다.

현지어(활동지역의 언어 또는 활동 주제 및 대상자의 언어) 기본 회화 능력(프로젝트 기간 및 난이도에 따라 다름)은 대상자와의 문화적 거리감을 좁히고 프로젝트 수행 시 문제해결능력을 향상시킨다.

슈퍼비전의 효과성을 높인다.

자신의 언어능력에 맞는 회화책 등의 언어 향상을 위한 자료를 준비한다.

2) 자원활동의 실행

(11) 활동 기본수칙

활동을 즐겨라.

모든 것을 최대한 받아들여라.

항상 다른 사람의 의견 / 생각 / 느낌을 들을 수 있어야 한다.

상황들을 기억하라.

약속을 지켜라.

내가 모든 것을 할 수 있다고 생각지 말아라.

활동지의 사람들이나 지역의 주민과 어울리고 가능하면 같은 생활을 하라.

예의를 지켜라.

내가 활동지의 주인이 아니라 자원활동자의 입장이라는 것을 기억하라.

(12) 프로젝트에 대한 점검

현지대상자의 자원활동에 대한 욕구 / 반응 조사

대상자의 욕구를 임의로 상상하여 정하지 않는다.

만날 대상, 해야 할 일을 구체적으로 정한다.

혹시 전임자가 있었으면, 그 활동에 대한 정확한 정보를 수집한다.

실행 중간 점검을 하여, 일의 방향을 확실히 한다. 예) 점검 결과가 좋지 않을 경우 방법을 바꾸어 볼 수 있다.

일이 나의 목적이나 선택, 전공에 부합한가.

(13) 현지활동 유의사항

대상자에게 지키지 못할 약속을 하지 말라.

물, 전기 등과 같은 물자를 절약하라.

현지 사람들에 대해 좀 더 알고 배우려는 열의와 겸손한 마음을 가지라.

그저 보고 듣는 것이 아니라 관찰하고 주의 깊게 경청하고 기록하라.

특별대우를 기대하지 말라.

둘 이상의 한국인 사이에도 다른 나라의 캠프 멤버나 현지 활동대상자가 있을 때에는 반드시 캠프의 공식언어 또는 현지어를 사용하라.

자원활동 이외에도 가능하면 많은 경험을 하라.

현지정세에 민감하여라.

알고 있던 것이 선입견이었다면 깨라.

시간관리 / 생활관리를 잘하라. 계획적인 생활.

개인적인 감(感)을 믿지 말라.

분위기만으로 상황을 파악하려 하지 말라.

의문이 생기면 바로바로 묻는다.

개인적인 차량의 소유와 운전을 피한다. 필요한 경우 본부의 사전 승인을 얻도록 한다.

신변안전을 늘 마음속으로 대비한다.

예) 수영 실력이 없는데 물 깊은 곳에 들어가거나 하는 행위는 삼간다.

(14) 주관단체의 담당자(supervisor)와의 관계

자기표현을 확실히 한다(Yes / No, why 등).

위기상황에 대하여 적극적으로 대응하고, 담당자의 조언을 참고한다.

담당자를 적극적으로 활용하기

문제의 공동해결자 및 상담자로서 담당자

자원활동자 모임에 대한 정보(지역별 그룹, 국적별 멤버 리스트 등) 제공

클라이언트 이외 현지인들과의 교류 기회

자신의 활동에 대한 객관적 평가 담당

특히 장기 프로젝트의 경우 자신의 활동 및 관심 분야와 관련하
여 유익한 현지 강좌 추천 및 교육비 지원 협조   예) 제3세계론,
공공모금 기법 등
담당자와 개인적으로는 좋은 관계를 유지한다.
보고할 것은 형식을 갖추어 때마다(미리 약속한 때?) 보고한다.

(15) 기록하는 습관

활동일지 작성
예) 지원과정, 활동 중 위기상황과 그 관리과정, 평가 및 발전 방
향 제시 등
정보 노트 만들기
예) 국내훈련내용과 현지사정이 다른 점, 정보 교류자로서의 인맥,
지역 네트워크, 문헌 등
지속적 프로그램의 발전과 후발 자원활동자를 위한 정보보급의 책임
맡은 일에 대해 분야별로 추진상황을 기록한다.
개인적으로 생활의 정리를 위해 일기나 개인일지를 쓸 것

(16) 차별주의와 우월주의

중, 장기 활동 시 문화우월주의자의 심정이나 사회적 강자로서 클
라이언트를 대하지는 않는가, 자기반성 필요
자원활동 관리자나 현지 동료, 다국적 구성의 웍샵 팀원들 또는
나의 클라이언트 중 인종차별주의자는 없는가?

먼저 자기 판단의 근거를 추출→인종차별의 객관적 판단기준과 비교→담당 코디네이터 또는 담당자와 개인 면담 시 문제제기→대안 찾기(자신의 대처 방안 제시)

예) '일일 국제자원활동자의 날', '국제 음식의 날'과 같은 기획을 통해 화해의 자리를 마련하거나, 혹은 담당자와 상담하여 인종차별주의자인 클라이언트를 다른 자원활동자가 맡도록 조정

긍정적인 혹은 부정적인 편견을 가지고 차별하지 않는다.

예) 흑인은 모두 노래를 잘한다고 생각하고 함께 생활하는 흑인에게 노래를 불러보라고 요구한다.

자신이 차별주의나 문화 우월주의에 빠져 있지 않은가를 행동이나 사고를 통해 돌아본다.

(17) 위기상황 대처

항상 비상연락망을 구축

언어능력, 직무수행능력, 건강문제, 가족문제 등으로 인한 활동을 중지할 경우, 현지 담당자와 협의하여 사안의 경중에 따라 귀국준비 또는 대안을 마련한다.

귀국결정 시 그동안의 프로젝트 진행에 대한 기록을 정리, 후임자 교육, 프로젝트 진행에 차질이 없도록 할 것이다.

프로그램 대상자들의 능동적 참여를 요청, 기술 부문의 자원활동 시에는 평소에 기술 전이에 노력 (대상자의 자율적인 활동의 몫을 남겨놓을 것)

후발 자원활동자나 현지인들의 프로그램 진행에 차질이 없도록 관

런 정보를 전달할 것

대상자나 담당자에게 자신의 활동 중지 이유를 충분히 이해시킬 것

현지 동료 또는 대상자와의 불화나 갈등이 있을 때

프로그램 대상자를 단순한 수혜자로서 보면 안 되며, 자원활동자를 거부할 권리가 있음을 인식

현지 동료와의 불화가 프로그램 대상자에게 불이익이 되지 않도록 주의

원인을 알아보고 해결에 노력할 것

술자리 등의 모임 분위기가 험악해졌을 경우 논쟁거리가 될 만한 대화는 차일로 미룬다.

주변 환경과 소속기관의 사정에 대해 잘 파악해 자신이 주의할 점이 없는지를 알 것

현지민에게 위험한 곳 등의 정보를 얻어 사전에 조심한다.

3) 자원활동의 종결

최초의 목표를 달성했는가를 검토

혹시 기관이나 사람에게 약속했으나 지키지 못한 일이 있는지?

행정적으로 통보를 하거나, 계약을 종료해야 하는 것이 있는지?
예) 출국 신고, 전화 해약, 은행 통장 해지 등

주변정리(생활품 등)를 적절하게 했는가?

일의 마무리를 확실히 했는가? 또는 후임자에게 나머지 일의 인수를 확실히 했는가?

환송회 등의 자리에서의 폭식이나 폭음을 피한다(갑작스런 식생활 변화 주의).

4) 귀국 후

(18) 정보공유

활동 보고서를 반드시 만든다. 나를 위해서나 다른 사람을 위해 절대적으로 필요한 일이다.

활동 중 수집한 자료를 분류·분석하여 통계자료화할 것

시행착오 내용을 실패사례로서 남기기

귀국 국제자원활동자 네트워크에 참여하거나 자신의 보고서를 도움이 될 만한 기관(단체) 또는 대학이나 회사 소식지, 회보, 컴퓨터 통신 관련 페이지에 싣기

활동기간 동안 본부(?)로부터 받은 정보지, 서류, 신문 등을 스크랩해 후임자에게 도움

자원활동 경험을 주위사람들에게 많이 얘기해 타인에게 자원활동이 무엇인가를 간접적으로 알릴 수 있도록(교육적 효과, 파급 효과)

신문이나 사보의 기고란 등을 이용해 경험을 나눈다.

(19) 활동의 지속을 위해

활동 중 받은 긴장, 스트레스를 빨리 해소한다.

기쁨을 계속 간직할 수 있도록 (사진, 기록물을 항상 볼 수 있는 곳에 비치)

가능하면 혼자 지난 생활을 정리할 시간을 만들 것

파견지에서 만든 개인적인 인간관계를 유지 (담당자에게 귀국 후 연락)

(20) 미래를 위해

계속 자원활동에 관심을 갖는다.

활동한 나라, 사람, 문화에 대한 관심을 어떻게 지속시킬 수 있는지?

작지만 구체적인 일들을 생각. 혼자 할 수 없으면 동지를 모아 실행해야 한다.

주변에는 이미 국제자원활동이나 지역연구 등에 관심을 가지고 활동하는 모임들이 많이 있다. 자원활동의 경험에서 얻은 자발적 정신을 생활 속에서 실천해야 한다.

5) 비영리 관련 NGO 책과 논문들

- D. Billis & M. Harris(ed., 1996). Voluntary Agencies: Challenges of Organization and Management, Palgrave Macmillan.
- David Lewis(1999). International Perspectives on Voluntary Action: Reshaping the Third Sector, Earthscan.
- Walter Powell(1987). The Nonprofit Sector: A Research

Handbook, Yale University Press.

- Robert D. Herman(2007). The Jossey-Bass Handbook of Nonprofit Leadership and Management, Jossey-Bass.
- Sharon M. Oster(1995). Strategic Management for Nonprofit Organizations. Oxford University Press.
- Harvard Business School(1996?). Harvard Business Review on Nonprofits, Harvard Business School Press.
- Tony Edwards(2000). Introduction to Human Resource Management, Oxford University Press.
- Joan E, Pynes(2004). Human Resources Management for Public and Nonprofit Organizations, Jossey-Bass.
- Smith Bucklin & Associates(2000). The Complete Guide to Nonprofit Management, Wiley.

주요 저널
- Academy of Management Journal(AMJ)
- Academy of Management Review(AMR)
- Applied Science Quarterly(ASQ)
- Sloan Managment Review
- Nonprofit Leadership and Management
- Voluntas
- Chronicles of(on?) Philanthropy
- Stanford Social Innovation Review

6) NGO단체를 만들려면(한국에서)

비영리민간단체지원법을 알아야 한다. 이곳에서 비정부단체를 만들 수 있기 때문이다.

등록신청서류

⊙ 등록신청서(별지 제1호 서식)
⊙ 단체의 회칙(또는 정관)
⊙ 당해 연도 및 전년도의 총회회의록 각 1부
⊙ 당해 연도 및 전년도의 사업계획·수지예산서 각 1부
⊙ 전년도 결산서 1부
⊙ 회원명부 1부
⊙ 단체소개서
⊙ 단체의 조직기구표

NGO는 비영리민간단체지원법에 의거하여 신고하고 주무부서의 허가를 받아야 한다.

신청서류는 위의 것을 준비하면 되는데 중요한 것은 서류신청 시에 1년간의 사업실적이 있어야 하고 회원 100명 이상의 명단이 있어야 된다.

7) 국제적인 NGO에 들어가려면 어떻게 해야 할까?

학교성적은 필요 없다. 국제기구에서는 실제 무슨 대학교를 나왔는가를 보는 것이 아니라 어느 과를 나왔고 무엇을 전공했으며 학위는 얼마나 땄는가를 본다. 그 사람의 점수를 보는 것이 아닌 능력 여부를 본다. 언어공부를 계속해서 하고 계시는 것은 좋은 방법이다. 실제 국제기구에서는 공식언어로 영어와 프랑스어를 지정하고 또 스페인어 / 아랍어 / 러시아어 / 중국어 등을 중요시하고 있다. 가산점 요인 중의 하나이다.

또 언어능력을 테스트하여 시험도 본다. 원어민 정도 되어야 한다. 언어능력이 대단히 좋아야 한다.

영어나 프랑스어 중 둘 중 하나는 필수이다.

그리고 프랑스어는 왜 중요하냐 하면 여러 가지 문서를 보면 대부분이 불어로 되어 있는 게 꽤 있다고 한다.

국제기구에 들어가려면 JPO나 여러 가지 시험을 봐서 들어가는 방법이 좋다. 우리나라에는 국제기구에 들어가는 사람들 수가 1년에 타국에 비해 얼마 안 되는 걸로 알고 있다.

국제기구는 공석이 발생했을 때(자리가 비었을 때)만 들어갈 수 있는데 그래서 전공에 따라서 1년 이상 기다리는 사람도 있고 10년을 기다리는 경우도 있다.

하지만 한국인 취업자 수가 해마다 늘어나는 게 사실이니까 큰 걱정은 안 하셔도 될 듯하다.

JPO는 파견국 정부가 비용 일체를 부담하는 조건하에 수습직원을 파견해 정규직과 동등한 조건으로 근무케 하는 제도이다.

외교통상부는 매년 상반기에 1차시험(TEPS)과 2차시험(면접, 영어 인터뷰, 영어작문)을 통해 JPO를 선발하고요, 정부는 선발된 사람들에게 2년의 파견 기간에 연간 9~11만 달러(기본연봉은 4~5만 달러)를 지원한다.

국제기구는 학위가 높아 지식이 많거나 사회에 대한 경험이 많은 사람들을 좋아한다. 그러니까 경험도 많이 쌓아야 할 것이다.

또 학위가 높으면 직원등급을 올리기 쉬워서 월급도 올라간다.

또 국제기구가 점점 높은 학위추세로 올라가기 때문에 필수라고도 한다. 국제기구는 한 특정 분야의 전문인을 양성하고 싶어 한다.

보건이나 인권 / 정보 / 통상 / 경제 / 노동 등등 유엔 사무국과 달리, 깊은 식견과 경험이 중요시되고 있다.

국제기구시험 지원자격은 24~50세의 대학이나 대학원을 졸업한 사람에서부터 수년간 경력을 쌓은 사람에 이르기까지 다양하다.

영어나 불어에 능통해야 하고 관련 분야 2년 이상 경력자여야 한다. 시험은 매년 3차례 치르며 시험과목은 정치, 통계, 전산, 도서관, 인구학 등이다. 그리고 해외봉사경험이 있으면 좋다.

그러면 면접 볼 때 그걸 위주로 대화를 나눌 수도 있다.

1. 궁극적으로 실력이 최우선이다.
2. 석사학위가 유리하며, 박사학위는 더 유리할 수 있다.
3. 모국어와 영어 외에 제2외국어를 거의 완벽하게 구사해야 한다.

불어가 비교적 유리할 수 있으며, UN 공식언어인 스페인어, 아랍어, 중국어, 러시아어 중 하나를 알면 더 유리하다. 몇 개 외국어를 적당하게 하는 것보다 한 가지 언어라도 완벽하게 구사하는 것이 좋다.

4. 학위취득 후 3~5년 실무경험을 쌓은 후 응모하는 게 유리하다.

5. 여성이 남성보다 유리하다. 남성 직원의 숫자가 많으므로 여성 채용을 장려하는 추세이다.

6. 한국은 국가별 쿼터(배정인원)를 채우지 못하는 경우가 있다.

7. 다국적 인종·문화·습관에 적응할 수 있는 적극적인 성격, 친화력, 진실성, 창조성, 팀플레이 정신이 '실력' 못지않게 중요하다.

8. 장기계획을 세워 인내심을 갖고 응모해야 한다. 한두 차례 실패했다고 포기하지 말고, 꾸준히 취업정보를 모아야 한다.

응모 후 2~3년 후에 회신이 오거나, 선발통보 후 1~2년 후에 취업계약을 제의하는 경우도 많다.

△ 국제기구 취업정보센터

국제기구들로부터 각급 직원 채용정보를 수집, 안내한다. 국제기구 취업 안내 책자를 발간, 우송하고, 웹사이트도 운영한다. 현재 이 센터에 등록된 취업 희망자는 250여 명.

△ JPO(주니어 프로페셔널 오피서) 프로그램

정부의 재정지원으로 젊은이들을 각종 국제기구에 2년간 파견시켜 실무경험을 쌓게 하는 프로그램. 능력에 따라 정식 취업되기도 한다.

현재 JPO 출신 한국인 중 UNHCR(유엔난민고등판무관)에 1명이 정식 채용되었고, UNDP(유엔개발계획)에 2명이 계약직으로 채용되었다.

△ UNV(유엔자원봉사자) 계획

정부의 일부 재정지원하에 국제기구에 젊은이들을 단기간 파견, 봉사경험을 쌓게 한다.

봉사 후 채용 보장은 없으나 능력과 수요에 따라 중·단기 계약 가능성도 있다. 국제기구 취업 응모 시 유리한 추천자료가 될 수 있다.

현재 WFP(세계식량기구), HABITAT(유엔인간정주위원회·주택환경 NGO), UNIDO(유엔공업개발기구), UNDP에 5명의 UNV가 파견되어 있다.

국제기구들이 수용할 수 있는 JPO와 UNV의 수는 한정되어 있고, 각 나라 사이에 경쟁이 치열하다. 때문에 외교통상부는 내년부터 JPO와 UNV 응모자의 학력기준을 석사 이상으로 제한하고 영어와 제2외국어를 필수로 정했다. 응모 연령은 20~35세이다.

유리한 조건의 국제기구들

국제기구들은 높은 수준의 학력, 전문성, 경력을 요구하고 있어, 학·석사 취득 후 곧바로 응모하기는 힘들다.

8) 미국의 NGO단체들

미국의 NGO활동에 대해서 간단히 알아보면 다음과 같다.

국제적 연대를 갖고 21세기 사회 선도를 한다.

지난 1945년 인류 역사상 전대미문의 비극을 안겨다 준 2차대전이 막을 내리면서 도래한 냉전(Cold War). 50년 가까이 세계 역사에 하나의 화두로 자리해 온 냉전이 퇴장하면서 지구촌에는 새로운 변화의 물결이 몰려오기 시작했다.

탈냉전체제 이후 국제사회에서 가장 눈에 띄는 변화를 꼽으라면 비정부기구(NGO: Non-Government Organization)의 활동이 비약적으로 늘어났다는 점을 들 수 있다. 냉전 시대에 정부나 국제기구에 의해 주도되었던 국제무대의 주역을 이들이 대신하게 된 것이다.

정부가 직접 나서기 힘든 비수교국 지원이나 환경보호 및 마약퇴치, 지뢰금지에서 동물보호 등에 이르기까지 이들은 두드러진 활약을 보였다.

이들의 활동범위 또한 거의 모든 분야를 망라하고 있으며 이제는 정부정책이 이들의 영향력에 따라 좌우될 만큼 무시 못 할 수준에 이르렀다.

지난해 11월 미국 존스홉킨스대 레스터 샐러먼 교수팀은 NGO와 관련해 매우 흥미로운 보고서 하나를 내놓았다. 전 세계 22개국 NGO를 대상으로 조사한 활동 보고서다.

이 보고서에 따르면 이들 NGO의 전체 고용 인력은 1천9백만 명에 이르며 연간 지출액 1조 1천억 달러로 세계 8위권 국가의 경제력과 맞먹는 수준이라는 것.

이 인력은 22개국별 최대 기업체 고용 인력을 모두 합친 3백만 명보다 6배 이상 많은 수치이며 여기에 자원봉사자까지 합치면 전체 NGO 종사 인력은 무려 2천9백여만 명에 달한다. 조사 대상 국민의 평균 28%가 어떤 형태로든 간에 NGO활동에 참여하고 있는 셈이다.

NGO의 재원은 회비가 42%, 정부기관 및 공공 부문 계약 47%,

자선모금 11% 등으로 구성돼 있는데 이는 세계은행(IBRD)의 대외 원조 규모액을 훨씬 상회하는 금액이다.

NGO는 서구의 근대화 과정에서 국가 영역과 시민 영역이 분리되면서 나타나기 시작했다.

시민사회가 국가 영역이 미치지 못하는 분야에서 생기는 문제점들을 해결하기 위해 자발적으로 조직한 것이다.

그 구체적 시발점은 1863년 스위스에서 시작된 국제적십자 운동이다. 국적이나 이념과 관계없이 전쟁 부상병을 인도적 차원에서 치료하기 위해 출발한 이 운동은 전 세계 시민운동에 하나의 단초를 제공하게 됐다.

현재 NGO가 가장 활발한 활동을 하고 있는 나라는 미국이다.

'NGO의 천국'이라고 할 수 있는 미국에서는 무려 1백20만여 개의 시민단체가 활약하고 있다. 미국의 NGO는 대부분 회원의 회비와 기부금으로 운영되고 있으며 이 가운데 65만여 개 단체는 기부금에 면세 혜택을 받고 있다. 면세 혜택이 주어지는 NGO는 대신 특정 정파나 정당을 지지하는 정치활동을 제약당한다.

반면 14만여 개의 단체는 면세 혜택을 받지 않는 대신에 정치활동에 대한 제한을 전혀 받지 않는다. 이들 시민단체는 TV 등 언론매체나 의회청문회에 나와 자신들의 입장을 당당하게 주장한다.

유럽의 경우에는 시민운동의 발상지답게 NGO의 활동이 국제 연대성을 지닌다는 특징을 지니고 있다.

가장 대표적인 단체는 국제사면위원회(AI). 지난 61년 영국의 피터 베넨슨 변호사가 양심수 석방과 정치범 박해 금지를 위해 창립한 이 단체는 현재 우리나라를 비롯하여, 50여 개국에 지부를 두고 있으며 1백10만 명의 정기 기부자를 확보하고 있다.

현재는 유엔과 유엔교육과학문화기구(UNESCO)의 협의 기구로까지 그 격이 올라갔다. 얼마 전에는 국제사면위원회가 평양 인근 승월리 정치범 수용소의 실체를 폭로한 직후 이 수용소가 폐쇄됐다는 탈북자의 증언이 나오기도 했다.

프랑스에서 출발한 '국경 없는 의사회'는 의사·간호사 등 의료 관련 직종에 종사하는 6,000여 명의 회원을 두고 80여 개국에서 활동 중이다. 특히 이 단체는 의료 지원을 위해 12명의 회원을 북한에 상주시키고 있다.

일본에서 NGO는 NPO(비영리단체)라고 부른다. 지난해 3월 일본 중의원 본회의에서 NPO를 지원하기 위한 '특정비영리활동촉진법'이 만장일치로 통과되면서 새로운 전기를 맞았다.

95년 고베(神戶) 대지진 복구에 나선 시민·자원봉사자 단체에 대한 지원 문제 논의를 계기로 3년여간의 논란 끝에 마련된 것이다. 이로써 일본의 NPO는 법인자격을 부여받을 수 있는 길이 열리게 됐다.

법이 시행되면 8만 6천여 개에 이르는 일본의 비영리 시민조직들 가운데 10% 이상이 법인화할 것으로 관측되고 있다. NPO법이 규정한 활동 분야는 보건·의료, 사회복지, 어린이 육성, 사회 교육 등 12개다. 하지만 법인자격을 인정받기 위해서는 정치활동이나 종교활동은 금지된다.

보이지 않는 곳에서 봉사활동을 펴온 소규모 단체들은 은행 융자 등이 쉬워지고 이에 따라 지속적인 활동을 보장받을 수 있게 됐다. 그러나 기부금에 대해 세금 공제가 되지 않고 수익금에 법인세가 부과된다는 점이 일부 단체들의 불만을 사고 있다.

90년대 들어서는 NGO가 인류 평화나 지구촌 환경 보호 등 세계적 관심사를 이슈화해 활동하면서 여론을 선도하고 있다는 특징을 지닌다. 이들은 정보화에 힘입어 인터넷을 통한 글로벌 네트워크를 구축하고 21세기의 대안적 사회세력으로 부상하고 있다. 대표적인 단체로는 그린피스와 국제지뢰금지운동(ICBL) 등을 들 수 있다.

그린피스는 지난 71년 9월 캐나다 밴쿠버의 '물결을 일으키지 말라.'라는 반핵운동단체 회원들이 직접 배를 타고 알래스카 연해에서 미국의 핵실험을 반대한 것을 계기로 결성됐다.

이 단체는 '푸르고 평화로운 세계를 만들자.'는 취지로 이름을 그린피스로 바꿨고 79년에 영국, 프랑스, 캐나다 등 6개국을 중심으로 '그린피스 인터내셔널'을 발족시켰다. 본부는 암스테르담. 반핵운동과 환경친화적 기술 개발에 대한 의식 고취 등 지구 보존에 앞장서 온 그린피스는 세계 160여 개국 4백여만 명의 회원을 거느리고 있다.

국제지뢰금지운동은 지난 91년 12월 미국의 '베트남 퇴역군인 미국 재단'과 독일의 '프랑크푸르트 국제의사회'가 설립한 조직으로 60여 개국 1,000여 개 인권단체, 군축, 종교 환경단체들이 회원으로 가입돼 있다. 지뢰 없는 지구촌 건설이란 목표를 내걸고 활동해 온 이 단체와 책임자인 조디 윌리엄스는 지난 97년에 노벨평화상을 공동 수상했다. 대인지뢰의 개발·이전 등을 전면 금지하는 오타와협약의 탄생에 결정적인 기여를 한 공로 덕분이다.[11]

그러나 최근 들어 이들 NGO의 정체성이 위기를 맞고 있는 사례들이 곳곳에서 드러나고 있다.

'사공 많은 배가 산으로 가듯' 국제지뢰금지운동이 노벨평화상 수상 후 상금 사용처 문제와 회원 간의 대립 등으로 조직 내분에 휩싸이고 있는 것은 이러한 단면을 잘 나타내 주고 있다.

국제적십자나 국경 없는 의사 등 인권단체들이 내전에 신음하고 있는 아프리카에서 구호물자를 탈취당하고 요원들이 피살되는 바람에 제대로 활동을 하지 못하고 있는 것도 같은 맥락이다. 자신의 생명 보존조차 어려운 상황에서 NGO의 활동은 사실상 불가능하다.

일부에서는 특정 정당이나 정파를 위한 로비를 주요 임무로 하는 시민단체들도 생겨나 NGO활동의 본질을 흐리고 있다. 이 때문에 '보다 나은 운영을 위한 자선사업자문단(CBBB)'같이 NGO를 감시하는 NGO까지 나왔다.[12]

9) NGO단체가 정책에 영향을 준 사례

버마는 지난 40여 년 동안 군부통치가 이어져 왔고 특히 지난 1988년 대규모 민주화 시위과정에서 3000명 정도가 죽고 이것이 촉발되어 민주화 움직임이 전 국민적으로 발전했으며 1990년에는 아웅산 수지 여사가 주도하는 NLD가 총선에서 압승을 거두었음에도 불구하고 군부는 이를 무시하고 총선을 무효화한 채로 계속 군부독재정권을 유지해 오고 있다.

---

11) http://newsmaker.kyunghyang.com/society/n316c05.htm

12) http://kin.naver.com/detail/detail.php?d1id=6&dir_id=61401&eid=aHWUDJB3N7qcbI7wRb5hRx8dnQsEjvYi&qb=Tmdv

그래서 버마의 NGO단체들과 아시아 각국의 NGO단체들은 연대하여 버마의 군사독재정권을 비난하고 그에 대해 원조를 주지 말 것을 호소해 왔고 이에 따라 ASEAN과 미국, 일본 등 많은 나라에서 호응하여 버마에 대한 원조를 끊거나 대폭 줄이면서 군사독재정권에 대한 압력을 강화해 오고 있다.

다음은 인터넷에 올라온 관련 자료들이다.
http://blog.naver.com/spine3000?Redirect＝Log&logNo＝110024706015
http://blog.naver.com/ula007?Redirect＝Log&logNo＝20043036558
http://blog.naver.com/ilamjcyong?Redirect＝Log&logNo＝100042599048
http://blog.naver.com/ygreens?Redirect＝Log&logNo＝80011753008
http://www.seoul.co.kr/news/newsView.php?id＝20070929011009
http://www.pressian.com/scripts/section/article.asp?article_num＝
　　　60070304144923
http://imnews.imbc.com/replay/nw1200/article/2074095_2769.html

10) NGO의 장점과 단점

NGO: Non Government Organization
즉 비정부기구.

1. 장점: 비정부기구로서 정치적, 외교적 성격을 띠지 않는다. 그리하여 보통 타국의 국민들이 자신들의 나라에 대해 저지르는 짓을 경제나 정치로 복수하는 경우도 있다. 이럴 경우 비정부기구는 그 대상이 명확

하지 않기 때문에 그런 보복 자체가 없고 그리하여 이런 사람들은 국경의 제약을 받지 않고 자유로운 활동이 가능하다. 그리고 각 단체마다 그 성격이나 목적은 다르지만 기본적으로 서로가 인류의 공익과 지구에 대한 박애정신이 있기 때문에 절대 해가 될 짓은 한 적이 없다.

그래서 이러한 비정부기구는 많은 자신들의 개혁적인 성격을 갖고 있는 젊은이들을 한데 모아 일을 추진함으로써 보통의 정부들이 갖는 관료적 성격에 의한 일의 효율성 저하나 비리 등을 막을 수 있죠. 또한 이런 비정부기구들은 국제분쟁 등에서도 좋은 역할을 한다. 국제분쟁을 무마하는 데 앞장서며, 그러한 분쟁국들의 국민들의 안보까지도 책임지려 하기 때문에 이런 의미에서 비정부기구라는 것은 인류와 지구에 많은 공익을 가져다주는 보호적 정부라 할 수도 있겠다.

2. 단점: 비정부기구의 단점은 많지 않은 듯하다. 그러나 굳이 단점을 따지라 하면 너무 급진적이라는 것이다. 비정부기구의 구성원들의 대부분은 젊을 때부터 개혁의 의지가 강하며 뭔가 한다면 불같이 해 버리는 사람들이다. 물론 그들이 맨 처음 문제를 해결하려 할 때에는 평화적으로 하려 한다. 그러나 그 문제가 오래 해결되지 않으면 그 문제가 있는 나라에서 그 나라에 폐해가 될 수도 있는 행동들도 서슴지 않기 때문에 이런 의미에서 비정부기구들은 보통의 정부들에 사회제도의 불안이나 국익의 불안을 초래하는 존재로도 보일 수 있겠다.

【저 자 약 력】

한 만 봉

◉ 약 력 ◉

1994. U.S.A. Midwest College (M.Div, Hon. D)
2002. 고려대학교 (교육정책학 석사 - 수석장학생)
2005. 성균관대학교 대학원 박사Candidate
     (교육행정학 전공)

1991. 한국세무신문사 전문취재부 기자
1995. 한국어린이선교원신학교 캠퍼스 분교장
2002. 고려교육정책학회 상임회장(학진 학회검색가능)
2002. 고구려대학교 설립추진위원회 법인이사
2003. 한주신학 학술원 설립이사(교수)
2004. U.S.A. Cohen University 정책학과 cross-appointed professor
2005. U.S.A Holy People University Campus 유학담당 지도교수
2005. PHILIPPINE PRESBYTERIAN THEOLOGICAL COLLEGE 객원교수
2005. 혜전대학 adjunct professor 교수
2005. 지방분권신문사 사장 (대표 이사)
2008. 혜전대학 초빙교수

◉ 주요논저 ◉

「우리나라의 복지행정제도에 관한 고찰 연구」(1988)
「Kal Barth 의 신관 연구」(1988)
「한국 민중문화와 민중 신학 연구」(1992)
「Rein hold Niebuhr & Marx에 대한 상관관계 연구」(1993)

「A CHRONOLOGICAL HARMONY OF THE RESURRECTION APPEARANCES OF JESUS THE MESSIAH」(1994)
「북한종교의 변화 전망 연구」(2002)
「교육위원회와 지방의회간의 갈등 현상에 관한 연구」(2001)
「조선조 과거시험 방식의 정책적 분석」(공동, 2005)
「조선의 과거제도에 대한 정책적 연구」(공동, 2005)
「조선왕조 과거제도 인사정책 연구」(공동, 2005)
「조선왕조 과거시험주기 정책적 주장 분석연구」(공동, 2005)
「조선왕조 과거제도가 현대 정책에 주는 의미」(공동, 2005)
「과거제도 시험주기의 정책 분석연구」(공동, 2005)
「북한 종교지형 변천 정책 분석연구」(공동, 2005)
『대학생활영어 ENGLISH LANGUAGE』(공저)
『행정경제교육』(저술)
『행정정책기획론』(저술)
『의원학』(저술)
『국회의원학』(저술)
『교육정책학』(저술)
『산학협동교육학』(저술)
『현대교육학실기론』(저술)
『현대환경행정론』(공저)
『행정사무관리론』(공저)
『영재교육심리』(저술)
『인사행정학』(저술)
『행정복지론』(저술)
『조직신학』(공저)
『아르다마 성공비법』(저술)
『동양환경행정』(저술)
『교육학과 비서행정』(저술)
『7만교인 교육론』(저술)
『CEO 지도자론』(공저)

『NGO 행정론』(공저)
외 다수

◉ 연락처 ◉

doctor@skku.edu 010-4432-8561 041-633-8561,
633-5741, 631-2094

이 필 호

● 약 력 ●

건국대학교 행정학과(행정학사)
건국대학교 행정대학원(행정학석사)
선문대학교 일반대학원 행정학과(박사과정수료)

국토연구원 토지·주택연구실 연구원 역임
한국지방공기업학회 간사역임
선문대학교 21세기지역발전연구소 연구원 역임
현 대진대학교 출강
현 선문대학교 출강
현 혜전대학 출강

● 주요논저 ●

「율곡의 행정개혁사상에 관한 연구」
「용인시 서북부지역 종합계획수립연구」(공동)
「토공과 주공의 통합방안 연구」(공동)
「대전광역시 새주소 부여체계에 관한 연구」(공동)
「고속도로접도구역 지정범위조정 및 매수 청구제도」(공동)

NGO 행정론

· 초판 인쇄   2008년 7월 15일
· 초판 발행   2008년 7월 15일

· 지 은 이   한 만 봉 · 이 필 호
· 펴 낸 이   채종준
· 펴 낸 곳   한국학술정보㈜
            경기도 파주시 교하읍 문발리 513-5
            파주출판문화정보산업단지
            전화   031) 908-3181(대표) · 팩스   031) 908-3189
            홈페이지 http://www.kstudy.com
            e-mail(출판사업부)   publish@kstudy.com
· 등   록
· 가   격   33,000원

ISBN   978-89-534-9707-8 93350 (Paper Book)
        978-89-534-9708-5 98350 (e-Book)